丝路经济与文化文库

中国（西安）丝绸之路研究院调查研究项目（2016SDZ05）

“中国—中亚国家投资、经济技术合作与政策选择研究

薛小荣　张维群　向寿生　著

中国经济出版社
CHINA ECONOMIC PUBLISHING HOUSE
·北京·

图书在版编目（CIP）数据

中国—中亚国家投资、经济技术合作与政策选择研究／薛小荣，张维群，向寿生著．--北京：中国经济出版社，2021.5

ISBN 978-7-5136-6475-2

Ⅰ.①中… Ⅱ.①薛… ②张… ③向… Ⅲ.①金融-国际合作-经济合作-研究-中国、中亚 Ⅳ.①F832.6②F833.606

中国版本图书馆 CIP 数据核字（2021）第 083202 号

责任编辑　郭国玺
责任印制　巢新强
封面设计　任燕飞工作室

出版发行　中国经济出版社
印 刷 者　北京九州迅驰传媒文化有限公司
经 销 者　各地新华书店
开　　本　710mm×1000mm　1/16
印　　张　18.75
字　　数　274 千字
版　　次　2021 年 5 月第 1 版
印　　次　2021 年 5 月第 1 次
定　　价　78.00 元
广告经营许可证　京西工商广字第 8179 号

中国经济出版社　**网址**　www.economyph.com　**社址**　北京市东城区安定门外大街 58 号　**邮编**　100011

丝路经济与文化文库编委会

前　言

当今世界正发生复杂深刻的变化，国际关系复杂多变，贸易保护主义有所抬头，经济发展趋于分化，国际投资贸易格局和多边投资贸易规则深刻调整，世界经济发展缓慢，各国面临着严峻的发展问题。2013 年，习近平总书记在出访中亚和东盟时，提出共同建设“丝绸之路经济带”和“21 世纪海上丝绸之路”的倡议，即“一带一路”发展构想倡议。“一带一路”倡议借用古代丝绸之路的历史符号，高举和平发展的旗帜，依靠中国与有关国家既有的双多边机制，借助既有和有效的区域合作平台，积极发展与沿线国家的经济合作伙伴关系，共同打造政治互信、经济融合、文化包容的利益共同体、命运共同体和责任共同体。该构想秉持开放的区域合作精神，致力于维护全球自由贸易体系和开放型世界经济，促进经济要素有序自由流动、资源高效配置和市场深度融合，推动沿线各国实现经济政策协调，共同打造开放、包容、均衡、普惠的区域经济合作架构。共建“一带一路”符合国际社会的根本利益，彰显人类社会共同理想和美好追求，是国际合作以及全球治理新模式的积极探索，将为世界和平发展增添新的正能量。当前，中国坚持对外开放的基本国策，构建全方位开放新格局，深度融入世界经济体系，中国经济和世界经济高度关联。自“一带一路”发展构想倡议实施六年来，中国已经同 137 个国家和 30 多个国际组织签署了 197 份共建“一带一路”的合作文件，“一带一路”倡议已经发展成为国际共识。

狭义上看，“中亚”包括哈萨克斯坦、乌兹别克斯坦、吉尔吉斯斯坦、土库曼斯坦、塔吉克斯坦。苏联解体后，中亚国家政权在中亚地区形成了一个比较共同的政治文化区域，文化上也有高度的共通性。长期以来，中国与中亚国家之间在经济、科学和文化领域的合作持续不断，在丝绸之路鼎盛时期，中亚地区是中国与欧洲之间交流的桥梁与纽带，是商业、金融等领域的中心，中国一直是中亚国家科学知识和先进技术的一个重要来源。近年来，在新的国际环境下，中国与中亚国家建立起了战略伙伴关系，在政治、经济、人文、安全等领域开展了全方位互利合作，中国与中亚国家之间的投资、贸易和经济关系，得到了快速发展，取得了显著成绩。在“一带一路”倡议下，进一步加强与中亚国家的经济技术的新型合作，分享各自的优质产能，共商项目投资、共建基础设施、共享合作成果，消除国家间的贫富差距和地区发展不平衡，寻找双方国家经济共同增长极，从而推动各个国家建立持久和平、普遍安全、共同繁荣的和谐世界，具有重大意义。

本书是我们承担的中国（西安）丝绸之路研究院重点研究项目“中国与中亚五国经济与技术合作模式与路径研究”的研究成果。课题从中国与中亚国家经济社会发展的现状分析出发，梳理出各自国家的资源环境、基础设施、经济技术发展的优劣势，剖析制约各自发展的因素，从经济技术合作的视角，寻找各国资源最优配置和要素自由流通的国际合作最优模式，为“一带一路”倡议的深入实践提供理论指导。课题研究内容主要包括以下几个方面：第一章主要研究了中亚国家经济、社会发展的现状，从资源、基础设施、人口与经济发展等方面研究了中亚五国的现状，分别梳理出各国在以上各方面的发展优势与劣势；第二章研究了中国在中亚国家的投资现状，分析了中国对中亚国家的投资水平、投资结构、投资模式、投资环境与政策、制约因素等问题，为进一步发展与中亚国家投资合作提供政策依据；第三章梳理了中国对中亚国家投资的理论与模式，从理论的角度研究了投资的要素、对象、方式和风险，以及投资要素实现的内在动力关系及机理，梳理出中国对中亚国家投资的理论框架；第四章研究了中国与中亚国家经济技术合作的理论与模式，主要研究经济技术合作下的金融、劳务和技术合作模式，给出了经济技术合作实践的理论支撑；第五章研究了中国与中亚国家经济技术合作模式评价问题，依据经济技术合作的理论内涵，设计出经济技术合作的评价模型，分别对中国与中亚国家经济技术合作水平进行初步评价和总评价，归纳出中国与中亚国家在贸易、投资和劳务合作方面存在的问题；第六章通过对中国与中亚国家经济技术合作评价的分析，结合经济技术合作的理论，对中国与中亚国家的经济技术合作模式做出选择；通过以上研究，第七章对中国—中亚国家投资、双方经济与技术合作提出了对策和建议，主要从风险应对、技术实力、投资要素优化和合作模式等方面给出对策和建议。

本课题研究属于应用型研究，在以下几个方面取得了一定的创新性成果：一是分析了中亚国家资源、基础设施、人口与经济发展等方面的现状，较系统、全面地归纳了中亚各国在以上各方面的发展优势与劣势，分析了中国对中亚国家投资水平和结构、投资模式、投资环境与政策、制约因素等问题，为促进中国与中亚国家的合作提供现实依据；二是通过分析投资和经济技术合作要素实现的内在动力关系及机理，构建了中国对中亚国家的投资和双方经济技术合作的理论框架，为中国对中亚国家的投资和双方经济技术合作提供了理论基础；三是通过构建经济技术合作的评价模型，实现了中国与中亚国家经济技术合作水平的定量测量，客观地分析了中国与中亚国家在贸易、投资和劳务合作方面的问题，为促进中国与中亚国家的经济技术合作对策建议的设计提供科学的依据。

在进行调研、收集大量资料和数据的基础上，历时四年多，课题组多次讨论、广泛听取专家意见，最终形成了本研究成果。受理论水平和研究资料的限制，课题研究内容难免存在着一些不足，敬请读者批评指正。

课题研究工作与成果出版均受中国（西安）丝绸之路研究院研究项目经费资助。

薛小荣

2020 年 3 月 28 日

目　录

绪　论

第一节　研究意义、视角及方法

一、问题的提出

数百年前，我们的先辈筚路蓝缕，穿越草原沙漠，开辟出连通亚欧非国家的陆上丝绸之路；我们的先辈扬帆远航，穿越惊涛骇浪，闯荡出连接东西方的海上丝绸之路。连接亚洲、欧洲和非洲的古丝绸之路打开了各国友好交往的新窗口，沟通了东西方文明，丰富了沿线各国人民生活，推动了世界文明进程，书写了人类发展进步的新篇章。

古丝绸之路绵亘万里，延续千年，积淀了以和平合作、开放包容、互学互鉴、互利共赢为核心的丝路精神。这条路所承载的精神，历千年而不息，是人类文明的宝贵遗产。[1]

今日中国之“一带一路”倡议，连接历史与未来，沟通中国和世界，旨在弘扬丝路精神，为古老的丝绸之路注入新的时代内涵，以东方智慧为全球发展探寻解决之道。

长期以来，中国与中亚国家之间在经济、科学和文化领域的合作不断加深。在丝绸之路鼎盛时期，中亚地区是中国与欧洲之间交流的桥梁与纽带，是商业、金融等的中心。与此同时，中国一直是中亚国家科学知识和先进技术的一个重要来源。出于历史的原因，当中亚成为俄罗斯帝国的一部分时，它与中国腹地的经济关系开始减弱。尤其是在苏联时期，中亚地区作为苏联的一部分，与中国的关系实际上一度是崩塌的。20 世纪 90 年代苏联解体之后，中亚国家独立，拥有丰富资源和特殊战略位置的中亚地区新的地缘经济重要性潜力空间已经形成。随之，中国追求的是扩大与这些年轻国家的政治、经济和外交关系。在经济、贸易、外交上，中国是中亚国家的合作伙伴和重要的投资力量。近年来，在新的国际环境下，中国与中亚国家之间的投资、贸易和经济关系，得到了快速发展。

本研究是在“一带一路”倡议背景下，紧密结合中国—中亚国家投资环境、经济与技术合作实际情况提出的，因此，首先将对“一带一路”基本含义、意义及机遇与挑战作一简单介绍，希望通过中国—中亚投资环境评价、经济与技术合作模式的研究，为“一带一路”倡议的深入落实提供有益的启示。

（一）“一带一路”的基本含义

从历史维度看，人类社会正处在一个大发展、大变革、大调整的时代。世界多极化、经济全球化、社会信息化、文化多样化深入发展，和平发展的大势日益强劲，变革创新的步伐持续向前。各国之间的联系从未像今天这样紧密，世界人民对美好生活的向往从来没有像今天这样强烈，人类战胜困难的手段从未像今天这样丰富。

从现实维度看，我们正处在一个充满挑战的世界。世界经济增长需要新动力，发展需要更加普惠平衡，贫富差距鸿沟有待弥合。热点地区局势持续动荡，恐怖主义蔓延肆虐。和平赤字、发展赤字、治理赤字，是摆在全人类面前的严峻挑战。

从中国情况看，我国处在经济转型升级的重要时期，社会发展呈现出新常态，“三去一降一补”面临新考验，投资需求面临如何深入发展的新问题。为了进一步加强与周边国家的合作，2013 年 9 月和 10 月，习近平总书记在出访中亚和东盟时，分别提出建设丝绸之路经济带和 21 世纪海上丝绸之路（简称“一带一路”）（英文全称译为“the Silk Road Economic Belt and the 21st-Century Maritime Silk Road”，简称“一带一路”，译为“the Belt and

Road”，英文缩写为“B&R”）。2015 年 3 月 28 日，习近平总书记在博鳌亚洲论坛就“一带一路”建设规划发表主旨演讲，“一带一路”的官方规划正式出台。其倡议构想贯穿亚欧非大陆，一头是活跃的东亚经济圈，另一头是发达的欧洲经济圈。随着各国和各地区的细则逐步出台，蓝图渐渐清晰，中国与沿线国家的系列务实合作也逐渐开始萌芽、繁茂。全球已有 100 多个国家和国际组织积极支持和参与“一带一路”建设，联合国大会、联合国安理会等重要决议也纳入“一带一路”建设内容。“一带一路”建设逐渐从理念转化为行动，从愿景转变为现实，建设成果丰硕。[2]

（二）“一带一路”的基本内容

“一带一路”的基本内容应该说目前还处在进一步探讨或研究的阶段，一个具有广泛基础的共识是“一带一路”应优先发展互联互通。具体来说可以根据不同的情况逐步实现五通：一是政策沟通。通过领导人、部门、地方等各层次进行政策对话。二是道路联通。既有传统的公路、铁路、航空、航运、管道等的联通，也有电力、电信、邮政、边防、海关和质监、规划新领域的联通。三是贸易畅通。重点促进贸易或投资的便利化。四是货币流通。包括推广本币结算和货币互换。五是民心相通。促进不同文明和宗教之间的交流对话，推进教育、文化交流，发展旅游。

丝绸之路经济带沿着古丝绸之路，东起陕西西安，途经兰州、乌鲁木齐，连接西北五省区，贯穿中亚、西亚，至俄罗斯莫斯科、欧洲波罗的海、地中海沿岸，以沿线中心城市为支撑、以重点经贸产业园区为合作平台，共同打造新亚欧大陆桥、中蒙俄等国际经济合作走廊，加强我国与中西亚及欧洲国家的能源合作、经济贸易及互联互通。同时，由重庆出发，向西南经过云南和滇缅公路，直达中印孟缅经济走廊，进入阿拉伯半岛，经埃及至北非，贯穿西南四省区，构成南线丝绸之路经济带，加深了我国西南地区与南亚、西亚、北非各国的交流及贸易往来，串联起我国与内陆腹地国家及欧洲经济圈能源矿产资源的运输，铁路建设得到长足发展。2015 年 12 月 25 日，亚洲基础设施投资银行（简称“亚投行”）正式成立，我国认缴资本

500亿美元（约占总资本的50%），为最大股东。目前，由21个首批意向创始成员国发展到了70个成员国，为包括东盟国家在内的本地区发展中国家基础设施建设提供资金支持，首批资助了孟加拉国电力配送升级和扩容项目、印度尼西亚的国家贫民窟升级改造项目、巴基斯坦高速公路项目和塔吉克斯坦公路项目等，总计7亿美元。亚投行的成立为“一带一路”建设提供了资金支持，有助于推动亚洲经济体互联互通和一体化进程，也有助于带动国内的产业发展。[3]

（三）“一带一路”倡议的重要意义

1.“一带一路”——沟通历史与未来之路

“一带一路”具有丰厚的历史积淀性和延续性，古代的丝绸之路闻名于天下，时间上跨越先秦到明清上下2000多年，地域上连接亚、欧、非三大洲。丝绸之路不但是古代东西方商贸往来的重要通道，也是古代东西方文化交流的重要纽带，编织了沿途各国人民友好往来、互利互惠的动人故事。

今天的“一带一路”是丝绸之路在当今世界政经版图上的开拓和铺展。“一带”包括陆上三个走向，一是从中国出发经中亚、俄罗斯到达欧洲；二是经中亚、西亚至波斯湾、地中海；三是中国到东南亚、南亚、印度洋。“一路”主要指海上两条走向，一是从中国沿海港口经南海到印度洋，延伸至欧洲；二是从中国沿海港口经南海到南太平洋。对内，“一带一路”涵盖2个核心（新疆、福建）、18个省份、7个高地、15个港口、2个国际枢纽；对外，“一带一路”得到了60多个国家和国际组织响应，覆盖总人口约44亿，经济总量约21万亿美元，分别占全球的63%和29%，这一宏伟蓝图将不断拓展各国发展繁荣的梦想。[4]

今天的“一带一路”是丝绸之路开放包容精神的继承和发扬光大。经过40余年的改革开放，中国与国际社会的共赢合作已经站在新的起点。“一带一路”正是筑牢“利益共同体”和“命运共同体”理念的具体实践，《推动共建丝绸之路经济带和21世纪海上丝绸之路的愿景与行动》中也明确“一带一路”秉承“和谐包容、互利共赢”原则。

“亚洲命运共同体”的理念和“和谐包容、互利共赢”原则顺应了世界多极化、文化多样化、经济全球化的趋势，本质上有别于美国主导的，以拯救欧洲经济为名，实行对外经济扩张、巩固自身全球霸主地位、遏制苏联崛起的“马歇尔计划”。[5]

“亚洲命运共同体”的理念和“和谐包容、互利共赢”原则有利于各参与主体进一步共享合作。不仅要打造中国经济的升级版，也要创造一个包容性的发展平台，打破领土纠纷、政治制度和宗教文化差异等各种合作障碍，让沿线任何有合作意愿的国家自愿平等地参与，共商、共建、共享经济发展之路，不断拓展同世界各国特别是周边国家的互利合作。

2. “一带一路”——改革开放新格局之路

从“战略突破”主要竞争对手在东部、南部构筑的三条“岛链”和“新月形”包围圈看，“一带一路”不但打开了地缘政治新格局，而且巧妙化解了当前国家发展的诸多不利局面，从无形的人类价值、发展理念到有形的互联互通、商贸物流、投资建设，从战略层面统筹解决了当前国内经济发展新格局、改革开放再出发、化解产能过剩、加强能源安全、金融和人民币国际化等重大问题，为国家发展开辟了更大更高的新格局。

（1）“一带一路”倡议有利于深层次塑造中国经济发展的新格局

一方面，“一带一路”倡议将促进东部地区的转型升级和对外投资。改革开放以来，中国的经济发展经历了一个不断开拓创新和寻求突破的过程。经过 40 多年的率先对外开放，我国东部地区企业面临着经济结构转型和海外投资加快发展的新问题，通过“海上丝绸之路”可以逐步形成东部地区连接东欧、西亚和东南亚的交通运输网络，为相关国家的经济发展和人员往来提供便利，巩固和发展我国同东南亚的经贸关系，同时可以逐步辐射到南亚和非洲等国家和地区，扩大中国的影响力。

另一方面，“一带一路”倡议将使我国经济发展的空间布局从沿海地区向西部内陆不断推进，经济发展的地域格局得以优化。西部大开发和中部崛起战略形成于 2000 年之后，同东部沿海相比起步较晚，必须加快对外开放。建设陆上丝绸之路，与相关国家将建立中欧通道铁路运输、口岸通关协调机制，打造“中欧班列”品牌，建设沟通境内外、连接东中西的运输通道，可以成为扩大中西部开放、打造中西部经济升级版的主引擎。[6]

总体而言，2014 年中国与“一带一路”国家的贸易额超过 1.2 万亿美元，占中国外贸总额的 1/4。未来 5 年，中国将进口 10 万亿美元的商品，对外投资将超过 5000 亿美元，增加游客数量约 5 亿人次，使周边国家及丝绸之路沿线国家率先受益。中国将与沿线国家对接发展战略，推进贸易、产业、投资、能源资源、金融以及生态环保的合作，深化城市、港口、口岸、产业园区的合作，并培育新的经济增长点，以协助当地增加就业、增强可持续发展能力，实现中国与沿线国家的共同发展，由此“一带一路”将成为中国经济新的增长点。

（2）“一带一路”倡议有利于大规模消化中国的过剩产能

在中国经济已经步入“新常态”、增速由高速转为中高速的情况下，实现产业转型升级尤为重要。然而，中国原有的“以量扩张”的经济增长模式导致工业产能过剩问题突出，金融危机时期的 4 万亿元刺激措施更是加剧了产能过剩矛盾，影响了经济结构的转型升级，已然成为中国经济发展的桎梏，迫切需要调整。

市场调整达成均衡无非是通过供给与需求两个途径，或者增加需求消化过剩产能，或者减少供给淘汰过剩产能，后一种方式影响就业，与当前的“保就业”底线思维模式相抵触，因此，扩大对外输出产能成为消化过剩产能的最优途径，而且从历史上看，美国在 20 世纪 20—30 年代、日本在 20 世纪 80 年代也都实现了过剩产能向全球的成功输出。

“一带一路”周边大部分国家基础建设相对落后，而中国在基础设施建设领域经验丰富，相关的钢铁、水泥等领域产能过剩。通过基建和产能输出，双方需求高度契合，从而实现过剩产能的化解。

（3）“一带一路”倡议有利于从新高度塑造中国对外开放的新格局

20 世纪 80 年代初中国实施改革开放，2001 年加入 WTO，这两次开放大手笔都带来了中国经济腾飞，如今中国又站到了新的历史关口：设立自由贸易试验区将是中国继加入 WTO 之后又一次重大的历史性变革。如果说中国通过加入 WTO 获得了通往国际市场的机遇，完成了第一阶段的全球化；那么，设立自由贸易区将开启中国第二阶段的全球化：自由贸易区战略将和“一带一路”相辅相成，以“一带一路”为纲、以自由贸易区为目，将对外开放步伐持续推向新高度。

回顾 2013 年 8 月，国务院正式批准设立中国（上海）自由贸易试验区，成为中国第一个自由贸易试验区和新的经济试验田。在此基础上，2015 年 3 月 24 日，中共中央政治局审议通过了广东、天津、福建自由贸易试验区总体方案以及进一步深化上海自由贸易试验区改革方案，自贸区 2.0 时代正式起程。[7]

对外，中国正在与多个国家构建自由贸易区，其中 10 个自由贸易协定已经签署实施，9 个自由贸易协定正在谈判，还有 4 个自由贸易协定启动了可行性研究。我们看到，巴基斯坦、东盟 10 国等不少已经签署自由贸易协定的国家以及斯里兰卡、格鲁吉亚等正在筹划自由贸易协定的相关国家都与“一带一路”建设有着非常密切的联系。可以说，“一带一路”实施过程中，我国与沿线国家合作更加紧密、往来更加便利、利益更加融合，这将辐射各国和各地自贸区，对外开放方向逐渐清晰：以自贸区战略为切入口，构建利益共同体，最终从以周边为基础加快实施自由贸易区战略过渡到面向全球的高标准自由贸易区网络，塑造中国对外开放的新格局。

（4）“一带一路”倡议有利于进一步塑造中国能源安全的新格局

中国的能源安全在当前和未来都面临着严峻的挑战，能源安全问题一方面体现在进口依存度上，即目前我国能源供应与经济发展模式之间存在突出矛盾：我国进口油气在消费中的占比在不断提高，对外依赖度很高，面临着较大的能源安全隐患。2008 年，我国原油及油品合计的进口依存度为 56.6%，2014 年上升到 68%，平均每年提高 1.6 个百分点。我国天然气的进口依存度也呈快速提升态势，2008 年仅为 5.99%，2014 年已增长为 33.2%。

此外，能源安全问题也体现为中国油气进口源和战略通道受制于人。中国油气的进口源集中于中东、非洲，且多为局势动荡地区，而美国未来的外交与地缘政策或许会增加中东局势动乱的可能性。在原油运输通道上，80%

的石油海路运输途经霍尔木兹海峡和马六甲海峡，美伊矛盾时常威胁到霍尔木兹海峡通航，马六甲海峡不但海盗频出，而且还是美国控制的全球最重要战略通道之一，中国在两处海峡的航路安全完全受制于人。

展开“一带一路”的规划路线图，可以清晰地看到，“一带一路”可以成为维护中国能源安全的支点。“一带一路”贯穿的主要国家俄罗斯和中亚国家（哈萨克斯坦、土库曼斯坦、吉尔吉斯斯坦、塔吉克斯坦、乌兹别克斯坦）不仅有丰富的自然资源、奇特的地貌，还有一条无比珍贵的能源动脉直通中华大陆。这些国家油气资源丰富，但总体缺乏发展油气产业所需的资金、技术和多元化的出口市场。中国可以依托“一带一路”对俄罗斯、中亚、东南亚、欧盟等主要区域的辐射效应，输出油气管网和输电走廊等能源基建，把能源的产能转移出来，塑造周边地区的区域市场，然后建立能源自由贸易区，使中国成为亚洲能源地缘政治的中心，在这个过程中强化中国的能源安全新格局。

3. “一带一路”——人民币国际化之路

“一带一路”沿线区域主要是新兴经济体和发展中国家，基础设施投资需求旺盛，资金支持扮演着重要的助推剂角色。由此，中国组织成立了丝路基金、亚洲基础设施投资银行等投融资机构，成立这些机构的最直接目的是为“一带一路”基础设施建设提供资金支持，同时，人民币的国际化可以提供资金流通环境，以此来共同保障“一带一路”倡议顺利实施。

与此同时，“一带一路”倡议也必将促进资源互通、设施互联、贸易往来，促进资本输出和贸易结算，推动资本账户开放，促进人民币国际化，最终完成货物、资本、金融国际化的大战略。

（1）人民币国际化保障“一带一路”倡议顺利实施

丝路基金有限责任公司已于 2014 年 12 月 29 日在北京注册成立，亚洲基础设施投资银行也正式成立。按照顶层设计规划，无论成立丝路基金还是亚洲基础设施投资银行，唯一的目的就是通过向“一带一路”沿线的公路、铁路、通信管网、港口物流等基础设施建设提供信贷支持，实现人民币国际化。

对于资本输出而言，采用何种货币是个非常重要的问题。若继续采用美元，则“一带一路”建设势必要受到美国货币政策的掣肘，美元币值的变动将直接影响资本对外输出的效率。目前，全球货币政策分化，美国货币政策即将进入加息周期，以美元为主的国际资本流动风云变幻，若以美元作为资金载体，将会导致“一带一路”倡议实施不确定性的上升。

过去人民币国际化程度偏低，目前人民币境外清算网络尚未开始布局，人民币跨境流动存在诸多不便。尽管“一带一路”相关国家普遍资金欠缺，但人民币贷款对其吸引力有限。实际上，我国向“一带一路”沿线国家提供资金支持的前提条件之一是必须采购我国产品。在人民币国际化程度提高后，使用人民币对相关国家融资，这些国家再用人民币向我国企业采购产品，便是顺理成章之事。由此可见，人民币国际化便利了我国资本输出，相关国家也愿意接受人民币贷款资金，在“一带一路”倡议实施过程中有助于确保我国的利益不受损害。

（2）“一带一路”为人民币国际化铺平道路

“一带一路”与人民币国际化是正反馈关系，前者为人民币国际化铺平道路。当前，“一带一路”沿线国家对我国的出口贡献率已经达到25%，从2013年起，“一带一路”建设涉及的中亚和南太平洋各国，包括俄罗斯、哈萨克斯坦、印度尼西亚、马来西亚等国，在大批能源、基建合作项目上都使用人民币进行结算和计价，由此可见，“一带一路”倡议的实施势必会增加人民币在相关国家贸易结算和计价中的使用比例。[8]

（3）“一带一路”沿线国家的人民币跨境授信初具成效

2013年，国家开发银行新疆分行向哈萨克斯坦企业发放人民币贷款3.5亿元，实现了我国对中亚人民币输出的重大突破。2013年8月，中哈霍尔果斯国际边境合作中心成为全国首个“境内关外”离岸人民币创新金融业务试点区，区内可开展人民币融资业务，享受比深圳前海、上海自贸区更优惠的特殊离岸人民币政策。

此外，除了作为交换媒介，部分周边国家还将人民币纳入储备货币。从政治博弈的角度看，未来人民币加入SDR、人民币国际化都需要得到“一带一路”沿线合作国家的支持，从这个角度来说，“一带一路”倡议是人民币提早加入 SDR 和国际化的助推器。

综上，“一带一路”是在共商、共建、共享中探寻经济发展新格局、自由贸易、全球化再平衡之道，开创了 21 世纪地区合作新模式，是中国、亚洲和全球的一项伟大战略和实践！

（四）“一带一路”的机遇与挑战

中国—中亚国家是“一带一路”沿线的重要国家。自习近平主席 2013 年 9 月在访问哈萨克斯坦提出建设丝绸之路经济带的战略构想以来，“一带一路”建设取得了一定的成效，同时，也带来或将面临一些问题、挑战、风险和困难。历史经验表明，任何倡议、计划都有成功和失败的可能性。“一带一路”倡议是统筹内外的长线工程，发展动力与制约因素并存。

其一，认知上的差异。“一带一路”倡议是一边宣介一边落实，不可能一切准备停当之后再干，这往往会引起国内外的认知差异，主要表现为：①信息不对称。从获取有关“一带一路”信息的多少、准确度和权威性方面看，或存在相关方信息不准确、不充足、不及时、不系统等问题。②看法不一致。比如，国内学者怀疑是否经过严密的论证、科学的成本—风险分析，外界怀疑“一带一路”建设的目的到底是经济性的还是战略性的、是提供公共产品还是另起炉灶，等等。③宣传口径的不匹配。一些提法如“桥头堡”“战略大通道”“战略支点”“攻坚战”等，虽然强调了中国特色，但容易引起外界质疑，带有军事意味等。

其二，行动上的差距。中国将“一带一路”作为目前乃至更长时期内的重点工作，而外方很难将其作为优先考虑战略。中国可以做到“中央一分布置，地方九分落实”，而外方的政治文化、管理风格、执行力和效率明显不同。中国政府能提供大量人、财、物、政策等的支持，但外方政府的政权更替往往带来政策的变动，带来内外支撑和保障力度的变化。

其三，风险上的高端聚合。“一带一路”建设本质上是个发展问题，是立足国内、以周边为重点、辐射全球的对外开放战略，是中国特色的大国外交的展开，也易导致更高层级的“国家风险”，将面临空间维度上的系统联动性、时间维度上的战略长期性、性质方面的应对局限性等高端聚合特性的安全风险。

“一带一路”建设面临的全球安全环境总体趋紧。在后金融危机时代，安全困境加剧、发展瓶颈突出、社会治理失衡等系统风险联动。①世界格局转型的风险。大国围绕世界秩序走向与战略地位较量与斗争加剧，各大国均调整内外政策，以各自优势竞争领域为手段，争取在世界格局转型进程中掌握主动权。“一带一路”建设具有资金、技术、能力和地缘优势，是中国从地区大国成长为全球大国的主要战略手段，与各方既有利益交汇，亦存在明显的战略态势竞争，带有战略安全的属性，也就面临世界格局转型的风险。②“走出去”的安全风险。冷战结束以来，大国间的战争条件虽基本可控，但伴随着中东乱局与乌克兰危机，从地中海到黑海、里海直至中亚的古老丝绸之路地缘带涌动着各种风险，而伴随着我国周边所出现的朝核问题，东海、南海纷争联动，中南半岛新老问题交错，印巴局势、以巴问题、中印问题尚待稳定，这一系列问题都增加了“一带一路”“走出去”的安全风险。③全新的体系风险。世界经济体系面临着力量的重新分布和增长结构的分化重组，发达国家试图利用规则、制度和政策优势重新主导世界经济的基本格局，对新兴国家实施贸易保护措施甚至不惜搞贸易战、汇率战和资源能源战，使“一带一路”建设面临全新的体系风险。④外部经济风险。全球性生态、能源、气候变化、自然灾害等非传统安全问题错综复杂、衍生蔓延、相互联动，加之美国退出“巴黎协定”“TPP”等，形成复合风险，现行的全球治理机制难以有效应对巨大的外部经济风险。

从各种迹象看，中国相关政策部门已注意到战略风险问题并已加以防范，但“一带一路”建设的风险应对，也存在着高难度、高频率、高波动、高联动性等极大的局限性，不可能完全做到趋利避害。

通过以上分析，结合第二次世界大战以来的经验可以看出，哪个发展中国家能够抓住劳动力密集型产业国际转移的窗口机遇期，哪个国家就能够获得二三十年的快速发展，也会给发达国家带来梦寐以求的不断扩张的市场。

自 20 世纪 80 年代初开始中国从社会主义计划经济向市场经济过渡，37

年间 GDP 年均增长约 9.7%，对外贸易年均增长 16.4%。2009 年，中国的 GDP 超过日本，成为世界第二大经济体；2010 年，中国的出口超过了德国，成为世界最大出口国；2013 年，中国的进出口贸易总量超过美国成为世界最大贸易国；按照购买力平价计算，2014 年，中国的经济总体规模超过美国，成为世界第一大经济体。[9]

在中国改革开放以来取得的成绩堪称“人类经济史上不曾有过的奇迹”的情况下，“一带一路”倡议为什么会被提出来？因为经过 40 余年的改革开放，我国已经成为一个中等偏上收入的国家，要实现中华民族的伟大复兴，我国就必须进一步发展成为一个高收入国家。从国内外历史经验来看，我国应该更充分利用国内、国际两个市场和国内、国际两种资源。在国际上，我国应该承担相应的责任，也应该在国家事务和规则的制定上拥有相应的影响力和发言权。

同时，为应对当前对中国不利的世界格局，转变不符合国内、国际经济和政治发展的规律和要求，习近平主席在 2013 年 9 月访问哈萨克斯坦时提出了共建丝绸之路经济带的构想；同年 10 月访问东盟时，又在印度尼西亚提出共建 21 世纪海上丝绸之路的倡议，旨在推动一个自东向西的横跨亚洲，直达欧洲、非洲的地区发展合作框架，目标是“政策沟通、道路联通、贸易畅通、货币流通、民心相通”，建立沿线国家的“利益共同体、命运共同体、责任共同体”。

从人类历史来看，大国崛起时，一定会提出引领世界未来的合作倡议和价值理念。“一带一路”倡议就承载着这一使命。“一带一路”倡议是中国成为世界新领导型国家的标志，也是中国推行新型全球化与新型全球治理的抓手，是实践人类命运共同体的倡议。在当前国际形势下，这三重使命将通过“解构西方中心论，展现全体治理新理念”来体现。

二、研究视角、价值及意义

随着中国企业的发展壮大和竞争力的不断增强，中国经济不仅需要“引进来”，而且需要“走出去”，这是中国企业更为深入地融入世界经济、参与国际竞争与合作，并在竞争合作中实现进一步发展壮大的必由之路。中国—中亚国家投资、经济与技术合作，无论是从资本的角度还是从宏观、产业、环境乃至微观主体角度研究，都具有重要的现实意义和战略价值。

（一）宏观经济视角

中国—中亚国家投资、经济与技术合作问题，可以从宏观经济视角进行考察。改革开放后，中国经济取得了快速发展，中国的“引进来”战略适逢国际产业转移的机遇，推动了国内生产能力的迅速提高，摆脱了短缺状态，一些行业已出现产能过剩，国家贸易出现“双顺差”。中国目前拥有充裕的国民储蓄与外汇储备资源，对中国—中亚国家共建“一带一路”具有关键支撑作用。作为宏观经济中的一个重要指标，对外投资、经济与技术合作对中国国际收支的平衡、宏观经济的稳定具有重要意义，因此，有必要对中国—中亚投资的宏观经济背景进行研究。从宏观经济意义上看，中国—中亚投资、经济与技术合作有助于缓解国家整体贸易“双顺差”的外部失衡局面，有助于充分利用外汇资源的潜在价值，促进国家的国际收支平衡和宏观经济的稳定，减少宏观经济的波动性，促进宏观经济的再平衡，扩大宏观经济政策的空间。

（二）产业视角与微观视角

从产业意义上看，对外投资是中国产业的国际化过程。中国—中亚国家投资活动、经济与技术合作，有利于中国企业深入参与中亚国家产业分工。一方面，中国产业的国际化有助于中国产业的梯度外移；另一方面，参与中亚国家的产业分工，能够推动国内产业的优化升级。从企业角度来看，中国企业是参与对外投资活动的主体，中国的现代企业制度改革已取得显著成效，提升了企业的竞争力。中国企业通过对外投资活动参与全球化的经营与国际竞争，有利于促进中国企业的管理水平和技术水平的升级，使中国企业更加充分地利用国际市场，促进中国企业的规范化经营和治理水平的提升，从而提高中国企业的国际竞争力。从市场角度来看，中国国内某些行业（如纺织、家电、钢材等行业）出现了产能过剩，这部分过剩的产能除了在国内消化一部分外，也可以转移到相对落后的中亚国家，使国内相对过剩的产能找到新的发展空间。

（三）环境变化与经济需求视角

2008年金融危机以后，世界经济、国际分工正在重构，过去那种“西方消费，东方制造”的国际分工模式现在发生了巨大的变化。西方国家——美国、欧洲国家的消费能力在下降，储蓄在增加，同时，国际经济结构性的变化对“东方制造”产生了很大的挑战。我国过去靠大量出口、巨额顺差的模式也不得不随之发生变化。全球性产能过剩加剧，国际贸易和投资规则重构，中国过去打开国门、引进资金和技术、把产品卖出去的情况也发生了变化，如一大批劳动力密集型产品要转移出去。此外，2018年3月22日美国以所谓中国窃取美国的知识产权、美国对华贸易逆差“失控”等为由，对中国约600亿美元的进口商品征收关税；美国搞单边主义和贸易保护主义，特朗普对华挥起贸易大战的大棒；等等。因此，从国际环境变化和国内的经济需求来看，我国需要在新时代有一个新的开放战略和更好的投资、经济与技术合作模式及路径。

（四）资本国际化与货币选择视角

就中国资本国际化与货币选择视角而言，中国企业以外汇储备开展国际投资，不仅包括对外直接投资，而且包括商业银行、基金管理公司、信托公司、保险公司等合格的境内机构投资者的对外间接投资。作为一种国际资本，外汇储备具有增值、保值、追求盈利的本质属性，中国的外汇资本具有对外投资的客观要求。在对外投资的货币选择上，中国企业以美元、欧元等发达国家货币为主要币种，而人民币尚未成为完全自由兑换流通的国际货币，这与中国经济的国际地位极不相称，人民币国际化问题成为时代发展的客观要求。

（五）投资风险视角

中国—中亚国家经济发展水平存在巨大差异，地缘政治复杂，多边自贸安排和有效投资合作机制很不完善甚至缺乏。这使得我们的投资，不管是政府的投资还是民间的投资，都面临着巨大的风险。这里还涉及政局、民族、宗教方面的矛盾，又特别复杂。除了外部风险外，我国企业还面临着内部风险，比如，能否“走出去”到比较复杂恶劣环境里生存的问题。此外，还有国家保护主义的风险、产业本身的风险、汇率风险、金融风险以及社会风险等；投资东道国对我们发展这些领域的要求、环境的要求、法律的要求、财务税收制度的要求、劳工福利的要求；等等。这些都是我们在推动中国—中亚投资、经济与技术合作时面临的巨大风险与巨大挑战。

三、研究方法

中国—中亚国家投资环境、经济与技术合作评价与模式研究，是一个涉及中国与中亚国家的宏观经济、中观产业、微观企业、市场环境、法律规则、风险障碍、国际资本、投资、财务税收、企业文化乃至政治、外交等方面的复杂问题。全面研究这些问题，需要多学科的综合研究。本书的研究对象是中国—中亚国家，这又需要把投资环境评价与模式的研究分析的结论具体应用到相应国家。因此，本书将采用规范研究与实证研究相结合的研究方法。

本书将运用逻辑演绎、归纳总结、比较分析、档案研究、调查研究等多种方法对所涉及的问题展开研究。在研究方法上，本书实现了三个结合：一是理论逻辑演绎与实证检验相结合；二是理论分析与经济政策评价机制、投资环境实践相结合；三是现象、观点归纳与一般理论抽象相结合。本书遵循从问题的提出到揭示隐藏在问题背后的经济学逻辑、投资风险、资本项目的管制问题等，再到对策研究的基本范式。

在研究中，本书注重评价指标及指标体系的选择和理论模型的构建。在厘清微观风险衍变与投资系统性风险生成的作用机制基础上，本书考察了不同风险传导路径对宏观系统性风险的影响，进而构建有效的各指标之间的动态模型及判断模型，构筑产业政策调控和投资风险监管协同的风险防范机制。

在研究工具上，本书运用经济学、投资学、金融学、管理学、国际关系学以及复杂的系统理论等多学科交叉进行理论推理，并采用多种实证研究方法进行检验与论证。在实证研究方法上，主要采用建立计量经济模型、调查研究、案例研究等方式，充分了解和把握中国—中亚国家投资环境方面、经济技术合作方面的优势及存在的问题，化解难题中的重点、难点。从投资环境优化和风险防范的视角来落实“一带一路”发展中国家的产业政策、投资关注点，使研究结论更加贴合投资环境优化、投资风险监督完善和投资政策落地实践。

第二节 投资与投资环境概述

一、对外投资的内涵

为了规范研究对象的明确性，需要对相关概念进行界定。由于学术界和实业界对相关概念的界定存在认定差异，为了减少认知差异，本书采用国际和国内的相关法律法规或者重要机构对相关概念的界定。

（一）中国企业境外投资的内涵

中国企业境外投资主要指中国企业在境外的直接投资。根据相关规定，对外直接投资是指我国企业、团体等在国外及港澳台地区以现金、实物、无形资产等方式投资，并以控制国（境）外企业的经营管理权为核心的经济活动。

对外直接投资的内涵主要体现在一个经济体通过投资于另一个经济体而实现其持久利益的目标。境外企业投资按设立方式主要划分为子公司、联营公司和分支机构等。[10]

（二）中国企业境外投资额的内涵

对外直接投资额是指境内投资者在报告期内直接向境外企业实现的投资，包括股本投资、利润再投资以及与公司之间债务交易相关的其他投资。其中，股本投资是指境内投资者在境外分支机构的股本金或其在境外子公司和联营公司的股份。利润再投资是指境外子公司或联营公司未作为红利分配但仍归属于境内投资者的利润部分以及境外分支机构未汇给境内投资者的利润部分。其他投资是指境内投资者和境外子公司、分支机构以及联营公司之间的债务交易等，包括境内投资者与境外子公司、联营公司和分支机构的借贷。[11]境内投资者当期提供给境外子公司、联营公司、分支机构的贷款记作当期对外直接投资流量和存量的增加；境外子公司、联营公司归还当期或以前年度境内投资者的贷款记作当期对外直接投资的负流量，同时应调减当期存量。[12]

（三）马克思主义学说关于资本国际化与对外投资的观点

随着资本主义的发展，少数富有的国家出现了大量的“过剩资本”，但国内缺乏有利可图的投资场所，因此，就需要进行资本输出。马克思主义政治经济学所主张的是劳动价值论，认为价值是凝结在商品中的无差别的人类劳动，而资本是能够带来剩余价值的价值，是带来剩余价值而不是创造剩余价值，因为只有劳动才能创造价值。实质上，国际投资是解决国内资本过剩的一个途径。

中国坚持社会主义制度，“一带一路”建设是引进市场机制，不断推进深化改革开放，促进社会主义经济发展的重要途径。通过“引进来”和“走出去”相结合，形成一个较为完善的对外开放政策体系，融入国际经济体系，提升中国企业的国际竞争力。中国“一带一路”倡议的对外开放思想是对马克思主义关于资本国际化与对外投资学说的继承和发展。

二、投资环境概述

（一）概念

投资环境是指与境外投资（包括资本、技术等）者在境内进行投资，并获取效益这一系列行为有关的各种客观条件和主观条件。或者说，它是围绕投资这一主体的各种因素（如政治、经济、社会等）之间相互依赖、相互制约所形成的矛盾统一体。也可以说，投资环境是东道国对投资者提供的各方面条件和态度的总和。

一般情况下，投资环境划分为政治环境、经济环境、自然环境、社会环境等方面。政治环境是东道国的政治状况、政策和法规；经济环境是指东道国的经济发展水平、经济体制以及与投资有关的生产要素、结构和供给水平、基础设施；自然环境主要是指自然或历史上长期形成的与投资有关的社会结构、社会意识形态、风俗及文化等历史传统、社会保障体系等。

（二）特点

1. 整体性

投资环境是一个有机整体，各个部分相互连接、相互协调，互为条件，构成了一个完整的投资环境系统。其中任何一种环境、一种因素的变化，都将涉及投资活动彼此相联系的各种因素发生连锁反应，进而导致整个投资环境的变化。

2. 综合性

投资环境是具有多层次、多样性的庞大综合体，是由许多与资金的投放和使用相关的政治、经济、自然、社会、技术、文化等多种客观条件和因素交织在一起构成的。

3. 区域性

区域性投资环境是相对于整体投资环境而言的，它是整体投资环境的基础和有机的组成部分，是投资环境多层次中的一个关键层次，也是研究投资环境的重要内容。投资环境区域性的存在可能会使同一种项目投资或投资方式在此地适用，而在彼地不适用，对符合本区域特点和要求的资金具有较强的吸引力，对不符合的资金则产生排斥力。

4. 差异性

由于各种因素的作用，同一投资环境对不同部门和项目的投资、对不同的投资意愿具有不同的吸引力。在同一投资环境内部，各类环境之间的不同组成以及各自所占比重不同，对投资也会产生不同影响。

5. 动态性

投资环境中的各个因素总是处于不断的变动之中。而这种不断的变动又或多或少地直接影响总的投资环境。如政局的变化，自然界本身的变化，人为的干预和破坏，办事效率、管理水平的变化以及劳动要素的变化等，都是影响投资的直接因素。

（三）投资环境的内容与分类

1. 投资环境的内容

确定投资环境的内容，要服从建立投资环境的战略目标。根据各国的经验，全国性投资环境主要包括以下几个方面：

（1）币值稳定程度

自由兑换外币和面值货币对外价值的稳定是投资环境最重要的内容，也是影响投资效益的重要因素。通常，衡量币值稳定程度的具体做法是把投资所在国的外汇汇价划分为四种等级，作为衡量货币稳定的标准：一是官价与黑市之差不超过10%；二是官价与黑市之差为10%~40%；三是官价与黑市之差为40%~100%；四是官价与黑市之差超过100%。差距越大，说明币值越不稳定，反之，差距越小，说明币值比越稳定。

（2）每年通货膨胀率

每年通货膨胀率是指过去五年的通货膨胀率的实际情况，既可以了解过去五年的通货膨胀率的实际情况，又可以预测未来的经济情况。通常，把通货膨胀率是否超过两位数当作是否稳定的界限。

（3）资本外调

资本外调是指资本（包括利润和利息收入）能否自由出入国境，以便灵活调拨资本。实行外汇管制国家对外国企业投资的资本转移（包括利润和利息收入的转移）均有不同的规定，多加以一定的限制。外汇无限制最受投资者欢迎；外汇完全不准外调，就不会有投资者入境投资。

（4）允许外国所有权的比例

允许外国所有权的比例是指一个国家允许外国投资者在该国境内设立的股份公司中所掌握的股份的比例，也是影响掌握所有权与经营权的重要因素，只有掌握一定比例的所有权，才能掌握经营权。一般国家都有传统的规定，如外国投资者掌握的股份所有权必须低于50%，而外国投资者希望能自由掌握所有权的比例。

（5）外国企业与当地企业之间的差别待遇和控制

外国投资者希望所投资的地区和国家对待外国投资者，像对待本地私人企业一样，享受同等待遇。

（6）政治稳定程度

为了保证投资的安全性，外国投资者特别重视投资所在国的政治是否稳定。他们更喜欢政局稳定或长期稳定的国家，而忌讳政局经常波动甚至动荡的国家。

（7）当地资本供应能力

这关系到资金的融通是否方便，它对加速资金周转、节约使用资金起着重要作用。外国投资者希望当地有发达的资金市场和公开的证券交易所，担心的是当地缺乏资金，或对外资、合资企业借贷资本有严格限制。

（8）给予关税保护的意愿

关税保护是一个国家为了保护国内工农业生产而对外国商品进口征收关税的行为。给予关税保护的意愿，是指投资所在国是否给予外国投资者该国关税保护。

2. 投资环境的分类

投资环境从范围上可以分为国家的宏观投资环境和地区的微观投资环境（当然，这种宏观和微观的关系是相对而言的），还可以分为狭义的投资环境和广义的投资环境。狭义的投资环境主要是指经济环境，即一国经济发展水平（国民收入、经济增长速度）、经济体制、经济发展战略、基础设施、外汇管制、金融信息服务、货币稳定状况等，即它是涉及投资者切身利益的直接因素；广义的投资环境指包括经济因素在内的社会文化、政治、法律、政策、市场机制、劳动力等对投资可能产生直接或间接影响的各种因素。

投资环境从属性上划分，有自然投资环境和人造投资环境之分。诸如具有观赏和旅游价值的湖光山色、有开采价值的矿藏资源等，均属自然投资环境；而生产、生活性及社会性的基础设施则是人造投资环境。

投资环境从形态上划分，有“软环境”和“硬环境”之分。所谓硬环境，就是那些具有物质形态的各种物质条件、有形条件之和，如交通运输、通信邮电、供电、供气、供水、环境保护、社会生活服务和旅游设施等；而软环境是指那些没有具体物质形态的外部因素和条件的总和，如政策、法规、合作对象的经营管理水平、职工的技术熟练程度等。

（四）分析研究投资环境的意义

投资环境是多因素的、多层次的、多动态的有机整体。投资环境的分析和研究，往往是投资者在投资前进行投资分析的第一步，也是整个投资过程中最重要的阶段，其意义是：

（1）对投资环境的分析和研究，可以全面地分析和掌握某一地区或国家的整体状况，可使其充分利用自身优势，以吸引更多的外资和先进技术，这是研究投资环境的目的所在。

（2）对投资环境的分析和研究，有利于深刻具体地把握影响投资环境的各种因素，找出投资环境中存在的问题，为制定政策、法规和领导决策提供科学而又坚实的基础，为投资环境的进一步改善指明方向。

（3）对投资环境进行分析和研究，可以帮助所在地区和国家合理确定利用外资的规模，明确利用外资的重点和方向，确定利用外资的投向和结构。

（4）对投资环境进行分析和研究，并提出相应的建议和措施，使得政治环境、自然环境、经济环境、社会环境等各方面有机地结合起来，协调发展，才能够从总体上创造一个吸引外资投入的良好投资环境，以吸引更多的外资为我所用。

三、“一带一路”开启中国—中亚国家投资新空间

“一带一路”倡议提出以来，参与的国家和国际组织日益增多，各方积极探讨发展战略规划的对接，开展交通基础设施的互联互通，落实一批具有示范作用的重大项目，取得了一系列早期的务实合作成果。“一带一路”倡议在地区甚至全球层面的影响力和号召力都在增强，将会极其深刻地改变国际经济格局，对重塑亚欧大陆在世界舞台上的特殊角色与地位，具有十分积极的

意义。

亚欧大陆是全球陆地面积最大、人口最多的大陆。在人类数千年的发展史上，亚欧国家在大部分时间里一直扮演着主要甚至主导角色，经济、文化最为发达，国家和民族的交往、融合最为频密，诞生过不少具有世界影响力的大国，引领过科学、文化、技术创新的潮流，为人类社会的进步做出过巨大的贡献。在亚欧大陆各国各民族友好交往、共同发展的过程中，古代丝绸之路发挥了重要作用。在“一带一路”背景下研究的亚欧问题中，越来越多的专家、学者十分重视对中亚国家与我国经济、投资、贸易等问题的研究。

中国的“一带一路”倡议不仅得到世界百余国家或国际组织的参与与支持，更是在中亚国家，即哈萨克斯坦、吉尔吉斯斯坦、塔吉克斯坦、乌兹别克斯坦和土库曼斯坦得到重视。这些国家的老百姓对“一带一路”倡议的认识总体上是积极的，反应是热烈的。当然，在具体问题上，人们对“一带一路”建设到底要做什么还没有清晰的认识。尽管中国—中亚国家分别签署了多个项目的初步协议，建立了不少企业，但遗憾的是，这些国家的人民对签订协议的项目到底是什么还缺乏广泛的认识，在各州（地）开办企业，人们需要知道它们是干什么的，是否环保、是否符合其标准和规定，对其是否有利。如果中国伙伴努力作更多介绍说明，将有助于建立彼此之间的信任。

个别中国企业的项目因为当地居民对环保标准情况不满意而未能落地，这是正常现象。当居民表达出自己的担忧和观点时，政府做出适当反应，顺应民意，解释、说明和消除这些疑问是必要的。

中国—中亚国家合作取得了初步的进展，但目前在投资方面的难点，一是存在地缘政治性质的困难，这是与国家间分歧、欧亚空间摩擦有关的风险。二是与世界经济发展有关，一些国家对世界贸易能否增长以及能维持多大增速问题上存在一定的分歧，也包括中国—中亚国家之间的贸易。对于能多快提升至我们谈论的贸易、投资额水平，目前也存在一定疑问。三是与“一带一路”项目本身有关，国际上对“丝绸之路经济带”的有效性和前景存在不同观点。

尽管存在以上不尽如人意之处，但我们有理由相信，中国经济发展前景是乐观的，中国经济增长越快，包括中亚国家在内的国家就越稳定。对我国来说，保持目前的经济增速非常重要，中国政府还在下大力气，正在向资本密集型产业投入更多的金融资源，在重组信贷金融市场方面推行具有进取性的政策，中国经济有很多机会保证未来三四年维持6.5%的增长水平，这足以令投资者和出口国家对中国的增长前景有足够信心，“一带一路”建设将开启中国—中亚国家经济贸易投资的新空间。

第三节 投资环境评价方法及模型概述

一、投资环境评价指标及评价方法选择

（一）指标的含义及特征

指标是综合反映社会某一方面情况绝对数、相对数或平均数的定量化信息，具有揭示、指明、宣布或者使公众了解等含义。所有指标都必须具备两个要素：一是要尽可能地把信息定量化，使得这些信息清楚和明了；二是要能够简化那些反映复杂现象的信息，既使所表征的信息具有代表性，又便于人们了解和掌握。

根据指标的表现形式和作用的不同，可以分为数量指标和质量指标两种。用于反映总体单位数目和标志总量的指标统称为数量指标，比如，人口总数、企业总数、产品产值、排污总量、总收入、总支出等。数量指标反映的是现象的总量，因此也被称为总量指标。从指标数值的表现形式来看，总量指标总是用绝对数表示，并且要有计量单位。把相应的数量指标进行对比，可以得到一定的派生指标，以反映现象达到的平均水平或相对水平，这就是质量指标，比如，人口密度、单位产品成本、平均工资、单位产品排污系数等都属于质量指标。质量指标可以反映现象之间的内在联系和比例关系，由于质量指标总是两个有联系的数量指标的对比，所以，在计算时，需要仔细审查两个指标的口径、范围是否一致。

（二）指标体系建立的目标与原则

建立指标体系的目标在于通过投资环境评价指标体系，构建评估信息系统，监测和揭示区域发展、对外投资过程的社会经济问题和环境问题，分析各种结果的原因，评价投资及可持续发展水平，引导政府更好地贯彻可持续发展战略，指导投资方正确地开展投资活动。同时，为区域发展趋势的研究和分析、为发展战略和发展规划的制定提供科学依据。设计指标体系应坚持如下原则。

1. 科学性原则

指标体系应尽可能利用那些有关中国—中亚国家（地区）及有关企业的客观资料及信息，尽量利用已对外公布的数据，最大限度地减少人为主观因素的影响。指标体系覆盖面要广，能综合反映当地可持续发展的各种因素（如自然资源利用是否合理、经济系统是否高效、社会系统是否健康、生态环境系统是否向良性循环方面发展、资金投入与流出是否通畅），以及决策、管理、治理水平等。

2. 整体性原则

指标体系应能反映待评系统的整体性能和综合情况，指标体系的整体评价功能大于各分指标的简单综合。指标应有代表性，指标体系应层次清楚、结构合理、相互关联、协调一致。要抓住主要因素，既能反映直接结果，又能反映间接效果，以确保评价的可信度和全面性。

3. 层次性原则

由于中国—中亚国家投资是影响区域可持续发展的一个复杂的系统，可将其分为若干子系统，并在不同层次上采用不同的指标。

4. 相关性原则

中国—中亚投资问题实质上是要求经济的发展水平、资源的消耗水平、环境质量和环境承载情况以及人类的社会组织形式在任何时期、任何阶段均处于不断协调状态。因此，从“一带一路”建设及可持续发展的角度看，不管是表征哪一方面水平和状态的指标，相互之间都有着密切的关联，也就是说，对投资环境评价的任何指标都必须体现与其他指标之间的内在联系。

5. 可操作性原则

指标体系中的指标内容应简单明了，具有较强的可比性、易获得性，指标设计应尽量与现行财务指标、金融指标、统计指标、业务核算指标、投资环境评价指标统一，使评价指标所需的数据易于采集。指标评价简繁适中，计算、评估、比较方法简单、明了、易于操作，且基本上达到标准化、规范化。

（三）建立评价方法的基本要求

关于投资环境评价方法的研究，国内外已持续数年，并发展出一些评价模型。例如，美国罗伯特·斯托伯的投资期货评价方法、日本公社债研究所的投资风险评价方法、国内闵建蜀教授提出的多因素评估方法等。但这些方法本质上主要是向投资者概略地提出投资的可行区域，或者向受资者揭示本地区投资环境整体的优劣程度，缺乏对各区域约束性内容的考察，因此，在建立中国—中亚投资环境的评价方法时，应满足以下基本要求。

1. 充分考虑投资类型的选择性

投资环境是一个具有地区相对性的概念。中国—中亚国家处在不同的区域，资源不同，人文环境不同，投资环境的宏观、微观气候的差异也较大，因此，各自在吸引和接受外资的类型上就会表现出较大差异。这就要求在评价某一地区、区域、国家的投资环境时，要针对受资者能选择的投资类型来综合评价，然后才可得出具有针对性的结论。

2. 协调好投资者和受资者的期望

在投资行为中，投资者与受资者有着不同的期望。就投资者的期望而言，其投资的目标主要在于市场及利润。预期高的投资收益率、较低的投资风险是投资者的主要期望。但就受资者而言，其期望在于引进经济、社会、环境建设所需的资金与技术，以促进本国经济的发展。由于期望目标不同，投资者与受资者之间会产生一系列矛盾，因此，在设计评价方法时要认识到这种矛盾性，以互惠互利、合作共赢为原则，在保证受资者优选投资类型的同时，按照国际通常的做法，站在投资者角度对特定的投资环境进行评价，并从方法上保证对两种不同角度评价的结果予以协调。

3. 高度重视对政策措施的具体评价

投资环境是一个多层次的概念，相应地，为了改善投资环境、加大投资力度而采取的政策措施也应是多层次的。在实际评价的工作中，仅仅有方向性的政策建议或意见，还远不能满足改善投资环境的要求，因此，评价方法必须是系统的，要既能对投资环境进行评价，也能对政策因素、制度框架、治理机制等因素进行评价，并且能够在相互之间寻求有效的联系，评价的结果应量化到具体措施，以更好地适应投资环境改善的需要。

二、评价投资环境的方法与指标体系

在进行国际投资时，投资者必然要对投资的环境进行评价，以便做出选择。评价投资环境的方法很多，根据所选用评价投资环境方法的不同，使用的指标体系也是不同的。下面简要介绍一些评价方法及其指标体系：

（一）等级评估法

等级评估法又称为“多因素评价法”“等级尺度法”，它是由美国罗伯特·斯托伯于 1969 年提出来的。该方法是将整个投资环境分为 8 个因素（指标），然后进行打分评价。其指标体系包括：①资本外调，即对资本汇出境外的限制程度。②外商股权，即允许外商所有权的比例。③外商管理，即外商投资企业是否与当地私人企业享有同等待遇。④政治稳定性，是指投资所在地的政局稳定情况。⑤币值稳定，是指自由兑换货币和面值货币对外价值的稳定程度。⑥关税政策，是指对外资企业是否有关税保护及保护程度。⑦当地融资条件，是指当地资金融通是否方便。⑧通货膨胀，是指过去 5 年的通货膨胀率的实际情况。

具体做法是：首先对指标体系中的 8 个指标，根据几种情况确定不同的分数，最高分为 20 分，最低分为 0 分或 2 分或 4 分（见表 0-1）。然后对 8 个指标逐一进行分析，并根据每项内容对投资环境有利与否给予不同的分数，再将各项内容累计分数相加，获得一个总分数。总分数越高，表明投资环境越好；次之，欠佳；再次之，不良；当总分数低到最低程度时，则认为不能投资。总分数为 8~100 分。

表 0-1 “等级尺度法”评估的主要内容

投资环境因素	分数	投资环境因素	分数
一、资本外调	0~12	四、币值稳定	4~20
无限制	12	完全自由兑换	20
只有时间限制	8	黑市与官价差距小于一成	18
对资本有限制	6	黑市与官价差距一成至四成	14
对资本和红利都有限制	4	黑市与官价差距四成至一倍	8
限制繁多	2	黑市与官价差距在一倍以上	4
禁止资本提回	0		
二、外商股权	0~12	五、政治稳定性	0~12
准许并欢迎全部外资股权	12	长期稳定	12
准许但不欢迎全部外资股权	10	稳定但因人而异	10
准许外资占大部分股权	8	内部分裂但政府掌权	8
外资最多不超过半数	6	国内外有强大的反对力量	4
只准许外资占小部分股权	4	有政治动荡的可能	2
外资不得超过股权的三成	2	不稳定，极可能动荡和政变	0
不准外资控制任何股权	0		
三、外商管理	0~12	六、关税政策	2~8
外资、本国资本一视同仁	12	给予充分保护	8
略有限制但无管制	10	给予相当保护但以新工业为主	6
对外商只有少数限制	8	给予少量保护但以新工业为主	4
对外商有限制并有管制	6	很少给予保护或不保护	2
对外商有限制并严加管制	4		
对外商严格限制并严加管制	2		
禁止外商投资	0		

续表

投资环境因素	分数	投资环境因素	分数
七、当地融资条件	0~10	八、通货膨胀	2~14
资本市场成熟，有公开证券交易所	10	<1% 1%~3%	14 12
少量当地资本，有投机性证券交易所	8	3%~7% 7%~10%	8
当地与外来资本均有限	6	10%~15%	6
短期资本极有限	4	15%~35%	4
资本管制很严	2	>35%	2
资本外流严重	0		

资料来源：根据（美国）罗伯特·斯托伯（1969）相关观点整理。

等级评估法还有其他几种形式，例如，美国商业国际公司提出了用3个分类指标来评价投资环境：①政治、法律及社会因素指标；②商业因素指标；③货币与财务因素指标等。此外，该公司还提出了一个“商业环境风险”指数。以上几种评估法均属于等级评价法（或称多因素评估法）。

美国《财富》商业杂志也提出了一种投资环境指数，所考虑的指标因素有9个：①政府的稳定性；②政策限制与官僚作用；③贪污；④传播；⑤劳工；⑥积极的态度；⑦生活条件与费用；⑧风险与报酬的比率；⑨对新事物的接受能力。

（二）“多因素评估法”和“关键因素评估法”

这两种方法是香港中文大学闵建蜀教授在罗伯特“等级尺度法”的基础上提出来的。“多因素评估法”将影响投资环境的因素分为11类，每一因素又由一系列子因素组成（见表0-2）。

表 0-2 影响投资环境的因素及其子因素

影响因素	子因素
政治环境	政治稳定性、国有化可能性、当地政府的外资政策
经济环境	经济增长、物价水平
财务环境	资本与利润外调、对外汇价、集资与借款的可能性
市场环境	市场规模、分销网点营销的辅助机构、地理位置
基础设施	国际通信设施、交通与运输、外部经济
技术条件	科技水平、适应工资的劳动生产力、专业人才的供应
辅助工业	辅助工业的发展水平、辅助工业的配套情况
法律制度	商法、劳工法、专利法等各项法律是否健全，法律是否得到很好执行
行政机构效率	机构的设置、办事程序、工作人员的素质
文化环境	当地社会是否接纳外资公司及对其信任与合作程度、外贸公司是否适宜当地风俗等
竞争环境	当地竞争对手的强弱、同类产品进口额在当地市场所占份额

资料来源：根据香港中文大学闵建蜀教授观点整理。

在评估一国投资环境时，先对各类因素的子因素做出综合评价，然后据此对该类因素进行优、良、中、可、差判断，最后按下列公式计算投资环境总分：

$$投资环境总分 = \sum_{i=1}^{11} w_i(5a_i + 4b_i + 3c_i + 2d_i + e_i) \qquad (0\text{-}1)$$

式中，a_i、b_i、c_i、d_i、e_i 是第 i 类因素被分别评为优、良、中、可、差的百分比。

投资环境总分的取值范围为 11~55，愈接近 55，说明投资环境愈佳；反之，则说明投资环境愈劣。

“多因素评估法”是对某国投资环境做出一般评估所采用的方法，它较少从具体投资项目的投资动机出发考察投资环境。

“关键因素评估法”是在多因素评估法的基础上产生的一种方法，它先由投资者或者评估者根据主观愿望和客观条件，提出其认为重要、敏感的因素指标，并确定这些指标的权重，然后打分评价。该方法的指标较灵活，不同的人、不同的国家（地区）、不同的时期，指标是不同的（见表0-3）。

表0-3　不同的投资动机影响投资环境的关键因素

投资动机	影响投资环境的关键因素
降低成本	①适合当地工资水平的劳动生产率；②土地费用；③原料及元件价格；④运输成本
发展当地市场	①市场规模；②营销辅助机构；③文化环境；④地理位置；⑤运输条件；⑥通信成本
获得元件及原料供应	①资源；②当地货币汇率的变化；③当地的通货膨胀率；④运输条件
风险分散	①政治稳定性；②国有化可能性；③货币汇率；④通货膨胀率
追随竞争者	①市场规模；②地理位置；③营销的辅助机构；④法律制度等
获得当地的生产技术、管理技术	①技术发展水平；②劳动生产率

资料来源：根据相关学者观点整理。

（三）“三因素”评估法

“三因素”评估法是由国务院发展中心和西安交通大学管理学院共同提出的。其从三个方面对投资环境中的各个因素进行考察评估，并导出对各个因素的总体评价。指标体系包括：

1. 重要性指标

重要性指标是指国外直接投资者对影响投资因素的重视程度。

2. 吸引力指标

吸引力指标是指某一国家或地区在某因素方面对外商所产生的吸引程度。

3. 满意程度指标

满意程度指标是指当外商真正进入某一国家或地区后，出于政策问题或其他原因，外商的要求是否得到满足，其满意程度如何，然后采用五分制评分法（见表0-4）进行评分。对各因素评分后，采用平均法或加权平均法整理结果，得出结果后，可进行以下四个方面的分析：①重要性指标的分析；②吸引力指标的分析；③满意程度分析；④投资因素敏感度系数分析。

表 0-4　“三因素”评分标准

指标含义	得分				
	5	4	3	2	1
重要性	十分重要	较重要	一般	不重要	没关系
吸引力	十分有吸引力	较有吸引力	一般	无吸引力	不利
满意程度	十分满意	较满意	一般	不满意	很不满意

资料来源：根据国务院发展中心和西安交通大学管理学院学者观点整理。

投资因素敏感度系数的公式为：

某因素敏感度系数=（某因素重要性评分×某因素吸引力评分）/某因素满意程度评分　　(0-2)

某因素敏感度系数是综合了三项指标后的该因素的总体指标。某个因素的敏感度系数越大，改善后对外资的吸引力就越大。反之，敏感度系数越小，改善后对外资的吸引力就越小。

（四）经济地理评估法

该法是在综合罗伯特·斯托伯的投资气候、经济地理和西方区位学研究方法的基础上提出的一种研究投资环境的评估方法。其指标体系包括：

1. 投资气候

投资气候即投资所在国家或地区的现状。

2. 基本建设（和自然环境）

基本建设（和自然环境）是指厂址选择、自然环境、水电气等的供应、交通通信、厂房建设及其基础设施等因素。

3. 社会经济建设

社会经济建设包括职工素质、文化程度、商业法规、行政效率以及市场潜力等因素。

该方法推荐了对三个指标打分的基本原则（见表 0-5），类似于前文的几种方法，对三个指标分别打分后，经加权综合得出总的分数。若分数接近最低分数，则认为投资环境不理想，若接近最高分数，则认为投资环境较理想。

表 0-5 “三指标”打分基本原则

	最低	普通	最高
投资气候	-46	0	50
基本建设（和自然环境）	-27	0	25
社会经济建设	-27	0	25
总分	-100	0	100

资料来源：根据（美国）罗伯特·斯托伯（1969）观点整理。

（五）综合评价评估法

综合评价评估法又称为模糊数学评估法。该方法是根据所建立的指标体系，利用模糊数学的理论，对投资环境进行评价。指标体系包括：

1. 投资获利率

又称为投资系数，它是投资额与在一定时间内所获得利润额之间的比率。

2. 投资乘数

它反映的是投资增量与获利增量之间的比例。

3. 边际耗费倾向

它是耗量增加额与获益增加额的比率。

4. 投资饱和度

从微观来讲，投资饱和度是指投资的边际效率与利率之比；就宏观而言，投资饱和度是指在一定条件下，某一投资领域已投入的资金额与该领域投资容量的比值。

5. 基础设施适应度

基础设施适应度即某一国家或地区的交通运输、能源、水源、通信等基础设施对所要投资项目的适应程度。

6. 投资风险度

它是指由于投资环境的变迁，可能使投资获益在预计值以下甚至亏本、蒙受损失，投资者不能不冒此风险，对这种风险的估计即为投资风险度。

7. 有效需求率

有效需求率是社会平均利润或利息与产品销售收入在减去要素成本和使用者成本后的比值。

8. 国民消费水平

国民消费水平是指一个区域内的国民收入与居民储蓄额之间的比值。

9. 资源增值率

它是资源开发的最初价值与产品加工的增值之间的比率，反映了开发一个地区的资源能够带来利润的多少。

10. 名优商品率

名优商品率是指一个地方的商品总数与该地方、国家、国际名优商品总数的比率。

（六）“仿真”法

这种方法以国际一流的投资环境为标准，从技术环境、物质环境、市场环境、人才环境、行政环境、法律环境、社会环境七个方面进行对比评价，从中找出与一流投资环境的差距，有针对性地在这些地区进行率先改革，大胆试验，设置人为屏障使之与国内的“大气候”适当隔绝，并把有限的资金投入这些地区，以便在短时期内在这些地区按国际标准创造一个完善的国际投资环境。

三、投资环境评价预测模型的建立

讨论了投资环境评价方法及指标体系问题后，有必要考虑提出一种更为简便的预测评价模型，对投资环境的变化趋势进行优化处理，提出改善投资环境的方向，为决策提供依据。

（一）加权系统评价模型（JXP）

采用德尔菲法，对指标体系中最低层次的指标，运用五级评分制进行评分（评分原则见表 0-6），然后通过指标权重的传递，得出投资环境的总评分（用字母 T 表示）。

表 0-6 加权系统评分原则

最低层次的指标	指标的评分				
	很满意	满意	一般	不满意	很差
指标	5	4	3	2	1

资料来源：采用德尔菲法分析、评价整理。

1. 数学模型

$$T = \sum_{i=1}^{1} C(i) \sum_{j=1}^{m_i} b(i,\ j) \sum_{k=1}^{n_j} a(i,\ j,\ k) x(i,\ j,\ k) \qquad (0-3)$$

式中，$C(i)$ 表示指标系统中第二层次第 i 个指标的权重；$b(i,\ j)$ 表示第二层次第 i 个指标中（第三层次）第 j 个指标的权重；$a(i,\ j,\ k)$ 表示第二层次第 i 个指标中第 j 个指标（第三层次）的第 k 个指标（第四层次）的权重；$x(i,\ j,\ k)$ 表示相应于 $a(i,\ j,\ k)$ 指标的评分；i 表示第二层次指标的个数；m_i 表示第二层次中第 i 个指标下第三层次指标的个数；n_j 表示第三层次中第 j 个指标下第四层次指标的个数。

2. 要点说明

（1）专家选择

在采用该方法进行评价时，要求所选专家应对所评价对象有全面、详尽、深入的了解，以保证评分的准确性和可靠性。

（2）对比值选择

一般应首先收集各国和有关专家公认的投资环境好的国家或地区（城市）的指标系数、数据作为评价的对比值，然后运用模糊数学的理论，求出一系列国家或地区（城市）与投资环境好的国家或地区（城市）的相似度，再依据相似度大小来判断投资环境的适宜性。

（3）判断

相似度大，表明投资环境良好。否则，则为不好，尤其是在对几个评价对象进行比较的情况下，更应如此。

（二）吸引投资动机优势模型（STDY 模型）

1. 投资动机分类

投资者的投资动机往往是不同的，国内一些学者将这些投资动机进行了分类，并且把它们归纳为以下几种：①降低成本型；②为获取原料或元器件供应型；③发展当地市场或区域市场型；④分散风险型；⑤企业增长型；⑥为获取当地生产技术与管理技术型；⑦追随竞争者型。

2. 建立 STDY 模型的目的

要反映投资环境在吸引一类或几类投资动机的优势，从动态的角度，对该投资环境今后发展的方向和需要改进的领域提出定量化的建议。

3. 建立 STDY 模型的基本思路

建立 STDY 模型的基本思路是将影响投资环境的各大因素作为变量，分别确定吸引不同投资动机情况下，各变量的贡献值（或者说，各变量对吸引不同投资动机的贡献值），经加权累加吸引各投资动机的评价值，进一步获得投资环境的总评价值。

4. 建立 STDY 模型的步骤

（1）确定变量

如果将构成投资环境的各种因素归纳为 10 个评价指标，并以此作为变量，那么，这 10 个指标变量应该是：X_1为社会政治因素；X_2为社会经济因素；X_3为财政金融状况；X_4为市场环境；X_5为基础设施；X_6为科技水平；X_7为配套工业水平；X_8为法律与政治条件；X_9为行政机关效率；X_{10}为社会传统及价值观念。

（2）确定全部变量对吸引不同投资动机的权重

采用德尔菲法在考虑某一投资动机的情况下，得出投资环境各指标变量对该动机的重要程度，经归一化获得。

（3）确定全部变量的数值

对评价对象进行实地考察，采用德尔菲法，请当地专家对其投资环境进行评分，经整理后获得。

5. STDY 模型的数学公式

STDY 模型用数学公式表示如下：

$$T=(b_1 b_2 \cdots b_n)(T_1 T_2 \cdots T_n)^T \tag{0-4}$$

$$(T_1\ T_2\ \cdots T_n)\ T=\begin{bmatrix} a_{11} & a_{12} & \cdots a_{1m} \\ a_{21} & a_{22} & \cdots a_{2m} \\ \vdots & \vdots & \ddots & \vdots \\ a_{n1} & a_{n2} & \cdots & a_{nm} \end{bmatrix}\times\begin{bmatrix} Z_{11} & Z_{12} & \cdots Z_{2m} \\ Z_{11} & Z_{12} & \cdots Z_{2m} \\ \vdots & \vdots & \ddots & \vdots \\ Z_{n1} & Z_{n2} & \cdots & Z_{nm} \end{bmatrix}$$

式中，T 为投资环境总评分；T_i 为吸引第 i 种投资动机的评分值（$i=1, 2, \cdots, n$）；b_i 为吸引第 i 种投资动机的权重（$i=1, 2, \cdots, n$）；a_{ij} 为第 j 个指标变量对第 i 种投资动机的权重；Z_{ij} 为第 j 个指标变量对吸引第 i 种投资动机的贡献值（评分值）；n 为投资动机的个数，$n=7$，m 为指标变量的个数，$m=10$。

模型中的 b_i 和 a_{ij}，均在考虑全国投资环境和吸引适合我国国情的投资动机等原则下，由专家打分（德尔菲法）获得。

（三）投资环境灰色动态预测模型（HDY 模型）

1. 目的

我们所研究的投资环境，既包含确定型信息（如投资环境的“硬”环境），又包含非确定型信息（如投资环境的“软”环境）。根据灰色理论，投资环境即为一个灰色系统。为了进一步研究投资环境的动态性，有必要建立投资环境灰色动态预测模型（HDY 模型），以便为投资环境的改善趋势和改善方向提供决策的依据。

2. 建立 HDY 模型的基本思路

通过对投资环境几年的数据采用灰色系统数据处理方法，累加生成新数据后，弱化了原始数据的随机性，并使规律性增强，然后由指数曲线进行逼近，得出逼近方程进行预测。

3. HDY 模型

HDY 模型如下：

$$\frac{dx^{(1)}}{dt}+ax^{(1)}=u \tag{0-5}$$

微分方程的解为：

$$X^{(1)}(t+1)=\left[X^{(0)}(1)-\frac{u}{a}\right]e^{-at}+\frac{u}{a}$$

确定模型关键在于确定参数 a、u 的数值，参数 a、u 用最小二乘法求解。

$$A=(au)^{T}=[B^{T}B]-B^{T}YM$$

式中：

$$B=\begin{Bmatrix} -\frac{1}{2}[\sum_{i=1}^{2}X^{0}(i)+X^{(0)}(i)] \\ \frac{1}{2}[\sum_{i=1}^{3}X^{(0)}(i)+\sum_{i=1}^{2}X^{(0)}(i)] \\ \vdots \\ [\sum_{i=1}^{M}X^{(0)}(i)+\sum_{i=1}^{M-1}X^{(0)}(i)] \end{Bmatrix}$$

$$YM=\{a^{(1)}[X^{(1)},\ 2]\ a^{(1)}[X^{(1)},\ 3]\cdots a^{(n)}[X^{(n)},\ M]\}^{T}$$

在上述公式中，各符号的意义如下：

$X^{(1)}$为预测函数，是时间 T 的函数；a 为微分方程中参数；u 为微分方程中参数；$X^{(1)}$（t）为在某一组确定的 a，u 下的预测函数；$X^{(0)}$（1）为原始数据中的第一个数据；t 为时间变量；A 为参数向量；B 为矩阵；YM 为原始数据向量；$a^{(1)}$［$X^{(1)}$，M］为 M 个 $X^{(1)}$ 的累加生成数值；M 为原始数据个数。

4. 精度检验

在求得模型以后，还要对模型进行精度检验，以确定模型是否可行，采用的方法是后验差检验：

$$S_1=\sqrt{\frac{1}{M-1}\sum_{k=1}^{M}\ [\varepsilon^{(0)}(K)-\varepsilon^{(0)}]^{2}}$$

$$S_2 = \sqrt{\frac{1}{M-1}\sum_{k=1}^{M}\left[X^{(0)}(K) - X^{(0)}\right]^2}$$

按表 0-7 中给出的范围，划分精度等级。

表 0-7　模型精度等级表

预测精度	P	C
好	>0. 95	<0. 35
合格	>0. 80	<0. 50
勉强	>0. 70	<0. 65
不合格	≤0. 70	≥0. 65

资料来源：采用德尔菲法分析整理。

第四节　中国与中亚国家投资、经济与技术合作的战略选择

一、中国与中亚国家投资、经济与技术合作战略

“一带一路”的两条线路各有侧重点，“一带”抓重点，“一路”顾全面，“一带”的重点在于中亚。中亚地处欧亚大陆的中心地带，以其为核心的欧亚大陆腹地曾被英国地缘政治学家哈尔福德·麦金德称为“世界岛”和“全球战略竞争的决胜点”，也被兹比格纽·布热津斯基称为“大陆性霸权崛起的必争之地”。国内诸多学者认为中亚是丝绸之路经济带乃至整个“一带一路”的核心地带。中国与中亚在地区安全、能源资源、经济贸易领域上存在着巨大的互补空间。[13]

（一）中国与中亚国家投资、经济与技术合作的战略意义

中亚地区东接中国，西连欧洲，处在发展“洼地”的位置，“一带一路”

的出发点是通过互联互通，让中亚地区从“凹地”发展成为能源、基础设施上的“高地”，这对于中亚以及中国来说，是双赢的合作。

对于中国来说：首先是经贸安全。加强与中亚的合作有利于我国提高对外经济实力，打破大国制约局面。我国目前是世界第一大经济体和第一大世界贸易体，然而，我国的经济贸易大部分集中在东部沿海地区，这直接导致了我国对外贸易通道过于单一、陆路通道未被打通、海路通道过分依赖的问题，“一只脚”走路，长久下去将严重影响我国的经贸安全。而中亚地处中国西部要塞，是中国对外的西面门户。与中亚的深度合作有利于实现我国海洋经济与内陆经济的平衡，打通“欧洲—中亚—中国”经济线路，与“21世纪海上丝绸之路”连接形成闭环，为新一轮的全球化奠定基础、注入活力。

其次是能源安全。近几年，我国的能源供求失衡严重，能源来源过于单一，严重影响了我国的能源安全。我国70%的原油从中东和北非进口，而中东、北非政治局势不稳定，随时都有爆发危机的可能，就如同在我国的能源供给上安放了一颗“定时炸弹”。此外，我国4/5的原油进口需要通过马六甲海峡，通道的单一同样影响我国的能源安全。中亚是新的国际能源中心，北通俄罗斯，南邻伊朗，可以将世界最主要的能源生产国连成一片，因此，在“一带一路”倡议下共同开发中亚地区油气资源，能实现我国能源进口源头和通道的多元化，保障能源安全。

最后是边境稳定。中亚与中国拥有近3 000公里的接壤边境，加强与中亚的合作是防止恐怖势力自西进入我国的安全屏障。[14]与中亚建立持续的合作关系，有利于遏制“三股势力”（宗教极端势力、民族分裂势力、国际恐怖势力）进入我国，为我国的西部门户提供安全屏障。

（二）中国—中亚国家投资、经济与技术合作的战略思路

1. 市场多样化合作战略

贸易自由化为中国与中亚国家提供了更大的市场竞争空间。在目前的经济环境下，中国与中亚企业面对经济全球化竞争，应共同实施市场多元化合作战略，不仅应制定经济全球化竞争的市场战略，而且应在产品市场的优势

互补方面加强合作。具体而言，要以成本优势产品和高新技术产品集中力量占领庞大的中亚市场和消费群，面向大多数消费者的需求，合理配置产品结构。此外，需要注意的是，在实施市场多元化战略时，双方合作企业应采取"技术同心化"的多元化战略，以企业先进技术为核心，实现出口产品的系列化、多样化，将出口产品的多样化与专业化有机地结合起来。

2. 经营多元化合作战略

中国与中亚国家合作企业要利用经济全球化给世界贸易提供广阔的发展空间，以主业为本，兼营关联行业。特别是在当前服务贸易、高科技贸易、环保贸易迅猛发展之际，对于贸易、金融、科技、信息咨询、商业、饮食等大众需求的服务行业，要积极开拓发展高效益领域。总结和借鉴中国改革开放40余年的成功经验，实行经营多元化合作战略，可以增强合作企业的抗风险能力，也有利于转移过剩生产能力，解决就业，规避风险。当然，这一战略的实施可以采取合资合作、控股等多种形式，以提供更多的经营形式和发展渠道。

3. 手段多元化合作战略

采取灵活的竞争手段，实行多元化的合作战略，是在国际经济贸易形势复杂情况下中国与中亚合作企业的必要对策，一是利用廉价劳动力资源和产品价格的竞争优势，在与国外产品竞争中，通过调整价格来增强竞争力；二是在非价格竞争中，提高产品附加值和产品质量，增加科技含量，运用企业知识谋划，增强企业竞争力。在两种竞争手段中，根据地区经济发展水平的不同，可以有选择地加以运用。在市场竞争中灵活运用价格和非价格竞争手段，是企业生存与发展的重要条件，在市场开放的全局下，产品价格的宏观调控和动态调整也是必要的。

4. 投资多元化合作战略

市场竞争在表层上反映为产品竞争，但实际上是以科技、人才投入为主体的多元化投入竞争。国际市场的竞争，主要依靠增加技术创新的投入，提升研究开发能力和科技产业化能力，持续不断地对科技产业进行合理投入。信息化、网络化时代，需要多元化的融资渠道，充分利用国内外资金，提高风险投资的资本运作能力，才能形成具有竞争能力的科技产业群体。总之，在经济全球化的今天，中国、中亚国家经济技术合作，应根据全球科技创新和新经济的走向进行调整，双方在加快经济全球化步伐的同时，要特别注意增强战略资源控制能力的合作和交流，即国际投资的控制能力、人才资源的控制能力和科技资源的控制能力。三大控制能力主要表现为企业的竞争能力。企业是中国、中亚国家在资金、人才和技术合作方面的主体，也是发挥三大控制能力的主体，主要体现在战略资源比较集中的科技产业。通过双方合资企业在技术、人才和风险投资方面的合作，增强合资企业在国际市场竞争的控制能力以及对先进技术的拥有量和资产控股比重。这既是双方对发达国家战略资源控制与反控制的主要方式，也是中国、中亚国家经济技术合作“互利”“双赢”的基础。

二、中国与中亚国家投资、经济与技术合作路径

“一带一路”沿线国家和地区的复杂性、多样性，使得在现阶段建立起统一的多边合作机制和具有法律约束的区域规则基本不存在可能性。我国将共建“一带一路”的途径设定为“以目标协调、政策沟通为主，不刻意追求一致性，可高度灵活，富有弹性”，它并没有遵循传统区域性公共产品的供给导向，而是顺应现实环境，寻找具有创新性的公共产品供给侧。[15]

（一）政策沟通

在制定“一带一路”政策的过程中，需要听取各方的意见，以统筹协调各国利益，加强在“一带一路”倡议下中国与中亚地区的合作与交流，营造稳定和谐的合作环境，推进中国与中亚国家在经济贸易政策制定上的协同合作。因此，双方可以共同签订备忘录，定期交流，及时了解双方的动态与下一步的计划和方向，以便在政策制定上及时对接。此外，还可以加强中国与中亚政府官员之间的相互学习、培训，增进彼此了解，有效加强双方在政策上的沟通。

（二）道路联通

道路是“一带一路”倡议的载体。要想相互合作，加强经贸往来，就必须加强道路交通与配套基础设施的建设。中亚地区各国都是发展中国家，道路交通建设滞后，部分地区铁路标准与我国不一致。因此，要开展中国与中亚地区道路交通标准上的统一与对接。同时，要加快速度帮助中亚地区修建高铁，推动中亚铁路的建设。这一举措不仅有利于我国高铁“走出去”，还能帮助中亚地区完善高水平的道路交通，为双方的合作奠定基础。

（三）贸易畅通

在加强贸易畅通方面，有两种思路。第一种思路是中方寻找有利时机，先行与哈萨克斯坦（哈萨克斯坦在中亚国家当中与中国贸易交往最频繁，合作基础最好）签署自由贸易协定，把与哈萨克斯坦的合作作为试点与宣传的范例，以点带面，再与中亚其他国家签署贸易协定。第二种思路是中国与中亚地区主要国家集体签订自贸协议，一步到位，提高自贸区运行的广度与效率。此外，由于中亚地区在中国境外投资中占比较高，除了签署自贸协定，还可以在该地区建立中国工业园区，发挥集群效应，提高对外投资效率。

（四）货币流通

加快亚洲基础设施投资银行与丝路基金的建设，协同国内政策性银行对中亚国家提供金融上的支持，推动该地区基础设施建设。加速推进人民币国际化，加强人民币在国际经常性账户和资本账户下实现本币的结算，将人民币作为贸易与服务结算的标准货币，同时也可以避免因兑换美元而导致的汇率损失，降低交易成本。此外，还可以创新中亚与中国在货币金融领域的合作，例如，借鉴与泰国“高铁换大米”模式的经验，因地制宜地制定融资政策。

（五）民心相通

进一步推动和落实商贸旅游的落地签相关办法，简化通关手续，促进中国与中亚国家在商业贸易、文化旅游方面的合作。设立中亚留学生政府奖学金政策，吸引中亚青年学子来到中国求学，培养一支精通中国语言、了解中国文化的青年力量。加强对对方国家的宣传工作，普及文化知识，同时加强舆论的引导工作。合作设立不同领域的项目专题培训，吸引中国与中亚官员共同进修与学习，加强双方的友好合作关系。

三、中国与中亚国家投资、经济与技术合作应遵循的原则

当前，世界经济继续保持复苏势头，但是基础并不牢固，贸易保护主义和反全球化趋势在以西方主要国家为代表的世界范围内日益凸显，既有的全球和区域层次的国际贸易体系和规则已不能应对世界深刻变化所带来的治理挑战，中国与中亚国家投资、经济与技术合作体系和机制亟待创新。在这样的国际背景下，就要不断提高战略思维能力，遵循一定的原则，打造好“一带一路”这个“目前前景最好的国际合作平台”。

（一）国际合作原则

国际合作原则是指各国不管在政治、经济及社会制度上有何差异，均有义务在国际关系的各方面彼此合作。国际合作成为国际法基本原则是在第二次世界大战之后，《联合国宪章》首先明确将“促成国际合作”列为其宗旨之一。联合国的诞生可以说是全球性政治、经济、社会、文化等全面国际合作的重要标志。

1970 年《国际法原则宣言》发布，该宣言宣称国际合作“构成国际法之基本原则”，并“对于国际和平及安全之维护及联合国其他宗旨之实现至关重要”，足见国际社会对国际合作的重视。根据国际合作这一原则，各国应与其他国家合作以维护国际和平与安全；各国应共同促进人民对人权及基本自由的普遍尊重与遵行；各国应依照主权平等及不干涉原则处理其在经济、社会、文化、技术及贸易方面的国际关系；联合国会员国均有义务依照宪章有关规定采取共同及个别行动与联合国合作。中国—中亚国家投资、经济与技术合作应依照主权平等及不干涉原则处理其在经济、社会、文化、技术及贸易方

面的国际关系。主要应处理好以下方面：

1. 尊重国家主权

国家主权是一个国家独立自主地处理对内对外事务的最高权力，是国家的固有属性。国家无论大小强弱，无论各种制度，都有自己的主权。没有主权的行为体，不能称为国家。《联合国宪章》明确规定，“联合国会员国之间关系，应基于尊重主权平等之原则”。1970 年，联合国大会通过的《国际法原则宣言》，进一步对国家主权平等原则进行了解释和明确，进一步明确了国家主权原则的首要地位，提高了其处理国际关系的作用。在经济全球化和互联网时代，国家主权从领土、领空、领海等领域拓展到网络空间，形成了基于国家主权的“领网权”,“领网权”是国家主权在网络空间的继承和延伸。[16]

2. 维护和平安全

60 年前，我国倡导的“和平共处五项原则”之所以成为国际法的基本准则，主要是基于对现实空间和平与安全的维护，今天，中国倡议的“一带一路”建设，仍然坚持对和平与安全的维护。和平与发展是当今世界两大主题，两者密不可分。没有和平与稳定，经济的发展就失去了前提。同样，没有经济的发展，和平与稳定也难以巩固和持久。习近平总书记指出，安全和发展是一体之两翼、驱动之双轮。安全是发展的保障，发展是安全的目的。维护安全不应有双重标准，不能一个国家安全而其他国家不安全，一部分国家安全而另一部分国家不安全，更不能以牺牲别国安全谋求自身所谓绝对安全。

3. 构建良好秩序

联合国大会第六届特别会议通过的《建立国际经济新秩序宣言》宣布，各会员国决心立即进行工作以便建立一种新的国际经济秩序，这种秩序将建立在所有国家的公正、主权平等、互相依靠、共同利益和合作的基础上，而不管它们的经济制度和社会制度如何，这种秩序将纠正不平衡和现存的非正义并使发达国家与发展中国家之间日益扩大的鸿沟得以消除，并保证当今一代和将来世世代代在和平和正义中稳步地加速经济和社会发展。

（二）开放合作原则

开放，是新发展理念的重要组成部分，针对发展的内外联动性问题，与创新、协调、绿色、共享等其他四大发展理念有机联系、相互促进、不可分割。高水平开放，是高质量发展的必然要求。尽管我国在世界经济和全球治理中的分量迅速上升，但经济大而不强的问题依然突出，正处于由高速增长阶段转向高质量发展阶段的历史关口，尤其需要借鉴历史经验，加快提升用好国际国内两个市场、两种资源的能力，提升应对单边主义和贸易保护主义、国际经贸摩擦、争取国际经济话语权的能力，提升运用国际经贸规则的本领，以更高水平的开放推动全面深化改革、促进高质量发展。开放发展不仅是一种观念，更意味着新的体制、新的格局引领着我国外向型经济发展的深刻变革，也将推动我国与世界各国的合作共赢事业不断发展进步。[17]

2018 年是中国实行改革开放政策的第 40 个年头。40 年来，中国为世界经济发展注入了前所未有的活力。2017 年 10 月中共十九大胜利召开，并提出了新的发展目标。全面深化改革也步入了新的阶段，这其中包括创新型国家建设。习近平主席 2013 年提出的“一带一路”倡议，通过实施基础设施建设推动疲软的世界经济发展，让很多国家得以稳定发展，也使各个国家更加紧密地联系在了一起。正因如此，该倡议获得了全球广泛认可，目前成果卓著。德国媒体的最新报道称，2017 年杜伊斯堡港在与中国的贸易增长中获利匪浅，销售额达到 2.5 亿欧元，比 2016 年增长了 1/10。杜伊斯堡港如今被视为欧洲中部地区最重要的物流枢纽，这其中“一带一路”倡议功不可没。

社会主义市场经济是全面开放的经济；中国特色社会主义道路是全面开放的道路。对外开放给我们带来了国外的资金、先进的技术、管理的经验，通过积极参与国际经济竞争和合作，发挥自己的比较优势，使国内经济与国际经济有效对接互补，加速了国内市场的发育、经济结构的升级、民生福祉的增进和社会主义市场经济体制的建设，促进我国经济更加充分地融入全球化过程，参与并推动着国际政治经济新秩序的形成。

新时代的中国要走好开放之路、实现强国目标，大环境总体上比以往任何时候都有利，同时面临的各种矛盾、风险、质疑、博弈也前所未有，并且无法回避。一个国家、一个民族要振兴，就必须在历史前进的逻辑中前进，在时代发展的潮流中发展。中国要永远做一个学习大国，以更加开放包容的姿态，加强同世界各国的互容、互鉴、互通，不断把对外开放提高到新的水平。实行更加积极主动的开放战略，完善互利共赢、多元平衡、安全高效的开放型经济。中国的对外开放，不是要一家唱独角戏，而是要欢迎各方共同参与；不是要谋求势力范围，而是要支持各国共同发展；不是要营造自己的后花园，而是要建设各国共享的百花园。“一带一路”建设是我国扩大对外开放的重大战略举措，也是今后一段时期对外开放的工作重点。未来，按照中央的要求和部署，推进中国与中亚国家投资、经济技术合作，还需要进一步做好以下工作。

1. 加强与中亚国家、沿线国家及有关多边组织的战略对接

“一带一路”倡议是全球化与全球经济发展在进入新时期的背景下，中国作为一个负责任大国积极参与全球化构建所提出的构想，坚持共商、共建、共享原则。因此，“一带一路”倡议具有相当大的开放性，与中亚国家的自身发展战略和区域发展愿景均可从理念、目标、方式、布局乃至具体措施等层面进行切实的对话交流，并在共识基础上形成合作机制。加强同中亚国家发展战略对接，有利于增进战略互信，并推动双方在该领域的资源投入，为有效落实提供基本的政策保障。

2. 更系统地优化中亚国家投资环境

从贸易大国向投资大国的转型，是我国实现开放型经济转型的必由之路。“一带一路”沿线国家发展水平参差不齐，政策法规、社会文化环境差异巨大。在与中亚国家投资、经济技术合作及建设中，应进一步在国家层面以更系统化的方式改善或优化相互之间的投资环境，形成成熟、高效的对外经济合作范本，包括构建投资贸易磋商机制，推进区域性的投资，完善促进与保护机制，推动双边或多边自贸谈判与投资协定谈判，在海关、检验检疫、运输物流、电子商务等诸多领域建立密切的沟通合作机制，启动标准一致化磋商，加强对社会的信息沟通发布，等等。[18]

3. 更深入地推动与中亚国家的产业合作

“一带一路”建设要聚焦于发展这一根本。为实现与中亚国家及沿线国家的共同发展，提升产业实力并助推产业技术升级是根本之路。一方面，改革开放40余年来，中国工业化进程迅猛推进，而“一带一路”沿线国家经济发展水平参差不齐，一些国家还处于工业化中期甚至初期。一些国家有一定的工业化基础，但在一些关键工业领域还缺乏独立设计制造的技术能力。我国与这些国家在产品结构上存在互补性，产业结构上存在承接关系。另一方面，我国面临的老龄化趋势对产业结构转型提出了迫切的需求，而“一带一路”沿线许多国家则具有显著的人口红利，为其工业化和城市化提供了良好的条件。从产能转移与产业合作角度看，中国企业在中亚及沿线国家进行产能转移和产业合作，是中国的发展成果惠及中亚及沿线国家的重要表现，对于促进这些国家和人民的共同发展具有同样重大而深远的意义。

（三）坚持共商共建共享原则

在建立国际政治经济新秩序的过程中，我国始终遵循共商共建共享原则。中国政府主张的国际政治经济新秩序的基本内容包括：政治上应相互尊重，共同协商，而不应把自己的意志强加于人；经济上应相互促进，共同发展，而不应造成贫富悬殊；文化上互相借鉴、共同繁荣，而不应排斥其他民族的文化；安全上应相互信任，共同维护，树立互信、互利、平等和协作的新安全观，通过对话和合作解决争端，而不应诉诸武力或以武力相威胁，反对霸权主义和强权政治。

中国扩大对外开放不仅促进了中国经济发展，也给世界带来重大机遇。40多年来，我们一直在寻求“走出去”，与其他国家和地区、与当地老百姓互利互惠。“一带一路”相关国家和地区拥有广阔的发展市场，通过“走出去”可以实现产品、技术的提档升级。通过“走出去”把国际上一些具有优势的产品、技术、品牌与中国市场结合起来，这是一个“双赢”的过程。“一带一路”倡议为中国企业“走出去”指明了方向。中亚国家和地区基础设施状况参差不齐，有的国家还没有完全意义上的高速公路，有改善基础设施状况的强烈愿望，一方面，这要靠当地自主融资建造；另一方面，这些国家和地区也会引进国际资本，这就为有经验的承包商提供了机会。

2017 年 1 月，在联合国日内瓦总部，习近平主席阐释了构建人类命运共同体的中国方案：坚持对话协商，建设一个持久和平的世界；坚持共建共享，建设一个普遍安全的世界；坚持合作共赢，建设一个共同繁荣的世界。我们要从历史中吸取教训和智慧，推动建设一个开放、包容、普惠、平衡、共赢的经济全球化。“一带一路”是中国顺势有为、开创新型机遇、携手各国共同发展的重大举措。随着“一带一路”深入推进，以及中国对外开放和各国发展战略的深度对接，中亚国家加大基础设施建设、实现产能有序转移，未来几十年内很可能逐步形成以“一带一路”为中心的新型全球经济合作网络。这将打破由少数资本主义国家长期主导世界经济的局面，将会是过去几百年来从未有过的重大事件。[19]

当前的全球经济治理体系是“二战”后逐步确立的，出于历史原因，少数西方国家基于主观偏好和本国私利，长期把持全球经济治理主导权，导致当前全球经济治理体系仍存在明显的等级性和排他性，效力与合法性均显不足。也就是说，各国经济已实现深度相互依赖和一体化，但全球经济的治理理念和机制却没有与时俱进。从这个意义上讲，“一带一路”提出的“共商、共建、共享”原则，为今后中亚经济治理乃至全球经济治理的优化和改革指明了方向。这将改变在全球经济治理中少数国家说了算的情况，有助于确保多元主体享有更为平等的机制参与权和规则制定权，有助于确保参与国家共享合作成果。这将是“命运共同体”理念和国际关系民主化原则在新型全球经济治理体系中的真实体现。

“一带一路”是中国与丝路沿途国家分享优质产能，共商项目投资、共建基础设施、共享合作成果，内容包括道路联通、贸易畅通、货币流通、政策沟通、人心相通等“五通”，可以说肩负着三大使命。

1. 探寻经济增长之道

“一带一路”是在后金融危机时代，作为第二大世界经济体的中国，将自身的产能优势、技术与资金优势、经验与模式优势转化为市场与合作优势，实行全方位开放的一大创新。通过“一带一路”建设分享中国改革发展红利、中国发展的经验和教训。中国将着力推动沿线国家间实现合作与对话，建立更加平等均衡的新型全球发展伙伴关系，夯实世界经济长期稳定发展的基础。

2. 实现全球化再平衡

传统全球化由海而起，因海而生，沿海地区、海洋国家先发展起来，陆上国家、内地则较落后，形成巨大的贫富差距。传统全球化由欧洲开辟，由美国发扬光大，形成国际秩序的“西方中心论”，导致东方从属于西方、农村从属于城市、陆地从属于海洋等一系列不平衡、不合理现象。如今，“一带一路”建设正在推动全球再平衡。“一带一路”倡议鼓励向西开放，带动西部开发以及中亚、蒙古国等内陆国家和地区的开发，在国际社会推行全球化的包容性发展理念；同时，中国通过“一带一路”倡议主动向西推广中国优质产能和比较优势产业，将使沿途、沿岸国家首先获益，也改变了历史上中亚等丝绸之路沿途地带只是作为东西方贸易、文化交流的过道而成为发展“洼地”的面貌。这就超越了欧洲人所开创的全球化造成的贫富差距、地区发展不平衡，推动建立持久和平、普遍安全、共同繁荣的和谐世界。

3. 开创地区新型合作

中国改革开放是当今世界最大的创新，“一带一路”倡议作为全方位对外开放战略，正在以经济走廊理论、经济带理论、21 世纪的国际合作理论等创新经济发展理论、区域合作理论、全球化理论。“一带一路”倡议强调共商、共建、共享原则，超越了马歇尔计划、对外援助以及“走出去”战略，给 21 世纪的国际合作带来新的理念。比如，“经济带”概念就是对地区经济合作模式的创新，其中经济走廊——中俄蒙经济走廊、新亚欧大陆桥、中国—中亚经济走廊、孟中印缅经济走廊、中国—中南半岛经济走廊等，以经济增长极辐射周边，超越了传统发展经济学理论。“丝绸之路经济带”概念不同于历史上所出现的各类“经济区”与“经济联盟”，与两者不同的是，经济带具有灵活性高、适用性广以及可操作性强的特点，各国都是平等的参与者，本着自愿参与、协同推进的原则，发扬古丝绸之路兼容并包的精神。“一带一路”

发展目标是要建立一个政治互信、经济融合、文化包容的利益共同体、命运共同体和责任共同体。也就是说，中国推动的是包括欧亚大陆在内的世界各国，构建一个互惠互利的利益、命运和责任共同体。[20]

（四）供给的可持续性原则

当今时代，经济进步和科技发展使我们的生活水平飞速提高，但与此同时，环境与资源问题也日益突出，“可持续发展”概念开始被广泛地传播并风靡全球，逐渐影响我们生活的各个领域。“可持续发展”是指一种能长期维持系统功能正常运行的发展模式，应当减少和避免不可弥补的或可能威胁、影响未来一代生活的损害，简单地说，就是在满足当代需要的同时，也不危害子孙利益的发展方式。近几十年来，可持续发展已成为全社会普遍关注的问题。

1. 可持续性问题的历史来源

资源短缺是当今社会可持续性发展课题中最主要的一部分，是一项未解决的重大全球挑战，它主要包括生产（主要是能源）、生存（主要是食品）和其他资源短缺问题。从历史根源看，资源短缺的主要原因有两个：一方面，快速的人口增长导致对资源需求的不断增加，生活水平的上升使得很多人开始注重生活质量，大大增加了非必要性的消费（从最基本的生存物质消费到更高层次的精神消费），自然资源的供给不能满足人口快速增长带来的需求，产生了所谓的“能源危机”；另一方面，经济的发展和技术的进步消耗了大量的资源，导致和加剧了资源短缺。

作为一个历史性的可持续发展问题，在资源短缺已经成为一个日益严重的问题状况下，中国与中亚的投资、经济技术合作面对三个主要领域的社会责任（即环境责任、社会责任和人文责任），更应该坚持可持续性发展原则，减少资源消耗。

一是环境责任。中国与中亚投资、经济技术合作中对环境造成的影响不容小觑，应尊重自然的发展，保持生态平衡，展现原始生态的生活方式。同时，要考虑到生产过程对环境的负面影响，尽可能控制自然资源的使用以减少对环境的破坏和对生物多样性的威胁。

二是社会责任。现代社会发展得太快，消费行为变得越来越冲动，消费者购买行为与当前流行趋势很矛盾：一方面，消费者开始追求可持续发展；另一方面，他们仍然选择那些快时尚品牌，因为这些快时尚品牌提供的产品更新颖、更快速，从而吸引了大量的消费者。然而，近年来的全球经济危机使得人们不得不减少过度消费，据调查，很多消费者购物态度已经发生了变化，多数人都愿意购买“低碳产品”和“绿色产品”，这种变化促进了“慢时尚”的发展，而慢时尚不只是意味着字面意义上速度的放慢，它主要关注的是“利益相关者”（如制造商、规划者、设计者、企业和消费者）在整个生产消费过程中对生态系统的影响，因此，要将产业设计和可持续性联系起来，建立公平、和谐的工作和生活条件，反映社会责任和商业伦理。

三是人文责任。进入 21 世纪，许多国际组织和跨国企业（如城市和地方政府联合组织、联合国教科文组织等）主张将文化的可持续发展作为一个明确发展目标，并逐渐形成一个整体框架。在中国与中亚经济技术合作中要高度重视保护传统文化，实现文化的可持续发展。文化是一个国家和民族的基础，所以在可持续发展过程中必须考虑文化的连续性，文化研究必须纳入可持续发展中。

2. 可持续性应将生态、社会、经济等方面有机结合

中国与中亚经济技术合作，一是必须以社会的可持续发展为目的。所谓社会的可持续发展，就是社会的发展产物不仅可以保证人们目前的生产生活的需要，还可以长久地保证以后所需，至少不削弱这种发展能力。这种发展本身即是以促进社会的整体政治经济文明程度，提高当地或区域人民生产效率和生活水平，进而达到整体社会的全面进步这一根本目的。二是必须以社会经济的可持续发展作为途径和手段。所以，既要考虑未来人们的经济发展，也要注意当前的经济发展。不仅要注重后代长远利益的问题，也要把当前的人民生活水平的提高等现实问题放在重要地位。只有对未来利益和当前利益进行有效的平衡，才可以提高生产效率、降低生产成本、节约资源、减少污染排放，在维持相关国家、区域国民经济持续、稳定、协调发展的过程

中，在数量和质量两个方面都达到可持续发展的要求。

3. 可持续性应重视生产活动的方法和原则

21 世纪经济社会的发展必须要对市场机制进行准确把握，将生态支撑、技术进步推动、市场机制运行三者进行有机协调、统一以及紧密结合，将这三大基本原则所具有的协同作用充分发挥出来，已经成为 21 世纪我国乃至世界现代经济实现可持续发展最为基本的原则。但是直到今天，国内和国外主流的经济学仍然仅仅重视技术进步以及市场机制能够解决经济发展、经济增长的问题，过分相信技术原则以及市场原则，对生态原则自身对于经济发展以及经济增长所发挥的重大作用完全忽视。

虽然技术进步以及市场机制二者的确是经济发展或者经济增长过程中最为基本的工具，但是，技术力量以及市场力量二者都是将无限追求经济效益看作唯一目标，忽视生态要求，这一在生态方面存在缺陷的观点，不仅不能实现经济发展或者经济增长，不能实现其和可持续性之间的有机统一，而且可能成为当今时代生态危机的技术、经济根源。因此，需要明确的是，在中国与中亚国家经济技术合作中，技术进步以及市场机制虽然能够解决资源环境中一些具体的问题，却都不能够克服地球资源自身所具有的有限性。所以，在当今环境全球化以及经济全球化相互融合的大趋势下，对于某一种生态恢复以及环境修复方面，技术以及市场都仅仅是配角，技术和市场都需要依靠自身和生态原则协同作用以及紧密结合，才能够有效地进行可持续发展，有效地进行中国与中亚国家投资、经济与技术合作，造福于当地人民。

经济与技术合作双方也应该坚持可持续性发展理念。同时，“一带一路”建设是一种有利于长期发展的发展模式，支持和维护可持续发展是每个公民在社会中的共同责任。因此，人类应该共同努力，创造一个和谐、平衡的生态系统和社会环境。[21]

四、经济全球化对中亚国家投资、经济与技术合作战略的影响

经济全球化是不可逆转的时代潮流，对各国经济增长的冲击和影响越来越大。发达国家以贸易全球化发展为基础，推动了世界范围的科技竞争。为

扩大市场占有率和提升贸易能力，各国通过增强研究开发和科技创新能力，创造了具有竞争力的新产品、新技术和知识服务，不仅通过向海外转移生产能力，拓展了世界贸易空间，而且推动了世界贸易增量、结构、体制等方面的深刻变化。与此同时，经济增长动能不足，单边主义、贸易保护主义的挑战也给中国与中亚国家投资、经济与技术合作带来冲击和影响。

资本对经济全球化的形成以及引进国经济增长起到越来越大的作用，资本国际化导致国际直接投资快速增长，竞争日趋激烈。在资本全球化的进程中，发达国家处于主导地位，引进外资最多的仍然是美国。美国科技促进经济持续增长在很大程度上是建立在外资的支撑上。而一些国家经济衰退的原因之一，在很大程度上也是“釜底抽薪”，造成了外资的大量流出。由于金融市场和金融结构的网络化，资金调拨和融通极其便捷，大大加速了资本流动。各个发达国家允许国外公司购买股票，使投资者可以在全球选择投资对象。超越国界的资本趋利性流动，既不受约束，来去频繁，又充满投机风险。

从经济全球化的角度来看，经济增长越来越凸显出高技术及其产业在增长方式转变中的影响，技术垄断性特征日益突出。参与经济全球化的竞争、创新，特别是 R&D 成为决定竞争力的重要因素。考察美日经济增长沉浮和变动可以发现，R&D、科技成果商品化与出口导向的竞争力有密切的关系。

经济全球化的另一个特征是全球网络扩张和信息流动加快，产生了“信息经济”和“网络经济”。信息技术的迅速发展，导致信息经济发达国家的知识、科技、资本和信息在全世界广泛渗透，依靠低成本、高效率的信息技术网络，发达国家将资本、技术、企业文化和管理模式向世界各国输出，以获取高额利润。利用信息网络的交互性和信息技术的先进性，发达国家通过金融资本和直接投资，在扩大产品市场、提高劳动效率的同时，加快了对发展中国家在信息技术和网络应用方面的渗透、扩张和垄断，造成科学技术落后的发展中国家在信息技术和信息网络建设等方面对发达国家的依赖性。

经济全球化带来经济增长方式转变的主要载体是跨国公司。在经济全球化进程中，跨国公司通过投资、生产、销售和输出技术与管理诀窍，推动各国的产业结构不断升级。目前跨国公司年生产总值已占发达国家总产值的

40%，跨国公司内部贸易和跨国公司之间的贸易约占全球贸易总额的60%，控制着75%的技术转让、90%的生产技术、80%以上的对外直接投资和90%以上的民用科技研究开发和技术转让。

通过其在全球的网络与战略联盟，跨国公司采取综合一体化的全球战略，一方面，以强强联合、跨国联合、跨国兼并来加快新技术、新产品的开发；另一方面，充分利用东道国的区域比较优势，将其纳入公司战略的增值体系，使其成为全球网络的重要组成部分。经济全球化加速了生产要素在全球范围的自由流动和优化配置，也加快了各国的产业结构调整，实现了经济增长方式的迅速转变。

但是，经济全球化的内在风险和矛盾使利益与弊端同在。金融资本的自由流动是一把双刃剑，也对社会化大生产的组织者如何运用提出了新的课题。[22]

当前，国际政治经济变化越加复杂，世界贸易与投资疲软，世界经济正面临着深刻的调整，各国面临的形势依然十分险峻。中国在这一紧迫时刻向世界提出了共建“一带一路”的倡议，顺应了经济全球化、开放合作的趋势，旨在维护和推动全球贸易自由化、投资便利化，缩小南北差距。共同建设“一带一路”所倡导的世界多边合作，充分体现了包容、开放、合作、共赢的理念，有助于打造合作范围更广、水平更高、参与热情更高、层次更深的多边区域合作。“一带一路”倡议的推行反映了世界人民希望合作共赢的美好愿景，是一次对于全球政治经济文化深层次合作的主动探索。“一带一路”建设将为全球经济政治的发展变革带来正能量。

然而，“一带一路”的建设是一个长久持续的过程，需要继续加大建设推动力，坚持共商、共建、共享的原则，打造中国、中亚合作新平台，增添共同发展新动力，使“一带一路”建设惠及更多国家和人民。

第一章
中亚国家经济、社会情况概述

第一节　哈萨克斯坦人口、资源与环境情况概述

一、哈萨克斯坦基本国情

（一）历史沿革

哈萨克斯坦共和国（The Republic of Kazakhstan）是一个位于中亚的内陆国家，也是世界上最大的内陆国。

1936年12月，哈萨克苏维埃社会主义共和国成立，初分16州。20世纪50年代，原塔尔迪库尔干州并入阿拉木图州。1960—1971年，北部的阿克莫林斯克（Akmolinsk）、科克切塔夫（Kokchetav）、库斯塔奈（Kustanay）、北哈（North Kazakhstan）、巴甫洛达尔（Pavlodar）5州合并为切利尼边疆区（Tselinny kray）。1961年，该边疆区首府阿克莫林斯克市，改名为切利诺格勒市（Tselinograd）。20世纪70年代，杰兹卡兹干州新设，分卡拉干达州置；曼格什拉克州新设，分阿特劳州置；图尔盖州新设，分库斯塔奈州置；塔尔迪库尔干州恢复，分阿拉木图州置。由此，哈萨克斯坦形成19州。20世纪80年代，阿拉木图市脱离阿拉木图州升格为直辖市。

1991年12月，苏联解体，哈萨克斯坦共和国独立。

（二）地理环境

哈萨克斯坦共和国位于亚洲中部，西濒里海（海岸线长 1 730 公里），北邻俄罗斯，东连中国，南与乌兹别克斯坦、土库曼斯坦、吉尔吉斯斯坦接壤。国土面积约 272.49 万平方公里，居世界第 9 位，为世界最大内陆国，首都为阿斯塔纳。哈萨克语为国家通用语言，和俄罗斯语同为官方语言。货币名称为哈萨克坚戈（KZT）。哈萨克斯坦是一个多民族国家，其中哈萨克族占 65%、俄罗斯族占 22%，还有乌兹别克、乌克兰、白俄罗斯、德意志、鞑靼、维吾尔、朝鲜、塔吉克等民族。

哈萨克斯坦位于北温带，是典型的大陆性气候，夏热冬寒，1 月平均气温为-19℃～4℃，7 月平均气温为 19℃～26℃。

（三）哈萨克斯坦人口资源

南哈州、阿拉木图州和阿拉木图市集中了 300 万人的经济活跃人口，约占全国劳动力总人口的 13%。以农业为主的北哈州和以石油天然气工业为主的阿特劳州、曼格斯套州，15 岁以上人口仅 90 万，约占全国总量的 3.7%。南哈州、阿拉木图市、卡拉干达州的非经济活跃人口数量最多，约为 130 万，占全国总量的 15.2%。阿克莫拉州、曼格斯套州和阿特劳州的大学生、退休人员和其他不包括在劳动力人口统计中的人口数量最少为 30 万，约占全国总量的 3.2%。阿拉木图市、阿斯塔纳市、克孜勒奥尔达州、曼格斯套州和北哈州经济活跃人口有所增长，但阿克托别州、卡拉干达州、阿拉木图州和南哈州经济活跃人口减少，另有 7 个州没有变化。[23] 哈萨克斯坦人口超过 1 760 万，其中经济活动人口约 860 万。2015 年吸引外国劳动力配额为经济活动人口的 0.7%，2014 年为 0.7%，2013 年为 1.2%，2012 年为 1%，2011 年为 0.85%，2010 年为 0.75%。[24]

（四）行政区划

全国共分为 2 个直辖市和 14 个州。2 个直辖市为：阿斯塔纳市（Astana）、阿拉木图市（Almaty）；14 个州分别为阿拉木图州（Almaty，首府为塔尔迪库尔干）、阿克莫拉州（Akmola，首府为科克舍套）、阿克托别州

(Aktube，首府为阿克托别)、阿特劳州（Atyrau，首府为阿特劳)、巴甫洛达尔州（Pavlodar，首府为巴甫洛达尔)、曼格斯套州（Mangghsystau，首府为阿克套)、卡拉干达州（Karaghandy，首府为卡拉干达)、科斯塔奈州(Kostanay，首府为科斯塔奈)、克孜勒奥尔达州（Kyzylorda，首府为克孜勒奥尔达)、江布尔州（Jambyl，首府为塔拉兹)、东哈萨克斯坦州（Shyghys kazakstan，首府为厄斯克门)、南哈萨克斯坦州（Ongtustik kazakstan，首府为奇姆肯特)、西哈萨克斯坦州（Batysdy kazakstan，首府为乌拉尔)、北哈萨克斯坦州（Soltustik kazakstan，首府为克孜勒扎尔)。

二、哈萨克斯坦资源与环境状况

哈萨克斯坦自然资源丰富，尤其是固体矿产资源非常丰富，境内有 90 多种矿藏、1 200 多种矿物原料，已探明的黑色、有色、稀有和贵重金属矿产地超过 500 处。不少矿藏储量占全球储量的比例很高，如钨超过 50%、铀 25%、铬 23%、铅 19%、锌 13%、铜和铁 10%，许多矿产品种按储量排名世界前列，如表 1-1 所示。哈萨克斯坦石油储量丰富，已探明储量居世界第 7 位，居独联体第 2 位。根据哈萨克斯坦储量委员会公布的数据，目前哈萨克斯坦石油可采储量达 4 亿吨，天然气可采储量达 3 万亿立方米。

表 1-1　哈萨克斯坦部分固体矿产资源储量全球排名

全球排名	名称	储量
1	钨	200 万吨
2	铬	4 亿吨
3	铀	150 万吨
4	锰	6 亿吨
5	铜	3 450 万吨
6	锌	2 570 万吨
7	铁	91 亿吨

续表

全球排名	名称	储量
8	铅	1 170 万吨
9	金	1 900 吨
10	铝矾土	4.5 亿吨

资料来源：中国驻哈萨克斯坦大使馆经商参赞处资料。

（一）石油天然气

哈萨克斯坦陆上石油探明储量为 48 亿~59 亿吨，天然气 3.5 万亿立方米；哈萨克斯坦属里海地区石油探明储量 80 亿吨，其中最大的卡沙干油田石油可采储量达 10 亿吨，天然气可采储量超过 1 万亿立方米。

里海地区是哈萨克斯坦石油开采量增长潜力最大的地区。濒里海盆地是当今世界油气储量最丰富的地区之一。据专家估算，该地区石油总储量可达 900 亿~2 000 亿桶，天然气储量约为 458.8 万亿立方米，分别占世界石油和天然气总量的 17.2%和 7.5%，因而里海被称为“第二个中东”。根据美国能源部能源信息署公布的数据，哈萨克斯坦属里海的石油总储量为 1 010 亿~1 096亿桶，约占整个里海地区储量的一半，天然气总储量约为 153.3 万亿立方米，约占总储量的 1/3。

（二）煤

哈萨克斯坦全国煤资源储量 1 767 亿吨，列全球第 8 位，占世界总储量的 4%。全国已探明和开采的煤田 100 个，其中大部分煤田分布在哈萨克斯坦中部（卡拉干达、埃基巴斯图兹和舒巴尔科里煤田）、北部（图尔盖煤田）和东哈州。

（三）铀

铀储量非常丰富，已探明储量 150 万吨左右，总储量占全球储量的 19%，居世界第 2 位。主要集中在南部楚河—萨雷苏河铀矿区、锡尔河铀矿区（超过哈总储量的 70%）和北部铀矿区（占总储量的 17%左右），已探明铀矿超过 55 个。

（四）黄金

黄金已探明储量约 1 900 吨，居世界第 8 位，占全球黄金储量的 3%～4%。哈萨克斯坦有 20 个金矿区，主要分布在哈萨克斯坦北部、东部和东南部地区。从金矿种类上看，单一金矿占总储量的 68%左右，其余为共生矿。目前全国黄金产量的 2/3 来自共生矿，是在加工锌和铜的过程中提炼出来的。哈萨克斯坦黄金产量仅排世界前 20 位。

（五）铜

已探明铜储量为 3 450 万吨，占世界储量的 5.5%，居智利、印度尼西亚和美国之后，排名第 4 位。已勘探出 93 座铜矿，一半以上处于开采阶段。全国共有大型铜业开采公司 11 家，其中两家为外国公司。排名靠前的是哈萨克斯坦铜业公司和哈萨克斯坦铝业公司。

（六）铅与锌

已探明铅储量为 1 170 万吨，占世界储量的 10.1%，排名第 6 位。已探明锌储量为 2 570 万吨，占世界储量的 9.5%，居澳大利亚、美国和俄罗斯之后，排名第 4 位。目前，哈萨克斯坦已发现的铅锌矿有 3 000 多个，主要集中在中哈、南哈和东哈地区。

（七）铝矾土等

已探明铝矾土储量为 4.5 亿吨，世界排名第 10 位；锰矿资源总储量超过 6 亿吨，排世界第 4 位，全都集中于卡拉干达州。根据已探明储量，哈萨克斯坦镍和钴储量在世界排名分别为第 12 位和第 7 位。全国有 39 家镍矿和 55 家钴矿。

（八）水资源

全国共有大小河流 1.1 万多条，大部分为内陆河和季节性溪流。最主要的河流有锡尔河、乌拉尔河、恩巴河、伊犁河、额尔齐斯河，其中伊犁河和额尔齐斯河与我国新疆相连。水量最大的是额尔齐斯河，全长 4 248 公里，在哈萨克斯坦境内 1 700 公里；其次为伊希姆河，全长 2 450 公里，在哈萨克斯坦境内约 1 400 公里。其他较大的河流还有乌拉尔河，全长 2 428 公里，在哈萨克斯坦境内 1 082 公里；锡尔河全长 2 219 公里，在哈萨克斯坦境内 1 400 公里；伊犁河全长 1 001 公里，在哈萨克斯坦境内 815 公里；楚河全长 1 186 公里，在哈萨克斯坦境内 800 公里；托博尔河全长 1 591 公里，在哈境内 800 公里；努拉河全长 978 公里。哈萨克斯坦不少河流只有在化雪季节才有水。哈萨克斯坦虽河流不少，但仍属缺水国家。

（九）湖泊

哈萨克斯坦境内，水面面积 1 公顷以上的湖泊、水塘、水库共有 4.8 万多个，水面总面积达 4.5 万平方公里以上。不包括部分属于该国的里海和咸海的水面面积。里海面积 37.4 万平方公里，部分属于哈萨克斯坦，其他所属国为阿塞拜疆、伊朗、土库曼斯坦和俄罗斯。里海蕴藏丰富的石油资源，环里海国家都不想失去属于自己的资源，因此，出现了里海是湖还是海的争论，至今仍没有达成共识。咸海面积 4.66 万平方公里，部分属于哈萨克斯坦，另一部分属于乌兹别克斯坦。除此以外，面积较大的湖泊有：巴尔喀什湖，面积为 1.82 万平方公里；阿拉湖，面积为 2 650 平方公里；田吉兹湖，面积为 1 162 平方公里；谢列特田吉兹湖，面积为 750.3 平方公里；萨瑟湖，面积为 736 平方公里；库什穆伦湖，面积为 460.1 平方公里；马尔卡湖，面积为 455 平方公里；萨雷利帕湖，面积为 336 平方公里。巴尔喀什湖是世界上为数不多的咸水、淡水各占一半的湖泊。

（十）高山冰川

高山冰川是哈萨克斯坦东南部地区重要的淡水来源，哈萨克斯坦境内拥有冰川 2 700 余座。著名冰川有科尔热涅夫斯基冰川、贝格冰川、阿拜冰川等。由于受全球气候变暖的影响，近年来冰川面积锐减。

三、哈萨克斯坦的基础设施状况

在交通运输系统中，公路和铁路占有重要地位，管道运输排在第 3 位。

根据世界银行的全球“物流绩效指数”（LPI）调查排名，在收录的国家/地区中，哈萨克斯坦排名为第80~90位。

（一）公路

哈萨克斯坦交通运输以公路运输为主，其拥有的公路网仅次于俄罗斯，在独联体国家中居第2位。目前，公路总里程约为9.74万公里，其中，国道总长2.35万公里，州（区）道总长7.39万公里。

“欧洲西部—中国西部”交通走廊（双西公路）东起中国东部海滨城市连云港，西至俄罗斯第二大城市圣彼得堡，途经中国郑州、兰州、乌鲁木齐，出霍尔果斯口岸进入哈萨克斯坦，从北部出境进入俄罗斯，经奥伦堡、喀山、莫斯科抵达圣彼得堡，与欧洲公路网相连，全长8 445公里。“双西公路”哈萨克斯坦境内线路全长2 787公里，共穿越五个州，沿线总人口460万，占哈萨克斯坦人口总数的1/3。

境内有六条国际公路，总长8 258公里，承担着欧亚大陆之间过境货物运输的重要任务。分别是：

第一，塔什干—希姆肯特—塔拉兹—比什凯克—阿拉木图—霍尔果斯，长1 150公里。

第二，希姆肯特—克孜勒奥尔达—阿克托别—乌拉尔—萨马拉，长2 029公里。

第三，阿拉木图—卡拉干达—阿斯塔纳—彼得罗巴甫洛夫斯克，长1 724公里。

第四，阿斯特拉罕—阿特劳—阿克套—土库曼斯坦（边界），长1 402公里。

第五，鄂木斯克—巴甫洛达尔—塞米巴拉金斯克—迈卡普沙盖，长1 094公里。

第六，阿斯塔纳—科斯塔奈—车里雅宾斯克，长891公里。

（二）铁路

作为世界上最大的内陆国家，铁路交通在全国交通运输中扮演着重要角色。据哈萨克斯坦国有铁路公司统计，哈萨克斯坦铁路技术指标、现代化程度以及运输能力在独联体地区居第3位，仅次于俄罗斯和乌克兰。

目前铁路干线总里程1.51万公里，密度为5.53公里/千平方公里（大部分独联体国家为23~38公里/千平方公里）。其中复线长度5 000多公里（占总长度的35%），电气化线路4 100多公里，占总长度的27%（阿塞拜疆为60%，俄罗斯为45%，亚美尼亚和格鲁吉亚为100%）。站线和专用线路6 700公里。在全境铁路网络分布上，南部和东部地区铁路总长度逾4 000公里，占27.5%，西部地区铁路总长度3 900公里，占26.9%；中部和北部地区铁路总长度6 300公里，占43.5%。

1.“热特肯—霍尔果斯”铁路

“热特肯—霍尔果斯”铁路线东起中哈边境口岸霍尔果斯，西至阿拉木图以北约70公里处的铁路小站——热特肯村，与北上的铁路线相连，全长293.2公里。“热特肯—霍尔果斯”铁路是中哈第二条跨境铁路，被称为“通向中国之门”项目。该工程于2009年底由哈萨克斯坦国有铁路公司开始建设，哈萨克斯坦总统纳扎尔巴耶夫出席了开工典礼。2011年12月中哈铁路成功对接，中国与中亚国家铁路运输里程缩短了550公里，有助于提升哈萨克斯坦转运能力，带动相关产业发展，为铁路沿线地区带来巨大的经济利益，促进了哈萨克斯坦与中国及东南亚国家的经济联系。

2.“霍尔果斯—阿腾科里”铁路

2011年12月，中国开行的2001次列车、哈萨克斯坦开行的3602次列车在中哈铁路接轨点通过，相向驶向对方车站，这标志着中哈霍尔果斯至阿腾科里铁路口岸通车运营。此次与哈萨克斯坦铁路对接的中国境内铁路为精伊霍（精河—伊宁—霍尔果斯）铁路。精伊霍铁路东起兰新铁路精河站，西至中哈边境口岸霍尔果斯站，全长292公里；哈方境内为热特肯至阿腾科里铁路，全长293公里。

3.地铁

目前，哈萨克斯坦仅在阿拉木图市建有地铁，于2011年12月开通，全长8.56公里，一期工程共有7站，2015年新建成萨伊良站和莫斯科站。

（三）空运

哈萨克斯坦国土辽阔，航空运输在哈萨克斯坦占有重要地位。

1. 机场

哈萨克斯坦现有大型机场 21 个，其中 12 个提供国际空运服务。全国最主要的机场是阿拉木图机场和阿斯塔纳机场。

阿拉木图机场始建于 1935 年，现已成为一座现代化机场。该机场拥有两条起降跑道。第二条跑道于 2008 年 9 月底建成交付使用。跑道全长 4 500 米，宽 60 米，可在各种气候条件下起降各种型号的飞机。

阿斯塔纳机场始建于 1931 年，经不断翻建改造，现已成为一座现代化机场，每昼夜有 40 多条航线的飞机进出港。依靠各种现代化的导航设备，该机场可在各种气候条件下起降各种型号的飞机，即使是在跑道水平能见度仅有 200 米、垂直能见度仅有 15 米的条件下，也能安全起降。

2. 航空公司

根据哈萨克斯坦交通部民航委员会统计，目前共有 31 家航空公司拥有有效运营许可证。其中，阿斯塔纳航空公司（Air Astana）是哈萨克斯坦最大的民航公司。该公司成立于 2001 年，由哈萨克斯坦“萨姆鲁克—卡泽纳基金”和英国 BAE Systems 公司合资经营，各占 51%和 49%的股份。现公司自西方租赁了波音 767、波音 757、空中客车 321、空中客车 320 等型号的飞机 22 架，2008 年还订购了 6 架空中客车 A-320，2012 年初与波音公司签署了 13 亿美元的购机合同，包括 4 架波音 767-300ER 和 3 架波音 787-8，交付时间分别为 2013—2014 年和 2017—2019 年。公司目前有 26 架飞机，计划 2022 年达到 63 架。

阿斯塔纳航空公司现执飞 60 余条国内、国际航线，至欧洲、美洲、大洋洲等均有直达航班，拥有员工 3 500 多人，2008 年获得国际航空运输协会运行安全审计认证。该公司飞往中国的航班有阿拉木图—北京、阿斯塔纳—乌鲁木齐。

（四）水运

哈萨克斯坦为内陆国，相比其他运输方式，水运并不发达，主要依靠里海和内河航运。

里海海上运输主要依靠 3 个港口：阿克套国际贸易港、包季诺港和库雷克港，三者均位于北里海东岸。里海岸边的包季诺港是哈里海大陆架石油开采公司的海运辅助港口，主要用于转运哈萨克斯坦境内石油开采公司所需的设备、建筑材料、燃料、润滑物资等。哈萨克斯坦海洋运输公司是哈萨克斯坦海洋船舶运输企业，共拥有 16 艘船只，其中包括 3 艘 1.2 万吨位的油轮、8 艘 3 600 吨位的驳船和 5 艘拖船。

内河航运总里程 4 054 公里，分布在三个水域，即额尔齐斯河水域（航道 1 719.5 公里）、伊犁河—巴尔喀什水域（航道 1 308 公里）和乌拉尔河—里海水域（航道 956 公里）。

（五）通信

电信行业发展在中亚地区属于前列。境内有两大固话运营商和四大移动运营商。固话运营商为哈萨克斯坦电信公司和哈萨克斯坦铁网公司。移动运营商是 GSM Kazakhstan（旗下品牌为 K'cell、Activ 和 Vegaline）、Kap-Ten（旗下品牌为 Beeline）、Mobile Telecom Service（Neo）和 AJITEJI（Dalacom）。移动通信市场 93%的市场份额由前两大公司 GSM Kazakhstan 和 Kap-Ten 占有，其对全国 5 000 人口以上居民区的网络覆盖率已达到 100%，和世界上几十个国家签订移动漫游协定。

（六）电力

各地区电力资源分配不平衡，北部地区集中了 79.2%的发电能力，西部占比 10.8%，南部占比 10%。北部地区发电量大，是因为煤炭资源丰富，产出的电力主要输往本国中部地区以及出口邻国俄罗斯。哈萨克斯坦西部和南部为电力短缺地区，电力紧张状况通过北部地区送电和从中亚共同电网（吉尔吉斯斯坦和乌兹别克斯坦国家电网）进口电力等得到部分缓解。

阿拉木图地区是典型的缺电地区，电力需求量每年增加 10%左右，是哈萨克斯坦全国电力年需求增量的两倍。专家预计，2020 年前阿拉木图地区的电力缺口将达到 130 万千瓦。

四、哈萨克斯坦经济发展状况

（一）哈萨克斯坦产业结构

1. 采矿业

采矿业在工业总产值中占比达 50%，是哈萨克斯坦国民经济的支柱产业。其中，石油天然气开采业是主要产业之一。采油企业主要集中在哈萨克斯坦西南部的 5 个州。

外国在哈萨克斯坦的最大采油企业是美国的田吉兹—雪弗龙公司，年开采原油量占哈萨克斯坦原油总开采量的 42%。哈萨克斯坦本国最大的石油企业是哈萨克国家石油天然气股份公司。目前，几乎世界所有的著名石油公司，包括中国三大石油公司（中石油、中石化、中海油）都进入了哈萨克斯坦石油开采领域。

其次是铜矿产资源开采业。大型企业有哈萨克铜业公司，锌业、铬业、铝业、金业、煤业公司，米塔尔钢铁公司，哈原子能工业公司等。铜、锌、铝等有色金属开采业主要集中在哈萨克斯坦南部、北部和中部，煤炭工业主要在中部的巴甫洛达尔州，铀矿开发地则在南部和北部地区。

2. 加工工业

哈萨克斯坦加工工业主要包括石油加工和石化工业，轻纺工业，建材，家用电器和汽车制造，机械设备和黑色、有色金属材料生产以及烟酒和食品及制药工业。

3. 建筑业

哈萨克斯坦建筑业产值增加值在 GDP 中所占比重约为 6%。

4. 农业

哈萨克斯坦地广人稀，全国可耕地面积超过 2 000 万公顷，每年农作物播种面积为 1 600 万~1 800 万公顷，粮食产量为 1 800 万吨左右。主要农作物包括小麦（占粮食作物产量的 90%左右）、玉米、大麦、燕麦、黑麦。粮食主产区（90%产量）在北部的科斯塔奈州、北哈萨克斯坦州和阿克莫拉州。南方部分地区可种植水稻、棉花、烟草、甜菜、葡萄等作物。

5. 服务业

哈萨克斯坦服务业产值在 GDP 中占比高于商品生产。

（二）经济增长

2003—2007 年，哈萨克斯坦国民生产总值年均增长率为 9%左右。2008 年以后，受国际金融危机影响，哈萨克斯坦经济增长速度放缓，此后，经济总体持续向好，但是也有一定的波动（如表 1-2 所示）。

表 1-2 哈萨克斯坦 GDP 增长情况

年份	GDP/亿美元	增长率/%
2006	810	41. 8
2007	1 048	29. 44
2008	1 334	27. 27
2009	1 153	-13. 59
2010	1 480	28. 39
2011	1 926	30. 11
2012	2 079	7. 98
2013	2 366	13. 77
2014	2 214	-6. 43
2015	1 843	-16. 72
2016	1 372	-25. 55
2017	1 628	18. 65
2018	1 705	4. 70

资料来源：根据《中亚国家发展报告（2015—2018）》及相关资料整理。

第二节　吉尔吉斯斯坦经济、社会情况概述

一、吉尔吉斯斯坦基本国情

（一）历史沿革

公元前 3 世纪就已有关于吉尔吉斯斯坦的文字记载。6—13 世纪吉尔吉斯汗国建立。15 世纪后半期，吉尔吉斯民族基本形成。16 世纪被迫从叶尼塞河上游迁居至现居住地。19 世纪前半期，隶属浩罕汗国。19 世纪 60—70 年代，整个吉尔吉斯被并入沙俄。1917 年 11 月至 1918 年 6 月建立苏维埃政权。1924 年 10 月 14 日成立卡拉吉尔吉斯自治州，隶属俄罗斯联邦，1926 年 2 月 1 日改为吉尔吉斯自治共和国。1936 年 12 月 5 日成立吉尔吉斯苏维埃社会主义共和国，加入苏联。1991 年 8 月 31 日，吉尔吉斯最高苏维埃通过国家独立宣言，正式宣布独立，改国名为吉尔吉斯共和国，同年加入独联体。

（二）人口与地理环境[25]

吉尔吉斯共和国（Kyrgyz Republic，Кыргызская Республика），简称吉尔吉斯斯坦（Kyrgyzstan，Кыргызстан）。国土面积为 19.99 万平方公里。

吉尔吉斯斯坦位于中亚东北部，属内陆国家。北部与哈萨克斯坦毗邻，南部与塔吉克斯坦相连，西南部与乌兹别克斯坦交界，东部和东南部与中国接壤，边界线全长 4 170 公里，其中与中国的共同边界长 1 096 公里。吉尔吉斯斯坦境内多山，90%的领土在海拔 1 500 米以上，属大陆性气候，四季分明，夏季炎热、干燥，冬季比较寒冷，昼夜温差较大，晴天多，刮风少，1 月平均气温-6℃，7 月平均气温 27℃。吉尔吉斯斯坦地处东 6 时区，当地时间比北京时间晚 2 小时。

吉尔吉斯斯坦是个多民族国家，有 80 多个民族，其中吉尔吉斯族占 71%，乌孜别克族占 14.3%，俄罗斯族占 7.8%，东干族占 1.1%，维吾尔族

占 0.9%，塔吉克族占 0.9%，哈萨克族占 0.6%，乌克兰族占 0.4%，其他为朝鲜、土耳其等民族。70%以上居民信仰伊斯兰教，多数属逊尼派。国语为吉尔吉斯语，俄语为官方语言。首都为比什凯克（Bishkek，Бишкек）。

（三）行政区划

吉尔吉斯斯坦全国划分为 7 州 2 市：楚河州、塔拉斯州、奥什州、贾拉拉巴德州、纳伦州、伊塞克湖州、巴特肯州和比什凯克市、奥什市。州、市下设区，区行政公署为基层政府机构：比什凯克市和奥什市为吉尔吉斯斯坦主要的经济中心城市。

比什凯克市（Bishkek）是吉尔吉斯斯坦首都，全国政治、经济、文化、科学中心，主要的交通枢纽。面积 130 平方公里，人口约 87.44 万。比什凯克市还是中亚地区一个重要的工业城市，电力、机械、仪器、电器制造是其工业主导部门。

奥什市（Osh）是吉尔吉斯斯坦第二大城市，位于南部的费尔干纳盆地，常常被称作“吉尔吉斯斯坦的南方之都”。该城市拥有至少 3 000 年的历史，并且从 1939 年开始就是奥什州的行政中心。

二、吉尔吉斯斯坦资源与环境状况

（一）矿产资源

该国自称拥有化学元素周期表中的所有元素。还有一些世界级的大型矿床，如库姆托尔金矿、哈伊达尔干汞矿、卡达姆詹锑矿等。目前，得到工业开发的仅占其矿产资源的一小部分。许多资源的储量和分布有待进一步探明。据吉尔吉斯斯坦国家地质与矿产署统计，现已探明储量的优势矿产有金、钨、锡、汞、锑、铁。其中，黄金总储量为 2 149 吨，探明储量 565.8 吨，年均黄金开采量为 18~22 吨，居独联体第 3 位，居世界第 22 位。水银储量 4 万吨，开采量为 85 吨，居世界第 3 位。锡矿总储量 41.3 万吨，探明储量 18.68 万吨。钨矿总储量 19 万吨，探明储量 11.72 万吨。稀土总储量 54.9 万吨，探明储量 5.15 万吨。铝矿总储量 3.5 亿吨，探明储量 3.5 亿吨。钼矿探明储量

2 523 吨，锑矿探明储量 26. 4 万吨，石油探明储量 1. 013 亿吨，天然气探明储量 72. 6 亿立方米。

（二）水资源

境内河流湖泊众多，水资源极其丰富，蕴藏量在独联体国家中排第 3 位，仅次于俄罗斯和塔吉克斯坦，潜存的水力发电能力为 1 420. 5 亿千瓦时，目前仅开发利用了 9%～10%。主要河流有纳伦河、恰特卡尔河、萨雷查斯河、楚河、塔拉斯河、卡拉达里亚河、克孜勒苏河等；主要湖泊有伊塞克湖、松格里湖、萨雷切列克湖等，多分布于海拔 2 000 米以上的地区，风景优美，旅游价值较高。

（三）煤炭

境内共发现约 70 处煤矿床和矿点，探明储量和预测资源量总计为 67. 3 亿吨。国家储量表上显示的储量为 13. 45 亿吨，其中 A+B+C1 级共 10. 268 亿吨，C2 级共 3. 182 亿吨。

三、吉尔吉斯斯坦的基础设施状况

（一）公路

吉尔吉斯斯坦是典型的内陆国家，没有出海口。该国最重要的运输方式是公路运输，公路总里程约 34 000 公里，其中各地州的公路总长 18 810 公里，其余 15 190 公里为城镇、乡村及各类企业用路。吉尔吉斯斯坦境内共有 8 条主要交通干线，总长 2 242 公里，包括比什凯克—奥什公路（672 公里）、比什凯克—纳伦—吐尔尕特公路（539 公里）、奥什—伊尔克什坦公路（258 公里）、奥什—伊斯法纳公路（385 公里）、萨雷塔什—卡拉梅克公路（142 公里）、比什凯克（卡拉巴尔塔）—恰尔多瓦尔公路（31 公里）、塔拉兹—塔拉斯—苏萨梅尔公路（199 公里）和比什凯克—格奥尔吉耶夫卡公路（16 公里）。公路运输占全国货运总量的 90%以上和客运总量的 99%以上。

（二）铁路

铁路交通不发达，1991 年苏联解体后，其铁路网被分割为互不相连的南北两部分，铁路总长度 423.9 公里。目前北部铁路长 322.7 公里，东起伊塞克湖西岸的巴雷克奇，向西经吉哈边境与哈萨克斯坦铁路网相连，并可直达俄罗斯；南都铁路长 101.2 公里，自奥什至贾拉拉巴德。

（三）空运

现有 14 家航空公司从事民航经营，其中，吉尔吉斯斯坦本国民航企业 7 家：伊太克航空公司、吉尔吉斯斯坦黄金航空公司、吉尔吉斯斯坦航空运输公司、尤特航空公司、奥什航空公司、Avia Traffic 航空公司、Aseman Airlines 航空公司；外航企业 7 家：中国南方航空公司、British Mediterranean Airways 航空公司（英国）、Tochikiston 航空公司（塔吉克斯坦）、俄罗斯国家航空公司、普科沃航空公司（俄罗斯）、Turkish Airlines 航空公司（土耳其）、乌兹别克斯坦航空公司。2013 年航空客运人数 105 万人次，同比增长 30%，航空货运量为 400 吨，同比下降 42.9%。

目前，开通民用航线 19 条，其中，国内航线 3 条：比什凯克—巴特肯、比什凯克—贾拉拉巴德、比什凯克—奥什；国际航线 16 条：比什凯克—乌鲁木齐、比什凯克—杜尚别（塔吉克斯坦）、比什凯克—塔什干（乌兹别克斯坦）、比什凯克—莫斯科（俄罗斯）、比什凯克—彼得堡（俄罗斯）、比什凯克—阿拉木图（哈萨克斯坦）、奥什—莫斯科（俄罗斯）、奥什—乌鲁木齐（中国）、比什凯克—迪拜（阿联酋）、比什凯克—马什哈德（伊朗）、比什凯克—伦敦（英国）、比什凯克—伊斯坦布尔（土耳其）等。中国飞往吉尔吉斯的主要航线有 2 条：乌鲁木齐—比什凯克、乌鲁木齐—奥什。

（四）水运

内河航运以伊塞克湖为主，港口包括巴雷克奇和卡拉阔尔，航线总长 189 公里。年货运量不超过 5 万吨。

（五）通信

1. 固网通信

运营商主要包括国家电信公司（Kyrgyztelecom）、Saima-Telecom 公司和 Megaline 公司。国家电信公司是其国内最大的固网运营商，为国家控股企业（国有股份占公司的 77.84%），拥有 50 万用户。Saima-Telecom 公司和 Megaline 公司是吉尔吉斯斯坦通信市场放开后首批进入吉尔吉斯斯坦固定运营市场的私人公司，业务覆盖范围仅限于比什凯克市及周边地区。

2. 移动通信

运营商主要包括 Skymobile 公司、Alfatelecom 公司和 Nurtelecom 公司。

Skymobile 公司为吉尔吉斯斯坦第一大移动 GSM 运营商，成立于 1998 年，经历多次股权变更，于 2010 年加入俄罗斯第二大移动运营商 Vimpelcom 集团，主要商业品牌为 BEELINE。

Alfatelecom 公司为吉尔吉斯斯坦第二大移动 GSM 运营商，成立于 2006 年，成立时俄罗斯 VentisTelecom 公司控股 51%，吉尔吉斯斯坦本地股东控股 49%，后俄罗斯股本被收购，吉尔吉斯斯坦本地股东 100%控股。2010 年吉尔吉斯斯坦南部骚乱事件前该公司实际上完全由前总统巴基耶夫家族掌控。主要商业品牌为 Megacom。该公司依靠激进的资费策略，灵活的商务模式，市场份额不断提升，已经接近 Skymobileo，目前在网用户数 270 万人。

3. 互联网

吉尔吉斯斯坦的互联网普及率约为 51%。作为一个山地国家，在山区铺设光缆的难度较大，因此，逾 70%的网络都是在比什凯克等大城市。

（六）电力

吉尔吉斯斯坦的水能储量非常丰富，目前仅开发了 10%，但已基本可以保障国内用电需求。现有水电站 18 座，年均可发电 14 亿千瓦时，总装机容量为 291 万千瓦，基本可满足国内工农业生产需求，托克托库尔水库位于吉尔吉斯斯坦纳伦河下游和锡尔河起点，蓄水规模 195 亿立方米，水坝高 215 米，托克托库尔水电站装机容量 120 万千瓦，年均发电量 57 亿千瓦时。该电站负有调节纳伦、锡尔河流域费尔干纳盆地的农田灌溉职能，并向吉尔吉斯斯坦北部地区供电。

四、吉尔吉斯斯坦经济发展状况

（一）经济结构概述

吉尔吉斯斯坦经济结构单一，以农牧业为主，工业基础落后，相对优势产业为水利和电力工业，黄金、锑矿、汞矿开采也具有优势。吉尔吉斯斯坦同世界许多国家有着经济贸易关系，尤其是周边国家，同中国贸易关系良好。一是市场开放程度高，对外依赖性强，市场外国商品占多数；二是水电资源优势突出，用水用电价格较低；三是消费水平低，居民年人均收入低，市场几乎见不到中高档商品；四是经济结构短腿现象较为严重，农业开发、农产品加工、工业消费品生产能力极弱。进口商品以食品工业、轻工业、建材工业、机械工业的成套设备以及饮食、医疗卫生和化学实验等行业的技术设备为主。遭受金融危机冲击之后，吉尔吉斯斯坦成为中亚国家中经济最不好的国家。[26]

（二）宏观经济

吉尔吉斯斯坦国民经济以多种所有制为基础，以农牧业为主，工业基础薄弱，主要生产原材料。独立初期，由于同苏联各加盟共和国传统经济联系中断，加之实行激进改革，经济一度出现大幅下滑。近年来，吉尔吉斯斯坦调整经济方针，稳步渐进地向市场经济转轨，推行以私有化和非国有化改造为中心的经济体制改革，经济保持了低增长态势，工业生产呈恢复性增长（如表 1-3 所示）。

表 1-3　2010—2018 年吉尔吉斯斯坦 GDP

年份	GDP/亿美元	增长率/%
2010	47.9	16
2011	62.0	29.4

续表

年份	GDP/亿美元	增长率/%
2012	66.0	6.5
2013	73.4	11.2
2014	74.7	1.8
2015	66.8	-10.6
2016	68.1	2.0
2017	77.0	13.1
2018	80.9	5.1

资料来源：根据《中亚国家发展报告（2014—2018）》及相关资料整理。

第三节　塔吉克斯坦人口、资源与环境情况概述

一、塔吉克斯坦基本国情

（一）历史沿革

9—10世纪，塔吉克民族基本形成，是中亚的一个古老民族。9世纪，塔吉克人建立了历史上第一个以布哈拉为首都的幅员辽阔、国力强盛的萨马尼德王朝，塔吉克人的民族文化、风俗习惯正是在这一长达百年的历史时期形成的。10—13世纪，塔吉克民族加入伽色尼王朝和花剌子模王朝。13世纪被蒙古鞑靼人征服。16世纪起加入布哈拉汗国。1868年，北部费尔干纳州和撒马尔罕州部分地区并入俄国，南部的布哈拉汗为俄国属国。1917年11月至1918年2月，北部地区建立了苏维埃政权，加入土库曼自治共和国。1920年布哈拉人民革命后，宣布成立布哈拉苏维埃人民共和国。1924年10月14日建立塔吉克苏维埃社会主义自治共和国，隶属乌兹别克苏维埃社会主义共和国。1929年10月16日成立塔吉克苏维埃社会主义共和国，同年12月5日加

入苏联。1990年8月24日，塔吉克最高苏维埃通过共和国主权宣言。1991年8月底更名为塔吉克斯坦共和国，同年9月9日，塔吉克斯坦共和国宣布独立，确定该日为共和国独立日，12月21日加入独联体。

首都为杜尚别（Dushanbe），人口近60万。夏季最高气温可达40℃，冬季最低气温为-20℃。

（二）地理环境

国土面积约为14.31万平方公里，是位于中亚东南部的内陆国。西部和北部分别同乌兹别克斯坦、吉尔吉斯斯坦接壤，东邻中国新疆，南接阿富汗。地处山区，境内山地和高原占90%，其中约一半在海拔3 000米以上，有“高山国”之称。北部山脉属天山山系，中部属吉萨尔—阿尔泰山系，东南部为冰雪覆盖的帕米尔高原，最高的为共产主义峰，海拔为7 495米。北部是费尔干纳盆地的西缘，西南部有瓦赫什谷地、吉萨尔谷地和喷赤谷地等。大部分河流属咸海水系，主要有锡尔河、阿姆河、泽拉夫尚河、瓦赫什河和菲尔尼甘河等，水力资源可观。湖泊多分布在帕米尔高原。喀拉湖最大，为盐湖，海拔3 965米。

全境属典型的大陆性气候，高山区随海拔高度增加大陆性气候加剧，南北温差较大。1月平均气温-2℃～2℃；7月平均气温23℃～30℃。年降水量150～250毫米。帕米尔山西部终年积雪，形成巨大的冰河。境内动植物种类繁多，仅植物就有5 000余种。

（三）行政区划

全国共分为三个州、一个区、一个直辖市：戈尔诺—巴达赫尚自治州、索格特州（原列宁纳巴德州）、哈特隆州、中央直属区、杜尚别市。

（四）塔吉克斯坦人口资源

塔吉克斯坦人口约840万。主要民族为塔吉克族（约占70.5%）、乌孜别克族（约占26.5%）、俄罗斯族（约占0.32%），此外还有鞑靼、吉尔吉斯、乌克兰、土库曼、哈萨克、白俄罗斯、亚美尼亚等民族。居民大多信奉伊斯兰教，多数是逊尼派，帕米尔一带属于什叶派伊斯玛仪支派。国语为塔吉克语（属印欧语系伊朗语族，与波斯语相近），俄语为族际交流语言。

二、塔吉克斯坦资源与环境状况

塔吉克斯坦矿产资源丰富，种类全、储量大。已探明有铅、锌、铋、钼、钨、锑、锶、金、银、锡和铜等贵重金属，以及油气和石盐、硼、煤、萤石、石灰石、彩石、宝石等50多种矿物质，其中有30多处金矿，总储量超过600吨；银矿多为与铅、锌伴生矿，储量10万吨，大卡尼曼苏尔银矿为世界较大的银矿之一；锑储量占整个独联体的50%，在亚洲排第3位，仅次于中国和泰国；共探明有140处建材原料矿，其中40处已经开采期，多处的储量可维持20~25年甚至更长的开采期，为生产砖、惰性材料、陶瓷石膏、面板、水泥等建材提供了原料保障。石油储量1.131亿吨，天然气8 630亿立方米，但无法得到有效开发。塔吉克斯坦水力资源丰富，居世界第8位，人均拥有量居世界第1位，占整个中亚的一半左右，但开发量不足10%。

（一）能源矿产

1. 煤炭

苏联时期塔吉克斯坦的煤炭主要依靠其他加盟共和国供应，境内只开采了两个煤矿。一是北部的舒拉博煤田，储量1.42亿吨。二是西部的泛—亚格诺布地堑的褐煤煤田，规模较大（年开采量曾达到100万吨）。塔吉克斯坦已煤资源质量较高，储量较丰富，在中亚占据一定地位。自独立后，塔吉克斯坦的煤炭产量与消费量均呈大幅下降趋势。

2. 石油和天然气

塔吉克斯坦是中亚最缺油气的国家。其石油、天然气均严重依赖进口，进口依赖程度均高达95%以上。塔吉克斯坦已探明石油储量为1 200万桶，主要分布于费尔干纳盆地西部和塔吉克盆地。塔吉克斯坦进口的石油97%来自乌兹别克斯坦。

塔吉克斯坦拥有2 000亿立方英尺的天然气储量。天然气主要在杜尚别地区。塔吉克斯坦所需的天然气主要从乌兹别克斯坦及土库曼斯坦进口。从乌兹别克斯坦有一条至塔吉克斯坦首府杜尚别又进一步到北方的管线。塔乌两国政府签订了协议，塔吉克斯坦通过允许乌兹别克斯坦使用经过塔吉克斯坦北部的铁路运输走廊及天然气管线换取天然气供应。但由于塔吉克斯坦经常拖欠天然气费，乌兹别克斯坦经常供气不足。

3. 水电

水力发电作为塔吉克斯坦的主要能源，占国内能源需求总量的80%。塔吉克斯坦水力资源丰富，蕴藏量3 230万千瓦，发电量2 860亿千瓦时，其中可开发量1 900万千瓦，年发电总量1 440亿千瓦时，仅次于俄罗斯。水电潜力目前只开发了17%。近年来，中亚国家总的电力需求平均每年1 350亿千瓦时，如果塔吉克斯坦能够将其水电资源全部开发出来，仅以其一国之电力，便可成倍满足中亚国家目前总的电力需求。

（二）金属矿产

金属矿产资源丰富，目前已发现70多种矿产，查明400多个矿床。主要矿产包括铝、铅、金、银、铁、锑、汞、铝、钨、稀有金属及宝石和大理石等。目前正在开发的有60多个矿床，约占全国已勘探矿床总数的15%。由于缺乏资金和技术开展相应的矿产资源勘探和开发，塔吉克斯坦矿产资源总体开发利用程度不高，目前主要是进行简单粗放式的原材料开采，而忽略了集约式深加工的精选、精炼环节。铝是塔吉克斯坦换取外汇的主要矿产品。

1. 贵金属

（1）黄金

黄金在塔吉克斯坦的经济中占有重要地位。塔吉克斯坦计划在近年内将黄金产量翻番，使其成为中亚地区的产金大国。塔吉克斯坦境内共发现黄金产地28处，蕴藏量约429吨，主要分布于塔吉克斯坦中部的泽拉夫尚—吉萨尔金稀有金属矿带，包括原生金矿和砂金矿。原生金矿主要产地是吉劳（储量60～105.2吨，平均品位1.06克/吨）、塔罗尔金矿（储量150吨，平均品位6克/吨）、乔尔德（储量30吨，平均品位4.4克/吨）、活斯托兹纳亚多瓦（储量28.5吨，平均品位3.7克/吨）、维尔托尼库玛格（储量31.6～

65.4 吨，平均品位 4.2～8.7 克/吨）。砂金矿主要包括达瓦兹（储量 25 吨）和朗库里（大型）。

塔罗尔金矿和吉劳金矿是塔吉克斯坦黄金主产区，早在苏联时期就在该地区建立了采场，其中塔罗尔金矿估计储量 150 吨，矿石平均品位 6 克/吨。目前，塔吉克斯坦国家勘探公司正对邻近地区进行勘探。另已探明阿普列夫卡石英脉型金矿（储量 8 吨，平均品位 5.5 克/吨）。此外，在达尔瓦兹地区也已有 30 年开发黄金的历史，该地区在苏联时期每年淘金 2.5 吨，苏联解体后逐渐衰落。目前，塔吉克斯坦黄金开采量与政府规划要求相去甚远，为此，国家计划着手开发乔尔德和斗巴金矿床，大面积开展全国范围的黄金勘探工作，以使其开采量逐步达到规划要求。

（2）白银

白银储量在中亚国家中排第 1 位，而且大多数白银矿床内伴生有铅矿或铅锌矿。已探明的银矿床主要位于塔吉克斯坦北部，即阿尔滕—托普坎矿区和卡拉马扎尔矿区一带，该地区各类采矿企业密布，如阿德拉斯曼采矿场，其地下的银矿藏量丰富。邻近阿德拉斯曼采矿场一线还发现了另一巨大银矿，即大卡尼曼苏尔银矿，苏联时期就曾计划在此建立年开采 1 500 万吨的采矿场，不但可从中加工出 583 吨白银，还能提炼出大量的铅、锌、硫酸等。此外，还有噶卓拉矿床，储量 575 吨；切特苏矿床，储量 400 吨；巴亚拉耶克矿床，储量 350 吨；大噶里曼苏拉矿床，储量 51 264 吨；米尔卡特矿床，储量 1 500 吨；西米齐矿床，储量 2 650 吨；陶库兹布拉科矿床，储量 380 吨；卒尔—切尔涅克矿床，储量 300 吨。塔吉克斯坦全年产白银 1 000 吨。目前塔吉克斯坦正在对另两个银矿床进行勘探：位于帕米尔高原的阿克吉尔金矿（每吨矿石含银几百克）和位于塔罗尔金矿附近的米尔汗特矿，该地区地理位置非常适合采矿。上述矿床的开发将使塔吉克斯坦的白银开采量居独联体乃至世界前列。

2. 有色金属

有色金属开采及冶炼是塔吉克斯坦的支柱产业，其中又以炼铝业占主导地位。

（1）铝

铝业是塔吉克斯坦国民经济的支柱产业，占塔吉克斯坦出口总额的一半左右，是塔吉克斯坦外汇收入的主要来源。目前，铝锭销售基本由少数几家外国公司垄断，销售价格以伦敦金属交易所为准。塔吉克斯坦对铝锭出口收取100%预付款，铝锭主要销往欧洲。塔吉克斯坦自身缺少铝土矿资源，主要利用进口氧化铝炼铝。只是在塔吉克斯坦中部和帕米尔发现有中石炭和晚第三纪、早侏罗纪的铝土矿，但开发价值不大。

（2）锑

塔吉克斯坦的锑储量居中亚第2位，产量在亚洲仅次于中国和俄罗斯。塔吉克斯坦拥有苏联最大的锑矿，Anzob采矿和选矿联合公司对锑汞矿床进行过开采。塔吉克斯坦中部的泽拉夫尚—吉萨尔汞锑矿带蕴藏着丰富的锑矿，且集中分布于吉日克鲁特和孔乔奇矿区，著名的安佐布锑矿开采场就位于此。吉日克鲁特矿不仅矿层深厚，便于开采，而且矿石中除富含锑之外，还伴生有汞、金、铊和碲等其他元素，帕米尔山区也有锑矿化点。

（3）钨、锡

塔吉克斯坦最大的钨矿位于吉萨尔山脉南坡，距首都杜尚别市80公里。开采历史可追溯到1966年，后因过度开采造成资源枯竭而停产，但在1973年至1975年，该地区又发现了19处钨矿，平均含锡量为0.91%，同时还富含锌、铜、铋和镉。在北塔吉克斯坦有乔鲁赫代龙矿，帕米尔山区有伊卡尔矿。钨矿的伴生矿有锡、钼、锌等。

锡主要分布于塔吉克斯坦中部和南帕米尔地区，姆什斯通是该地区最大的锡矿床，位于泽拉夫尚谷地金矿床附近，初步勘探查明，矿石的锡含量较丰富（从千分之几到百分之几不等）。此外，矿石中还含有银、铜、铅、锌等其他金属。苏联时期（1990年）还曾专门为开采该矿制定了选矿工艺流程图。锡矿包括塔吉克斯坦中部的迈胡尔德锡石矿，吉萨尔北坡的穆会斯通、塔戈比库里、库尔马赫等晚石硫化矿，帕米尔的阿克基尔格等锡矿。

（4）铅锌

塔吉克斯坦的铅锌矿储量较为丰富，居中亚第1位，主要分布在卡拉马扎尔矿区（塔北部）。仅大卡尼曼苏尔银矿和阿尔滕—托普坎矿就蕴藏着 10 亿吨以上的铅锌矿石，而且开采和加工便利。矿石中除含铅、锌、银、铋、镉外，还可提炼出其他金属。目前，8 个矿床已投产。

（5）铜

铜产地主要位于塔吉克斯坦中部和帕米尔地区，在帕米尔地区有 70 多处。主要集中在达尔瓦兹山支脉，包括纳夫诺乌矿、达赖塔格矿等。

（6）钼

矿床集中在莫戈尔套山脉、塔吉克斯坦中部和帕米尔的矽卡岩矿床中。其中，南扬吉坎钼矿床、乔鲁赫—达伊恩的钼钨矿床具有工业意义。

（7）铋

矿床分布在卡拉马扎尔、塔吉克斯坦中部和帕米尔地区。矿床有矽卡岩型和热液型两种。

3. 黑色金属

（1）铁矿石

塔吉克斯坦北部探明有 10 处小磁铁矿，乔卡达穆布拉科矿床有工业开发意义。除含磁铁矿外，矿床富含铋、钴、铜、铅、锌、银、金、镓和其他矿物，是具有相当高价值的产地。工业储量为 6 000 万吨，预测储量达 1 亿吨，集中在塔吉克斯坦北部的库拉马山南坡。丘卡马扎尔和帕米尔的铁矿石预测储量可能高达 5 亿吨。

（2）锰

锰产地主要位于伊斯法拉地区的恰吉罗杰克地区。

（三）非金属矿产

1. 化工矿产

主要集中在塔吉克斯坦西南部。岩盐在三个矿山（霍扎—穆明、卡梅卡库尔干、图特布拉克矿山）用地下浸出法开采，并从卤水中采出。前两个矿山有盐加工厂。亚湾电化学工厂利用图特布拉克的盐矿山、普斯胡尔的灰岩矿山和克孜尔—图姆舒克气田的原料，生产多种产品，对矿物原料进行综合加工。

较大的重晶石矿床位于塔吉克斯坦北部，同晚古生代花岗岩类中的热水溶液有关。石英—重晶石脉长达 350 米，99%由重晶石组成。

硼矿石唯一的工业矿床在帕米尔。在南塔吉克盆地的一些含水层中发现硼的工业富集。

岩盐探明储量为 40 亿吨，预测储量超过 1 000 亿吨。岩盐矿体大多分布在塔吉克斯坦西南部和费尔干纳盆地。石化沉积盐岩矿床同侏罗纪厚达 2 000 米的盐类建造有关，含 71. 6%~99. 3%石盐的盐钟和层状矿体面积达 9 平方千米。侏罗纪含水层的盐湖和地下卤水的沉积也很有远景。

磷块岩储量 1. 12 亿吨。粒状和结核状磷块岩小型沉积矿床分布在塔吉克斯坦中部和北部的老第三纪和白垩纪的灰岩、砂岩和粉砂岩中。层状矿体长达 22 千米，厚约 11 米，含 2. 14%~15. 12%的五氧化二磷。

石棉矿床和矿化集中在塔吉克斯坦东南部。矿体为温石棉—石棉和角闪石类石棉脉，产于二叠纪蛇纹岩中。矿带长 1 800~4 000 米，厚度达 750 米，含石棉 5. 93%，纤维品级含量 0. 18%，纤维长度达 80 毫米。

塔吉克斯坦中部和帕米尔发现冰洲石、光学石英和方解石矿床，产于古生代碳酸盐岩热液脉中。在北部老第三纪下部沉积层中发现石英砂矿床，砂可用于生产硅酸盐制品，含二氧化硅达 96. 16%。

2. 非金属建材

非金属建材探明 149 个矿床，其中制砖黏土矿床 12 个，总储量 1 760 万立方米。有孔黏土矿床 6 个，总储量 5 740 万吨。制造石灰的灰岩矿床 11 个，总储量 5 680 万吨。玻璃砂矿床 6 个，总储量 4 600 万立方米。沙砾材料矿床 48 个，总储量 5. 27 亿立方米。建筑石材矿床 23 个，总储量 3. 25 亿立方米。水泥原料矿床 7 个，总储量 3. 65 亿吨。亚黏土矿床 2 个，总储量 9 870 万吨。饰面材料的矿物成分种类不同，颜色多种多样。其中有彩色大理石、红色花岗岩、彩色砾石、花岗闪长岩、大理石、辉长岩等。

3. 宝石和细工石料

帕米尔石英彩石大队露采和地下开采宝石及细工石料。杜尚别、塔博沙拉和波尔什涅瓦的车间加工细工石料。杜尚别和霍罗格加工车间的珠宝工艺产品向许多国家出口。

塔吉克斯坦的彩石和宝石主要有斜硅镁石、镁橄榄石、贵尖晶石、红宝石、方柱石和石榴石。在帕米尔的一个地区发现了一些以前国内未发现的矿物：黄玉、红电气石、多色电气石和海蓝宝石。在帕米尔山和达瓦兹还分布着水晶、缟玛瑙、蛇纹大理石、蛇纹岩；卡拉马扎尔分布着绿松石、黑曜岩、紫水晶和玛瑙矿床；塔吉克斯坦中部发现玉髓、霰石、方纳石和大理石、缟玛瑙矿。青金石、绿松石矿床开发年代久远，世界驰名。大部分矿床为火山交代和接触交代成因，主要矿床产于前寒武纪高度变质岩和石炭纪的石英斑岩和淡色花岗岩、伟晶岩及各种岩石的断裂带中。

（四）水资源

塔吉克斯坦淡水资源丰富，是多山和高山之国，山地面积占国土总面积的93%。苏联两座海拔7 000米以上的高峰——共产主义峰（7 495米）和列宁峰（7 134米）均位于塔吉克斯坦境内。高山和多山地区蕴藏着大量的冰川、湖泊，是塔吉克斯坦丰富的淡水资源。塔吉克斯坦境内集中了中亚55.4%的水流量，即塔吉克斯坦水资源占中亚整个地区总量的一半以上。中亚地区60%以上的冰川位于塔吉克斯坦境内。按国土面积，塔吉克斯坦居世界第85位，但其水资源蕴藏总量居世界第8位，在独联体国家中仅次于俄罗斯，居第2位。如按人均水资源拥有量和人均领土面积保有量计算，塔吉克斯坦位居世界榜首。境内水电资源总量5 270亿千瓦时，目前水电资源利用率仅占实际资源总量的3%。

1. 冰川

塔吉克斯坦冰川总面积约9 000平方公里，约占国土总面积的6%。共有冰川9 139个，冰川拥有的纯净淡水总量达559立方千米。塔吉克斯坦高山上蕴藏的巨大冰川是中亚主要水系的源头。境内最大的冰川是费德琴科冰川，它是地球中纬度最大的冰川，总长度超过70公里。约有60个冰川能够产生长达几公里的冰块，其急速流动，水流量大，破坏性也大，如帕米尔山上的希尔斯冰川（又称“熊”冰川）、佩尔斯冰川、福尔塔姆别克冰川、穆兹加济冰川、希尼—比尼冰川等。通常，冰川每隔 10~12 年会发生周期性移动，造成山中河流蓄水量过多，许多堤坝设施和桥梁被毁。

2. 河流

塔吉克斯坦境内长 10 公里以上的河流有 947 条，总长度超过 28 500 公里，年水流总量 52.2 立方千米。境内主要河流有阿姆达利亚河（又称阿姆河）、瑟尔达里亚河（又称锡尔河）、瓦赫什河、喷赤河、泽拉夫尚河。高山上的冰川是河流的主要水源。境内 60%的水流量汇入阿姆达利亚河，34%的水流量汇入瑟尔达里亚河。许多河流水位落差大，蕴藏着丰富的水能。

3. 湖泊

塔吉克斯坦境内共有 1 300 多个湖，主要分布在帕米尔地区和中部山脉地带。境内最大的冰川构造湖——卡拉库利湖，位于塔吉克斯坦东部帕米尔地区海拔 4 000 米高山上，面积 380 平方公里，最大深度达到 240 米左右。此外，萨列兹湖、亚希利库利湖是因地震山体崩塌形成的大湖。萨列兹湖还是世界上较深的湖之一。在泽拉夫尚山脉由于冰川堆积形成的伊斯坎捷尔库里湖不仅有着丰富的水资源，而且以风景秀美著称。

塔吉克斯坦拥有巨大的地下水资源，预计总蕴藏量 6 972 立方千米。地下水平均年抽取水量 2.4 立方千米。境内地下水资源便于开发，能够满足国民经济各个行业的需求，包括居民用水、农牧业灌溉等。全国共有水井 9 000 多口，实际使用 4 614 口。地下水分布不均匀，部分地区地下水既适合灌溉，又适合日常饮用。

此外，塔吉克斯坦山区蕴藏着丰富的矿泉水资源。以东部戈尔诺—巴达赫尚自治州为例，州内至少有 28 处拥有医疗效果的温泉、48 处冷矿泉和其他许多种矿泉资源。有效开发矿泉水资源可以带来一定的经济收益。

三、塔吉克斯坦的基础设施状况

塔吉克斯坦的基础设施在苏联时期各加盟共和国中属于落后地区，后经几年内战，基础设施陈旧落后。1995 年以后，政府开始在国际社会的帮助下恢复、改善、重建基础设施，近年来得到了很大改善。

（一）公路

塔吉克斯坦地处中亚腹地，是一个封闭的内陆国家，国土面积的93%为山地，独特的地理环境决定了其交通以公路为主。据统计，塔吉克斯坦现有公路总长1.37万公里，几乎全部建于苏联时期。长期以来，对道路没有进行应有的维修，加上连年内战和频繁的山体滑坡、泥石流等自然灾害破坏，路况堪忧，已不能适应社会发展的需要。塔吉克斯坦政府将发展交通作为国民经济的优先领域，并已着手实施公路战略计划。塔吉克斯坦主要有4条公路骨干线，均以首都杜尚别为中心，向周边国家辐射。

1. 塔中（国）公路

塔中公路西起杜尚别，经丹加拉、库利亚布、塔东部戈尔诺—巴达赫尚自治州首府霍罗格，东到中塔边境阔勒买口岸，全长1 009公里。近年来，塔吉克斯坦政府依靠伊斯兰开发银行、威特基金会、欧佩克基金会等国际组织贷款，对霍罗格以东至中国边境路段进行了修复，并且正在修复库利亚布—卡莱胡姆公路上的济加尔—霍斯塔夫—什科夫路段。

2. 塔吉（吉尔吉斯斯坦）公路

塔吉公路由杜尚别开始到东北边境城市卡拉梅克，全长368公里。该线路过境后直达吉尔吉斯斯坦南部城市奥什，与中吉乌对接。塔吉公路由亚行（75% ）和欧佩克基金会（15%）提供贷款，塔吉克斯坦政府出资10%，分3期10年内完成修复。

3. 塔阿（阿富汗）公路

塔阿（阿富汗）公路北起杜尚别，南至边境城市下喷赤，全长185公里。其中，杜尚别至南部哈特隆州首府库尔千秋别段（99公里）由亚行、欧佩克基金会贷款，意大利托基尼公司承建完工。由边境城市下喷赤向北至杜思吉段长23.7公里，由日本提供无偿援助进行修复。杜思吉—库尔千秋别路段共长62.3公里。

4. 塔乌（乌兹别克斯坦）公路

北段塔乌公路南起杜尚别，北至边境小镇恰纳克，全长 368 公里。除安佐布隧道外，其余部分包括沙赫利斯坦隧道由中国路桥公司承建，资金来源为中国政府向上海合作组织成员国提供的政府优惠贷款。

西段塔乌公路东起杜尚别，西至边境城市图尔松扎德，全长 64 公里。

（二）铁路

塔吉克斯坦铁路分北、中、南 3 个部分，需经乌兹别克斯坦和土库曼斯坦实现连接，是苏联中亚铁路网在塔吉克斯坦境内的过境铁路。塔吉克斯坦铁路总长 950. 7 公里，使用长度 616. 7 公里，其中 114 公里已超期服役。各种设施落后，缺乏车厢。

（三）空运

塔吉克斯坦与沙迦（阿拉伯联合酋长国）、马什哈德（伊朗）、新德里（印度）、喀布尔（阿富汗）、伊斯坦布尔（土耳其）、法兰克福（德国）、里加（拉脱维亚）、乌鲁木齐（中国）等城市有国际航班，还有至莫斯科、圣彼得堡、阿拉木图、比什凯克、奥什、叶卡捷琳堡、新西伯利亚等独联体国家城市的国际航线。国内有杜尚别至胡占德、霍罗楠、库利亚布、彭吉肯特等城市的航班。主要机场有杜尚别机场、胡占德机场、库利亚布机场。

（四）水运

塔吉克斯坦地处中亚腹地，是一个内陆国家，没有出海口。

四、塔吉克斯坦经济发展状况

（一）塔吉克斯坦产业结构

塔吉克斯坦经济基础薄弱，结构单一。苏联解体后的政治经济危机以及多年内战使塔吉克斯坦国民经济遭受严重破坏。1995 年塔吉克斯坦开始实施《深化经济改革和加快向市场关系过渡的紧急措施》和《1995—2000 年经济改革纲要》，确立了以市场经济为导向的国家经济政策，并推行私有化改制。

1997 年，塔吉克斯坦国民经济开始步出低谷，呈现出恢复性增长。2000 年 10 月成功发行国家新币索莫尼，初步建立国家财政和金融系统，开始逐步完善税收、海关政策。2003 年，塔吉克斯坦政府制定国家工业发展政策，有效利用国家资源优势，加大生产技术革新力度，逐步提高产品加工水平和产品竞争力。2008 年全球金融危机对塔吉克斯坦经济造成一定冲击，塔吉克斯坦政府采取一系列应对措施，随后经济逐渐增长。但因塔吉克斯坦本国经济规模相对较小，其发展对国际社会依赖甚重，同时能源短缺和缺乏支柱产业问题仍然突出，外债压力大，塔吉克斯坦全面发展经济任重而道远。

据塔吉克斯坦共和国统计署统计资料，塔吉克斯坦国内生产总值中，工业约占 13%，农业约占 21%，服务业占 43%。根据产业结构划分，第一产业约占 21%，第二产业约占 23%，第三产业占 56%。

（二）主要经济指标

2010 年以来，塔吉克斯坦经济摆脱了金融危机影响所造成的低迷状态，并维持了稳定增长的势头，2014 年国内生产总值（GDP）约 91 亿美元，2015 年之后经济增长放缓，稍有倒退（如表 1-4 所示）。

表 1-4　2010—2018 年塔吉克斯坦 GDP

年份	GDP/亿美元	增长率/%
2010	56	16
2011	65	16. 1
2012	76	16. 9
2013	84	10. 5
2014	91	8. 3
2015	79	-13. 2
2016	70	-11. 4
2017	72	2. 9
2018	75	4. 2

资料来源：根据《中亚国家发展报告（2015—2018）》及相关资料整理。

第四节　乌兹别克斯坦经济、社会情况概述

一、乌兹别克斯坦基本国情

（一）历史沿革

“乌兹别克斯坦”在乌兹别克斯坦语中为“自己统治自己”“自己是自己的主人”，即“独立”之意。9—11 世纪，乌孜别克斯坦民族形成。13 世纪被蒙古人征服。14 世纪中叶，阿米尔·帖木儿建立以撒马尔罕为首都的庞大帝国。16—18 世纪，建立布哈拉汗国、希瓦汗国和浩罕汗国。19 世纪 60—70 年代，部分领土（现撒马尔罕州和费尔干纳州）并入俄罗斯。1917—1918 年建立苏维埃政权，1924 年 10 月成立乌兹别克斯坦苏维埃社会主义共和国并加入苏联，成为苏联 15 个加盟共和国之一。苏联解体后于 1991 年 8 月 31 日宣布独立。1991 年 9 月 1 日起正式脱离苏联，成为独立的主权国家，改国名为乌兹别克斯坦共和国，并将这一天定为国家独立日。乌兹别克斯坦从此步入了新的发展时期。

阿米尔·帖木儿是乌兹别克斯坦最著名的历史人物，被视为乌兹别克斯坦的民族英雄，在塔什干市中心矗立着帖木儿骑马雕像，不远处即为帖木儿家族博物馆，馆内陈列着帖木儿家族及后代遗物。

（二）人口与地理环境

1. 人口

乌兹别克斯坦共有 134 个民族。乌兹别克族占 78.8%、塔吉克族占 4.9%、俄罗斯族占 4.4%、哈萨克族占 3.9%、卡拉卡尔帕克族占 2.2%、鞑靼族占 1.1%、吉尔吉斯族占 1%、朝鲜族占 0.7%，此外，还有土库曼、乌克兰、维吾尔、亚美尼亚、土耳其、白俄罗斯族等民族。华人数量 3 000 左右，经商情况良好，社会及经济地位中等偏上。

乌兹别克语为国语，俄语为通用语。乌兹别克语属于阿尔泰语系突厥语族，现使用拉丁字母拼写。

乌兹别克人大多信奉伊斯兰教，多属逊尼派，信徒占人口总数的90%以上，属于政教分离的伊斯兰国家。其次为东正教。在伊斯兰国家，宗教是大多数人生活的全部，斋月期间，太阳升起后到落山以前不能进食。无论多么重要的生意，在斋月里也不能进行。在清真寺等宗教场所，妇女应戴上帽子，并用披肩遮住肩部、胸部。禁止崇拜偶像，因此工艺品中的人物塑像、玩具娃娃等都不得进入伊斯兰国家。乌兹别克人忌讳左手传递东西或食物，认为使用左手是不礼貌的。忌讳黑色，认为黑色是丧葬的色彩。禁食猪肉，忌食骡肉、驴肉、狗肉，也忌讳食用自死的动物肉及动物的血液。

2. 自然地理

乌兹别克斯坦是位于中亚中部的内陆国家，西北濒临咸海，与哈萨克斯坦、吉尔吉斯斯坦、塔吉克斯坦、土库曼斯坦和阿富汗毗邻。总面积约为44.74万平方公里。全境地势东高西低。平原低地占全部面积的80%，大部分位于西北部的克孜勒库姆沙漠。东部和南部属天山山系和吉萨尔—阿赖山系的西缘，内有著名的费尔干纳盆地和泽拉夫尚盆地。境内有自然资源极其丰富的肥沃谷地。主要河流有阿姆河、锡尔河和泽拉夫尚河。乌兹别克斯坦的气候属于严重干旱的大陆性气候。7月平均气温为26℃~32℃，南部白天气温经常高达40℃；1月平均气温为-6℃~3℃，北部绝对最低气温为-38℃。年均降水量平原低地为80~200毫米，山区为1 000毫米，大部分集中在冬、春两季。地理位置优越，处于联结东西方和南北方的中欧中亚交通要冲的十字路口，古代曾是重要的商队之路的汇合点，是对外联系和各种文化相互交流的活跃之地。乌兹别克斯坦是著名的丝绸之路古国，历史上与中国通过丝绸之路有着悠久的联系。

乌兹别克斯坦属东5时区，比北京时间晚3小时，无夏令时。

3. 行政区划

全国共划分为1个自治共和国、12个州和1个直辖市，分别为：卡拉卡尔帕克斯坦自治共和国、安集延州、布哈拉州、吉扎克州、卡什卡达里亚州、纳沃伊州、纳曼干州、撒马尔罕州、苏尔汉河州、锡尔河州、塔什干州、费尔干纳州、花拉子模州、塔什干市。

首都塔什干（Tashkent）位于锡尔河支流奇尔奇克河谷的绿洲中心，是古代东西方贸易的重要中心和交通要冲，著名的丝绸之路便经过这里。它也是中亚地区最大的城市，是乌兹别克斯坦的政治、经济、文化和交通中心。按人口数量，塔什干是中亚最大的，在独联体内仅次于莫斯科、圣彼得堡和基辅的第四大城市。常住人口 230.93 万（2012 年）。1 月平均气温为 0℃，7 月平均气温为 28℃。

二、乌兹别克斯坦资源与环境状况

乌兹别克斯坦自然资源丰富，国民经济支柱产业是“四金”：黄金、“白金”（棉花）、“乌金”（石油）、“蓝金”（天然气）。但乌兹别克斯坦经济结构单一，加工工业较为落后。农业、畜牧业和采矿业发达，棉花产量占苏联的 2/3，生丝产量占苏联的 49%，洋麻产量占苏联的 90%以上，羊羔皮、蚕茧和黄金产量分别占苏联的 2/3、1/2 和 1/3。矿产资源丰富，储量总价值约 3.5 万亿美元。

乌兹别克斯坦境内现探明矿产品有近 100 种，主要有天然气、煤炭、石油、有色金属、黄金、铜、铅、锌和稀有金属等，黄金储量居世界第 4 位，年开采量 80 吨左右，在独联体国家中居第 2 位。铜和钨的储量在独联体国家中均居前列，石油和白银、白金、锌、铝矾土等金属矿藏也非常丰富。铀开采量占苏联的 25%。煤储量（20 亿吨）和铀储量分别占世界第 7 位、第 8 位。水力资源丰富，森林覆盖率为 12%。天然气资源主要分布在卡拉库盆地东北部边缘的查尔米和布哈拉台阶地区，其中最大的加兹里气田储量达 4 193 立方米。石油资源多集中在东部天山褶皱带的费尔干纳盆地，已探明储量为 5.84 亿吨。天然气的产量仅次于土库曼斯坦，居中亚第 2 位、居独联体国家第 3 位，年产气量在 300 亿立方米以上。机械制造、有色金属、黑色金属、轻纺和丝绸等工业都比较发达。乌兹别克斯坦所处气候带有利于广泛发展农业经济，农业特点是灌溉农业的水利基础设施发达，灌溉地面积达 425 万公顷。农业支柱产业是棉花种植业，桑蚕业、畜牧业、蔬菜瓜果种植业也占重要地位。棉花年产量占苏联棉花产量的2/3，居世界第4位，被誉为“白金之国”。畜牧业较发达，以养羊为主，养蚕业也较发达。乌兹别克斯坦是古丝绸之路所经地区，全国有4 000多处自然和人文景观，主要集中在塔什干、撒马尔罕、布哈拉、希瓦等城市。乌兹别克斯坦主要出口棉花、石油、天然气、电力、有色金属及农产品，进口机械设备、食品、工业原料等。

非金属矿产资源有钾盐、岩盐、硫酸盐、矿物颜料、硫、萤石、滑石、高岭土、明矾石、磷钙土以及建筑用石料等。

动物资源包括97种哺乳动物、379种鸟类、58种爬行类动物和69种鱼；植物资源有3 700种野生植物。森林总面积为860多万公顷，森林覆盖率为12%。

乌兹别克斯坦属于严重干旱的大陆性气候。气候特点是冬季寒冷，雨雪不断；夏季炎热，干燥无雨，昼热夜凉明显。1月平均气温-10℃（北方）和-3℃（南方），最冷时，地面最低温度可达-30℃～-20℃；7月份平均气温26℃（北方）和32℃（南方），最热时，地面最高温度可达40℃～44℃。年降水量为：平原90～580毫米；山区460～910毫米。降雨季节主要在秋、冬季。

三、乌兹别克斯坦的基础设施状况[27]

乌兹别克斯坦的基础设施比较落后。近年来，随着经济的稳步增长，乌兹别克斯坦加大了基础设施建设力度，包括公路的新修、改造和配套服务设施建设，铁路的电气化改造和铁路网建设，火电站和水电站的兴建以及电信网络和供水管网的现代化改造等。

（一）公路

乌兹别克斯坦现有公路4.3万公里，密度为210公里/1 000平方公里，目前尚无高速公路。干线公路连通各州并与俄罗斯、哈萨克斯坦、塔吉克斯坦、吉尔吉斯斯坦、阿富汗等邻国公路网相连，路况相对较差。

（二）铁路

乌兹别克斯坦铁路总长 6 000 公里，其中电气化铁路 930 公里。目前，乌兹别克斯坦逐步对铁路进行电气化改造。未来几年，乌兹别克斯坦政府计划使电气化里程达到 2 000 公里。乌兹别克斯坦积极参与和支持国际运输通道的建设，其中，连通阿富汗、巴基斯坦和伊朗的铁路建设已获得进展。

在乌兹别克斯坦只有塔什干有地铁，总计 3 条线，始建于 1977 年，总里程 36. 2 公里，总计 29 站。

（三）空运

乌兹别克斯坦在苏联时期享有“航空港”之美称，也是中亚地区唯一能生产飞机的国家，除国内连接各州的航线外，与中国、日本、韩国、欧洲、美国及独联体大部分国家均有定期航班。乌兹别克斯坦国内有 12 个机场，塔什干机场最大，可以起降各类飞机。乌兹别克斯坦航空公司的班机可以直飞美国、日本、俄罗斯、德国、中国、韩国等 40 多个国家和地区。目前，中国与乌兹别克斯坦的航线有北京—塔什干、塔什干—乌鲁木齐等。

（四）水运

乌兹别克斯坦是内陆国家，无海港。内陆河流水量小，无水运。

（五）通信

乌兹别克斯坦全国有固定电话用户 200 万，数字自动交换网装机系数为 89. 2%，数字化率为 90. 9%；移动电话用户 1 900 多万，普及率为 65%，70% 的用户分布在首都以外的地区；互联网用户近 1 000 万，普及率近 30%，公共互联网接入点（网吧等）963 个；宽带用户达到 13. 5 万，占中亚国家宽带总用户数的 25%；以“uz”注册的域名超过 1. 6 万个，其中政府网站 114 个。

（六）电力

乌兹别克斯坦目前共有电站 42 座，以火电为主，总装机容量 1 200 万千瓦。乌兹别克斯坦电力可自给自足，并有少量出口邻国。根据乌兹别克斯坦国家统计委数据，乌兹别克斯坦 2013 年发电量超过 53 亿千瓦时，比上年同期增长3.9%，其中，全国98%电能来自乌兹别克斯坦国家电力公司电站。煤产量384.4万吨，同比增长5.9%。

乌兹别克斯坦政府允许外国投资者参与当地基础设施投资。负责基础设施建设的主要政府部门是乌兹别克公共事业署，主要职责是参与制定国家关于公共服务领域政策的制定和落实，对有关社会公共事业的总统令、内阁令、政府令的执行情况进行监督，培训并提高公共服务领域企业干部的职业水准。

四、乌兹别克斯坦经济发展状况

（一）产业结构

乌兹别克斯坦长期受苏联经济发展模式的影响，工业较侧重发展采矿业、天然气、有色金属等重工业部门，加工业、采购、储存、运输业发展滞后。苏联解体以后，经济困难使这些企业多数失去了活力，资金的匮乏使这些设备老化的企业无法进行更新改造，产品没有竞争力。2006年乌兹别克斯坦政府不得不关闭了200家亏损的纺织厂，非常老旧的设备将高价值的棉纤维原料加工成没有市场需求的低品质纱线，浪费了高品质的原料。乌兹别克斯坦政府过于片面强调种植棉花，而对其他一些农作物尤其是粮食作物缺乏应有的重视，本国可耕地有限，农村人口过剩，致使就业压力很大。近年来，乌兹别克斯坦政府加强了国际合作，主要涉及采矿业、石油、天然气、有色金属等重要工业部门。乌兹别克斯坦出口商品中能源类占出口总额的34.2%，皮棉占8.6%，黑色金属和有色金属占5%。进口商品中机械设备占56.5%，化工产品及塑料占11.1%。① 可以看出，乌兹别克斯坦的对外贸易以原材料和能源输出为主，国内整个经济体系不完善，这样使得经济领域容易受到外国的影响。

由于乌兹别克斯坦国内经济体系不完善，经济总量小，抑制了对优势产业和特色产业的发展。[28]

---

① 吴宏伟．中亚地区发展与国际合作机制［M］．北京：社会科学文献出版社，2011：82.

1. 工业

工业在乌兹别克斯坦国家经济中所占的比重逐年提高。近年来，乌兹别克斯坦政府在稳定农业生产的同时，着力加快工业发展速度，正在从传统的农业国向工农业并重的国家转变。

（1）汽车工业

乌兹别克斯坦是中亚国家中最早生产汽车的国家。“通用乌兹别克斯坦”合资企业位于安集延州阿萨卡市，2008 年 3 月由美国通用汽车公司和乌兹别克汽车工业公司在乌兹别克斯坦大宇汽车公司基础上建立，注册资金 2.7 亿美元。美国通用汽车公司拥有合资企业 25%加 1 股股权，今后可能增至 40%；乌兹别克汽车工业公司持 75%股权。通用乌兹别克斯坦公司生产的汽车除了满足本国市场需求外，还大量出口俄罗斯、哈萨克斯坦及其他邻国。

此外，乌兹别克斯坦还与日本五十铃合作在撒马尔罕市组装生产货车及大客车，年产量分别达 1 300 多辆和 700 多辆。

（2）飞机制造业

塔什干契卡洛夫飞机制造厂是乌兹别克斯坦最有名的制造业大企业，该厂主要与俄罗斯合作组装生产伊尔系列飞机，目前已停产。

（3）采矿业

乌兹别克斯坦石油和天然气的储量和产量均居中亚第 2 位，石油全部供应国内市场，天然气每年有 100 多亿立方米供出口。随着开采力度的加大，乌兹别克斯坦天然气有进一步扩大出口的潜力。

2. 农业

乌兹别克斯坦是传统的农业国，粮食可自给自足，年产粮食 680 万吨左右，其中 90%为小麦；棉花种植业为支柱产业，是世界第五大产棉国、第二大棉花出口国，年产籽棉约 360 万吨，皮棉 100 万～120 万吨，年出口棉花 70 万～100 万吨；乌兹别克斯坦还是中亚重要的水果和蔬菜产地，年产瓜果 220 万吨左右，各类蔬菜 350 万吨左右。每年有大量的瓜果蔬菜出口到哈萨克斯坦、俄罗斯等邻国。

乌兹别克斯坦依靠灌溉土壤改良基金采取一系列农业生产现代化措

施，改造和新建供排水系统等。

（二）宏观经济

2010—2014 年，乌兹别克斯坦经济持续稳定，保持两位数增长，但近年来受全球经济环境的影响，经济发展受阻（如表 1-5 所示）。

表 1-5　2010—2018 年乌兹别克斯坦 GDP

年份	GDP/亿美元	增长率/%
2010	393	16
2011	459	16.8
2012	518	12.9
2013	577	11.4
2014	767	32.9
2015	818	6.7
2016	818	0.0
2017	592	-27.6
2018	505	-14.7

资料来源：根据《中亚国家发展报告（2014—2018）》及相关资料整理。

第五节　土库曼斯坦基本情况概述

一、土库曼斯坦基本国情

（一）历史沿革

土库曼斯坦 9—10 世纪受塔赫里王朝、萨曼王朝统治。11—15 世纪受蒙古鞑靼人统治。16—17 世纪隶属于希瓦汗国和布哈拉汗国。15 世纪基本形成土库曼民族。19 世纪 60 年代末和 80 年代中，部分领土并入俄国（外里海州）。土库曼人民参加了1917年的二月革命和十月社会主义革命，同年12月建立苏维埃政权。1924年10月27日成立土库曼苏维埃社会主义共和国，并加入苏联。1991年10月27日，土库曼正式宣布独立，改国名为土库曼斯坦，并于同年12月21日加入独联体。1992年3月2日加入联合国，同年12月12日，第50届联合国大会通过决议，承认土库曼斯坦为永久中立国。2005年8月，土库曼斯坦宣布退出独联体，只保留联系国地位。

土库曼语为官方语言，俄语为通用语言，英语普及程度不高。

（二）地理位置

土库曼斯坦位于中亚西南部、科佩特山以北，为内陆国家。东接阿姆河，北和东北部与哈萨克斯坦、乌兹别克斯坦接壤，西濒里海，与阿塞拜疆和俄罗斯隔海相望，南邻伊朗，东南与阿富汗交界。国土面积49.12万平方公里。约80%的国土被卡拉库姆大沙漠覆盖。土库曼斯坦首都阿什哈巴德属于东5时区，比北京时间晚3小时，不实行夏令时。

（三）行政区划

土库曼斯坦全国分为阿哈尔、巴尔坎、达绍古兹、列巴普和马雷5个州和1个直辖市（阿什哈巴德市）。首都阿什哈巴德始建于1881年，意为“爱之城”，是位于卡拉库姆沙漠中的一个绿洲城市，距伊朗边境30余公里，气候干旱，面积约300平方公里，人口将近100万人，是国家政治、经济、文化和科研中心。该市工业有机械制造、电机、玻璃、纺织和食品加工等；阿什哈巴德也是土库曼斯坦乃至中亚地区的重要交通枢纽。与中国、俄罗斯、哈萨克斯坦、乌克兰、白俄罗斯、阿塞拜疆、印度、德国、法国、荷兰、土耳其、英国、阿拉伯联合酋长国和泰国14个国家直接通航。

其他主要城市有以下几个：土库曼纳巴特（原名查尔朱），为列巴普州首府，位于土库曼斯坦东部阿姆河畔，中亚铁路和外里海铁路在此交会；达绍古兹，为达绍古兹州首府，是土库曼斯坦北部城市，位于阿姆河下游达绍古兹绿洲，在中亚地区通往俄罗斯的铁路干线上，建有轧棉、榨油、制毯、农机修配厂和食品加工厂等；马雷，为马雷州首府，是土库曼斯坦东南部城市，在穆尔加布河畔，是铁路枢纽和河港、纺织工业中心；元首市（土库曼巴希），位于巴尔坎州，是土库曼斯坦西部最大城市、里海东岸最大的港口，附近盛产石油，建有大型炼油厂，还有船舶修理厂，热电厂及鱼类、肉类加工厂等。

（四）气候条件

土库曼斯坦80%的国土被卡拉库姆大沙漠覆盖。除里海沿岸地区和山地以外，属于典型的大陆性气候，冬冷夏热，春秋短促，干燥少雨，北部年平均气温为12℃～17℃，东南部为15℃～18℃。最冷月份为1月，最热月份为7月（平均温度在32℃以上）。年平均降水量在95（加拉博加兹戈尔湾）～398毫米（科依涅—克希尔山区）。

二、土库曼斯坦资源与环境状况

（一）自然资源

土库曼斯坦矿产资源丰富，主要有石油、天然气、芒硝、碘、有色及稀有金属等，另有少量天青石、煤、硫黄、矿物盐、陶土、膨润土、地蜡等矿产资源。天然气远景储量为26.2万亿立方米，居世界第4位；石油远景储量为208亿吨。石油和天然气工业储量分别为2.13亿吨和2.7万亿立方米，居世界前列。英国著名国际咨询公司的Gaffney、Cline & Associates称，仅土库曼斯坦南约洛坦气田的储量就高达4万亿～14万亿立方米，为世界第三大单体气田。土库曼斯坦具备每年开采天然气2 400亿立方米、石油8 000万吨的潜能。土库曼斯坦还储备有苏联境内70%的碘和溴以及硝、锶、钾盐（50亿吨）、食用盐（18亿吨）和硫酸钠等。

土库曼斯坦毗邻里海。在与美国联合勘探的基础上，土库曼斯坦官方于2000年宣布其国内里海大陆架石油远景储量为110亿吨，天然气远景储量为5.5万亿立方米。为开发里海油气资源，土库曼斯坦计划对该领域进行大规模投资。此外，土库曼斯坦还生产各类石化产品，包括焦炭、液化气、聚丙烯、润滑油、聚乙烯、苯等。

（二）人口

土库曼斯坦人口总数 585 万（2018 年），在土库曼斯坦的人口分布中，土库曼族占 77%、乌孜别克族占 9.2%、俄罗斯族占 6.7%、哈萨克族占 2%，其他少数民族包括亚美尼亚、阿塞拜疆、鞑靼等。人口分布极不平均，绝大部分人口聚居在城市和绿洲，当中有很多非土库曼族人在城市居住，他们是在苏联时期移居至土库曼斯坦的技术人员、工人等的后裔。而近 2/3 的土库曼族人则住在村落。

土库曼斯坦绝大多数居民信仰伊斯兰教（逊尼派），俄罗斯族和亚美尼亚人信仰东正教。

土库曼斯坦华人较少，约 3 000 人，主要集中在首都阿什哈巴德和中土天然气项目所在地的列巴普州、马雷州，主要为各公司派驻代表和项目施工人员，个体经商业者极少。当地政府部门和居民对中国人员态度总体友好。

三、土库曼斯坦的基础设施状况

近年来，随着土库曼斯坦经济的不断发展，土库曼斯坦政府加大了对基础设施的投入力度，不断改善交通运输网络和港口设施的运行能力，不仅基本能够满足外国投资者对“硬环境”的要求，还给外国工程承包公司提供了参与项目建设的机会。

（一）公路

土库曼斯坦公路总长约 14 000 公里，其中约 2/3 为最近十几年新建，没有高速公路。全长 546 公里的“阿什哈巴德—卡拉库姆—达绍古兹”一级公路和全长 1 400 公里的“元首市—法拉普”一级公路分别为该国的南北动脉和东西动脉。土库曼斯坦公路网可覆盖全国所有城市和州、区两级行政中心及主要乡镇。与邻国哈萨克斯坦、乌兹别克斯坦、阿富汗和伊朗的边界均有公路过境点，除短暂冰雪天气外，车辆可全年通行。根据土库曼斯坦 2020 年前的发展纲要，土库曼斯坦将完成元首市—阿什哈巴德、马雷—土库曼纳巴特—法拉普（东西向）以及卡拉库姆—达绍古兹公路建设，改造现有关键路段，积极参与泛亚交通运输。

（二）铁路

土库曼斯坦境内现已基本形成东西贯通、南北相连的铁路布局，路网呈不规则的“大”字形分布，铁路运营总里程约 4 000 公里，其中 1 200 公里为独立后建成，但尚无电气化铁路。土库曼斯坦与各邻国乌兹别克斯坦、阿富汗、伊朗、哈萨克斯坦之间均有铁路对接站点。土库曼斯坦道路建设沿用苏联技术标准，路轨为 1 520 毫米轨距的宽轨，与采用国际标准轨距的伊朗和阿富汗铁路对接时须进行路轨换装。主要铁路有东西铁路干线：元首市—阿什哈巴德—马雷—土库曼纳巴特—法拉普，全长约 1 170 公里。还有马雷谢尔赫达巴特铁路，约 320 公里；土库曼纳巴特—加扎恰克铁路，约 320 公里；塔利马尔詹—科尔吉奇—基里夫铁路，约 180 公里；捷詹（土库曼斯坦境内）—谢拉赫斯（土伊边境）—马什哈德（伊朗）铁路，全长 132 公里；土库曼纳巴特—塔穆拉特铁路，全长 203 公里。“北—南铁路”北接哈萨克斯坦，南出伊朗至波斯湾，在土库曼斯坦境内全长 697. 5 公里。

（三）空运

土库曼斯坦目前经营的国内国际客运航线 50 多条，其中国际航线占到 60%。国际航班数量 50 余个，航线已覆盖欧洲和亚洲主要城市，包括北京、莫斯科、伦敦、伯明翰、法兰克福、巴黎、曼谷、德里（印度）、伊斯坦布尔、迪拜、阿布扎比、明斯克、基辅、阿拉木图等，并计划新开至新西伯利亚、阿斯特拉罕、乌鲁木齐、慕尼黑、罗马、吉达等地的航线。

土库曼斯坦境内主要机场有：阿什哈巴德市国际机场、元首市国际机场、巴尔坎纳巴特市机场、马雷市机场、达绍古兹市机场和土库曼纳巴特市机场。

中国与土库曼斯坦之间来往比较便利，可乘坐土库曼斯坦航班从阿什哈巴德直飞北京，也可以乘坐南方航空公司航班经乌鲁木齐飞往阿什哈巴德。

（四）水运

土库曼斯坦是内陆国家，无出海口，但濒临世界著名内陆大湖——里海。水运系指经里海（内陆湖）和阿姆河（内河）的客、货运输。元首港是里海东岸最大港口、土库曼斯坦西部的对外门户，可停靠7 000吨大型货轮，是土库曼斯坦原油、成品油、聚丙烯等商品的主要出口通道。里海港口不仅是土库曼斯坦通往其他沿岸国家的门户，还是中亚、伊朗等国家的贸易中转枢纽：货流可经土—俄之间的里海航线，从阿斯特拉罕港口（俄）进入伏尔加河内河航道，再经伏尔加—顿河航道出亚速海进而抵达黑海港口（暖季），也可在元首港通过轮渡至里海对岸的巴库港后，直接进入外高加索铁路网，进而从陆路抵达黑海的波季港（格鲁吉亚）。此外，土库曼斯坦与其他沿里海国家的港口——阿克套（哈）、阿斯特拉罕（俄）、马哈奇卡拉（俄）、巴库（阿塞拜疆）和涅卡（伊朗）之间均辟有油轮航运通道。

（五）通信

全国现有程控交换设备总容量约70万线，其中数字交换机57万线，首都固网基本实现数字化，全国范围的数字化率则达到80%以上，固话网现在可覆盖土库曼斯坦全国所有的固定居民点。数字交换设备全部来自国外供应商。移动网络目前已基本可覆盖全国，包括各州府城市、小城市、乡镇及主要固定居民点。

1. 互联网

国际互联网业务2000年才开通，用户和服务的发展较缓慢。土库曼斯坦新购进ADSL宽带接入设备，可容纳3 000个用户。2009年底土库曼斯坦政府开放3G服务业务，2011年全国出口总带宽300兆，网络用户总计7 000个左右，多为国家机关、企事业单位、外交机构等机构用户。2013年8月，土库曼斯坦国内投入使用4G网络。

2. 邮政

邮政总体发展较慢，快递业务通常无法按时准确送达。土库曼斯坦境内邮局有100余个。

（六）电力

土库曼斯坦电力资源充裕，不仅可以满足本国经济和社会发展需要，而且还向伊朗、土耳其、阿富汗等国出口。

四、土库曼斯坦经济发展状况

(一) 经济结构概述

土库曼斯坦经济持续较快增长的主要推力源于高投资，高投资直接拉动油气、工业、建筑、建材、电力、纺织等产业稳步增长，属于世界银行分类法中的高收入国家。

从产业结构来看，土库曼斯坦农业、工业和服务业占 GDP 的比重分别为 7.2%、24.4%和 68.4%，三产比例相对合理。

(二) 主要经济指标

2010—2014 年，土库曼斯坦经济增速较快，保持两位数的增速，2015 年后经济增速放缓（如表 1-6 所示）。

表 1-6　2010—2018 年土库曼斯坦 GDP

年份	GDP/亿美元	增长率/%
2010	226	20
2011	292	29.2
2012	352	20.6
2013	392	11.4
2014	435	11.0
2015	358	-17.7
2016	362	1.1
2017	379	4.7
2018	408	7.7

资料来源：根据《中亚国家发展报告（2013—2018）》及相关资料整理。

第二章
中国对中亚国家的投资现状

第一节　中国对中亚国家投资发展历程

随着经济的持续发展和国力的增强，我国已经成为拉动世界经济前行的重要引擎之一，经济总量已经是坐二望一，在进出口贸易、外汇储备和外商投资额三项经济指标上都高居世界第一。“一带一路”倡议的实施，为我国企业“走出去”创造了难得的历史机遇。未来5年，我国将进口10万亿美元的商品，对外投资将超过5 000亿美元，预计不久我国将成为资本净输出国。

一、中国对外投资发展历程

改革开放40多年来，随着全球经济一体化和现代化建设的推进，我国对外投资从无到有、从少到多不断发展。我国在对外直接投资方面积累了丰富的实践经验，取得了令人瞩目的成就。借鉴已有的研究成果，结合对外投资的发展情况，本书将我国自1978年以来的对外投资历程分为以下四个阶段：

（一）第一阶段（1978—1985年）

这一阶段，中国政府对外投资实行的是严格的审批制度。此时，中国刚开始进行改革开放，随着经济的发展和改革的深化，计划经济的限制逐渐解除，并逐步形成了符合中国经济实际和现代经济规律的对外投资雏形。国内企业到国外投资办企业的越来越多。1979年到1985年，我国共批准在国外开办非贸易性的合资、合作、独资企业 180 家，中方投资 1.77 亿美元。这些企业分布在 40 多个国家和地区，涉及的领域主要有资源开发、加工生产装配、承包工程、金融、保险、航运服务和中餐馆等。这些国外企业的建立，对于扩大我国对外经济技术合作领域，探索新的合作方式起到了积极的作用。但这一阶段由于资金缺乏，对外投资的规模相对很小。

（二）第二阶段（1986—1992 年）

随着经济改革的深入，我国部分放宽了对外投资主体的限制，简化了部分审批程序。对外投资的投资额和企业数增加，并扩展至世界多个国家和地区；参与主体已由专业外贸公司和国际经济技术合作公司向大中型企业集团、国际信托投资公司、科研机构等扩展；投资行业也由服务业向资源开发、加工装配、交通运输等延伸。截至 1992 年底，国外非贸易性企业达到 1 360 家，贸易性企业达到 2 600 家，中方投资总额达 40 多亿美元；大型项目增多，有的项目中方投资超过了 1 亿美元，例如，首钢在秘鲁铁矿项目中投资达 1.2 亿美元。分布的国家和地区更加广泛，到 1992 年底，我国企业已在世界上 120 个国家和地区设立了企业。

（三）第三阶段（1993—2003 年）

20 世纪 90 年代起，我国进行了价格改革和企业改革，这两次改革的启动宣告着我国由计划经济向市场经济的转轨步入关键阶段。随着社会主义市场经济体制的确立和外贸体制改革的进一步加快，我国的对外开放进入一个新的历史发展时期。由于受到一些因素的影响，大规模的资本输出尚未成为主流。我国企业在境外的生产性投资主要采取与东道国或第三国企业合资经营的方式，贸易型企业主要采取中方独资的方式，境外资源开发主要采取中外合作开发的方式。此时，对外投资的主体企业已经不再是对外工程公司和外贸公司，逐步转移到大型工商企业，而其组织形式也多为海外采购渠道和销售网络。

（四）第四阶段（2004 年至今）

我国制定了一系列措施鼓励企业对外投资，如国家税务总局发布了《关于做好我国企业境外投资税收服务与管理工作的意见》；定期发布了《对外投资国别产业导向目录》《国别贸易投资环境报告》《对外投资合作国别（地区）指南》等文件；修订《境外投资联合年检暂行办法》《对外直接投资统计制度》《境外投资管理办法》《境外投资综合绩效评价办法（试行）》等。中国经济实力有较大提高，一大批企业逐渐发展、壮大，开始拥有所有权优势和内部化优势，对外直接投资迅速增长。

二、中国对外投资现状分析

实施“走出去”战略以来，我国对外投资合作持续快速发展。近年来，全球资本流动呈现出恢复上升趋势，中国在全球资本流动中的表现更为活跃。根据联合国贸发会议（UNCTAD）报告，我国已成为继美国、日本之后的全球第三大对外投资国。在经济发展新常态下，加快实施“走出去”战略，大规模“走出去”和高水平“引进来”并存将成为新时期开放型经济的重要特征。[29]

（一）投资总量

据中国商务部统计，2002 年，中国对外直接投资额仅为 25 亿美元。2015 年，在全球外国直接投资流量 1.47 万亿美元[30]，较上年增长 11.8%的背景下，中国对外直接投资流量创下 1 456.7 亿美元的历史新高，同比增长 18.3%，超过日本成为全球第二大对外投资国。截至 2015 年底，中国 2.02 万家境内投资企业在国（境）外设立 3.08 万家对外直接投资企业，分布在全球 188 个国家（地区）；中国对外直接投资累计净额（存量）达 10 978.6 亿美元，居全球第 8 位，境外企业资产总额达 4.37 万亿美元。

2018 年，我国与“一带一路”沿线国家投资合作稳步推进，共对“一带一路”沿线的 59 个国家新增投资，合计 143.6 亿美元，占同期总额的 12%，比上一年度增加 3.5%。

（二）投资主体

目前我国对外投资的主体已由最初的“国有企业唱主角，民营企业敲边鼓”转变为“国企、民企并重”，地方企业对外直接投资发展迅速。我国商务部统计数据显示，近年来，中国在对外投资的存量中，非国有企业占比已达80%左右，中小企业逐渐成为对外投资的主角，企业自主对外投资的主体地位进一步确立。

（三）投资区域分布

我国对外直接投资分布区域更趋于广泛化、合理化，由最初的集中在地理相邻、制度相近的区域，逐步向跨区域、跨文化的方向发展。如今，在发达国家和地区，中国的海外投资既有李克强总理主推的“高铁外交”，也有引人注目的核电、金融合作，中国在新兴市场的投资也让人耳目一新。中国资本流向发展中经济体的比例更高，同时，由于行业不同，中国资本参与全球竞争与合作的方式也与其他国家（地区）存在差异（如表2-1所示）。

表2-1　分主要国别（地区）对外直接投资

国家（地区）	对外直接投资净额/万美元					截至2017年对外直接投资存量/万美元
	2013年	2014年	2015年	2016年	2017年	
合计	10 784 371	12 311 986	14 566 715	19 614 943	15 828 830	180 903 652
亚洲	7 560 426	8 498 803	10 837 087	13 026 769	11 003 986	113 932 379
中国香港	6 282 378	7 086 730	8 978 978	11 423 259	9 115 278	98 126 568
印度尼西亚	156 338	127 198	145 057	146 088	168 225	1 053 880
日本	43 405	39 445	24 042	34 401	44 405	319 734
中国澳门	39 477	59 610	108 065	82 150	-102 447	968 029
新加坡	203 267	281 363	1 045 248	317 186	631 990	4 456 809
韩国	26 875	54 887	66 080	114 837	66 080	598 347
泰国	75 519	83 946	40 724	112 169	105 759	535 847
越南	48 050	33 289	56 017	127 904	76 440	496 536
非洲	337 064	320 192	297 792	239 873	410 500	4 329 650
阿尔及利亚	19 130	66 571	21 057	-9 989	-14 053	183 366
苏丹	14 091	17 407	3 171	-68 994	25 487	120 156
几内亚	10 013	6 770	-2 572	3 667	623	7 639
马达加斯加	1 551	3 676	3 384	-655	7 120	76 630

续表

国家（地区）	对外直接投资净额/万美元					截至 2017 年对外直接投资存量/万美元
	2013 年	2014 年	2015 年	2016 年	2017 年	
尼日利亚	20 913	19 977	5 058	10 850	13 795	286 153
南非	-8 919	4 209	23 317	84 322	31 736	747 277
欧洲	594 853	1 083 791	711 843	1 069 323	1 846 319	11 085 468
英国	141 958	149 890	184 816	148 039	206 330	2 031 817
德国	91 081	143 892	40 963	238 058	271 585	1 216 320
法国	26 044	40 554	32 788	149 557	95 215	570 271
俄罗斯	102 225	63 356	296 086	129 307	154 842	1 387 160
拉丁美洲	1 435 895	1 054 739	1 261 036	2 722 705	1 407 659	38 689 230
开曼群岛	925 340	419 172	1 021 303	1 352 283	-660 596	24 968 219
墨西哥	4 973	14 057	-628	21 184	17 133	89 802
英属维尔京群岛	322 156	457 043	184 900	1 228 849	1 930 117	12 206 075
北美洲	490 101	920 766	1 071 848	2 035 096	649 827	8 690 597
加拿大	100 865	90 384	156 283	287 150	32 083	1 093 686
美国	387 343	759 613	802 867	1 698 081	642 549	6 738 100
大洋洲	366 032	433 695	387 109	521 177	510 539	4 176 327
澳大利亚	345 798	404 911	340 131	418 688	424 196	3 617 531
新西兰	19 040	25 002	34 809	90 585	59 661	249 180

资料来源：《中国统计年鉴》（2017）。

（四）投资行业

中国对外投资逐步从低端技术部门流向高端技术、高附加值行业。目前，租赁和商务服务业、采矿业、金融业、批发和零售业、制造业成为我国对外投资的主要领域。[31]

对外直接投资产业门类广泛，涉及租赁和商务服务业，采矿业，批发和零售业，建筑业，制造业，房地产业，交通运输、仓储和邮政业等 19 大类，[32] 其中 2014 年租赁和商务服务业 368.3 亿美元、采矿业 165.5 亿美元、批发和零售业 182.9 亿美元，上述 3 个行业成为对外直接投资的主要领域（如表 2-2 所示）。

表 2-2　分行业对外直接投资

行　业	对外直接投资净额/万美元					截至 2017 年对外直接投资存量/万美元
	2013 年	2014 年	2015 年	2016 年	2017 年	
总　计	10 784 371	12 311 986	14 566 715	19 614 943	15 828 830	180 903 652
农、林、牧、渔业	181 313	203 543	257 208	328 715	250 769	1 656 194
采矿业	2 480 779	1 654 939	1 125 261	193 020	-370 152	15 767 026
制造业	719 715	958 360	1 998 629	2 904 872	2 950 737	14 030 075
电力、热力、燃气及水生产和供应业	68 043	176 463	213 507	353 599	234 401	2 499 090
建筑业	436 430	339 600	373 501	439 248	652 772	3 770 399
交通运输、仓储和邮政业	330 723	417 472	272 682	167 881	546 792	5 476 795
信息传输、软件和信息技术服务业	140 088	316 965	682 037	1 866 022	443 024	21 889 737
批发和零售业	1 464 682	1 829 071	1 921 785	2 089 417	2 631 102	22 642 713
住宿和餐饮业	8 216	24 474	72 319	162 549	-18 509	351 305
金融业	1 510 532	1 591 782	2 424 553	1 491 809	1 878 544	20 279 304
房地产业	395 251	660 457	778 656	1 524 674	679 506	5 375 505
租赁和商务服务业	2 705 617	3 683 059	3 625 788	6 578 157	5 427 321	61 577 349
科学研究和技术服务业	179 221	166 879	334 540	423 806	239 065	2 168 399
水利、环境和公共设施管理业	14 489	55 139	136 773	84 705	21 892	238 996
居民服务、修理和其他服务业	112 918	165 175	159 948	542 429	186 526	1 901 733
教育	3 566	1 355	6 229	28 452	13 372	328 616

续表

行　业	对外直接投资净额/万美元					截至2017年对外直接投资存量/万美元
	2013年	2014年	2015年	2016年	2017年	
卫生和社会工作	1 703	15 338	8 387	48 719	35 267	138 880
文化、体育和娱乐业	31 085	51 915	174 751	386 869	26 401	811 536
公共管理、社会保障和社会组织			160			

资料来源：《中国统计年鉴》(2018)。

（五）投资方式

中国企业在对外直接投资中，以对外承包工程和对外劳务合作为主。1983年我国对外承包工程合同金额不足10亿美元，2008年我国对外承包工程合同金额突破1 000亿美元并且之后呈逐年增长态势，2014年底对外承包工程合同金额达到1 917.56亿美元。2015年，我国对外承包工程业务完成营业额9 596亿元人民币（折合1 540.74亿美元），同比增长8.2%，新签合同额13 084亿元人民币（折合2 100.74亿美元），同比增长9.5%，带动设备材料出口161.3亿美元。其中，12月当月完成营业额239.5亿美元，同比增长13.5%，当月新签合同额470.4亿美元，同比增长52.8%。2016年1—10月，我国对外承包工程业务完成营业额7 557.2亿元人民币（折合1 146.7亿美元，同比下降0.1%），新签合同额10 908.4亿元人民币（折合1 655.2亿美元，同比增长11.1%）。

在外劳务人员由1984年的2.76万增长到2014年的59.69万。根据中国商务部网站2015年发布的数据，我国对外劳务合作派出各类劳务人员53万，较2014年同期减少3.2万，同比下降5.7%；其中承包工程项下25.3万人，劳务合作项下派出27.7万人。2015年12月当月，派出各类劳务人员5.8万，较2014年同期减少0.5万人。2015年末在外各类劳务人员40.9万人，较2014年同期增加2.1万人。2017年底，我国对外劳务合作派出各类劳务人员 30.02 万人（如表 2-3、表 2-4 所示）。

表 2-3　1979—2017 年我国对外经济合作

年份	对外承包工程				对外劳务合作	
	合同数/份	合同金额/亿美元	完成营业额/亿美元	年末在外人数/万人	派出劳务人数/万人	年末在外人数/万人
1979	27	0.33	1.23	—	—	—
1980	138	1.40	—	—	—	—
1981	250	2.76	—	—	—	—
1982	195	3.46	1.00	—	—	—
1983	280	7.99	1.89	—	—	—
1984	344	15.38	4.94	2.19	—	2.76
1985	465	11.16	6.63	3.06	—	2.49
1986	486	11.89	8.19	2.74	—	1.90
1987	616	16.48	11.14	3.13	—	3.19
1988	642	18.13	12.53	3.00	—	3.98
1989	776	17.81	14.84	2.40	—	4.31
1990	920	21.25	16.44	2.18	—	3.61
1991	1 171	25.24	19.70	2.15	—	6.83
1992	1 164	52.51	24.03	2.54	—	10.56
1993	1 393	51.89	36.68	3.42	—	13.09
1994	1 702	60.27	48.83	3.83	—	18.43
1995	1 558	74.84	51.08	3.84	—	22.59
1996	1 634	77.28	58.21	3.88	—	24.66
1997	2 085	85.16	60.36	4.78	—	28.55
1998	2 322	92.43	77.69	6.11	—	29.08
1999	2 527	101.99	85.22	5.53	—	32.65
2000	2 597	117.19	83.79	5.56	—	36.93
2001	5 836	130.39	88.99	6.00	—	41.47
2002	4 036	150.55	111.94	7.85	—	41.04
2003	3 708	176.67	138.37	9.40	—	42.97
2004	6 694	238.44	174.68	11.47	17.30	41.94

续表

年份	对外承包工程				对外劳务合作	
	合同数/份	合同金额/亿美元	完成营业额/亿美元	年末在外人数/万人	派出劳务人数/万人	年末在外人数/万人
2005	9 502	296. 14	217. 63	14. 48	18. 34	41. 87
2006	12 996	660. 05	299. 93	19. 86	21. 48	47. 52
2007	6 282	776. 21	406. 43	23. 60	21. 49	50. 51
2008	5 411	1 045. 62	566. 12	27. 16	22. 49	46. 71
2009	7 280	1 262. 10	777. 06	32. 69	18. 01	45. 03
2010	9 544	1 343. 67	921. 70	37. 65	18. 68	47. 01
2011	6 381	1 423. 32	1 034. 24	32. 40	20. 91	48. 84
2012	6 710	1 565. 29	1 165. 97	34. 46	27. 84	50. 56
2013	11 578	1 716. 29	1 371. 43	37. 01	25. 57	48. 26
2014	7 740	1 917. 56	1 424. 11	40. 89	29. 26	59. 69
2015	8 662	2 100. 74	1 540. 74	40. 86	27. 68	61. 83
2016	19 157	2 440. 10	1 594. 17	37. 29	26. 40	59. 60
2017	22 774	2 652. 76	1 685. 87	37. 69	30. 02	60. 23

资料来源:《中国统计年鉴》(2017)。

表 2-4　分国别(地区)对外经济合作(2017 年)

国别(地区)	对外承包工程			对外劳务合作	
	完成营业额/万美元	派出人数/人	年末在外人数/人	派出人数/人	年末在外人数/人
合计	16 858 661	222 135	376 827	300 249	602 342
亚洲	8 828 857	140 657	193 438	220 317	474 146
哈萨克斯坦	223 838	6 864	8 065	1 422	1 614
吉尔吉斯斯坦	47 998	991	1 650	145	218
塔吉克斯坦	19 042	1 464	891	22	106
土库曼斯坦	25 264	357	481		
乌兹别克斯坦	50 320	1 145	1 823		
亚洲其他国家	8 462 395	129 836	180 528	218 728	472 208

续表

国别（地区）	对外承包工程			对外劳务合作	
	完成营业额/万美元	派出人数/人	年末在外人数/人	派出人数/人	年末在外人数/人
非洲	5 118 786	58 712	147 093	25 770	55 596
欧洲	931 617	8 455	9 842	10 134	20 142
拉丁美洲	1 291 514	8 870	18 608	35 392	39 066
北美洲	237 285	3 778	4 828	2 412	3 494
大洋洲	450 601	1663	3 018	6 224	9 898

资料来源：《中国统计年鉴》（2017）。

从总体来看，目前我国的对外投资相较于发达国家还处于探索实践阶段，虽然2015年我国人均GDP的水平已经达到5.2万元，在对外投资规模接近引进外资规模情况下测算GNP，根据邓宁的投资发展理论应该已经达到发达国家水平，并在对外投资上应该达到第四阶段，但是，我国区域经济和产业经济发展不平衡、企业发展水平不一，致使我国还处于对外直接投资的第三阶段，净投资额仍为负值。面对变幻莫测的国际风云，政府、社会和企业应共同努力，及时制定政策和对策进行调整，形成合力，尤其是政府层面应加大促进企业对外投资，从顶层设计方面组建管理机构、完善法律体系、制定各种扶持政策，为更多有实力的企业对外投资提供良好的国内外环境，实现我国对外直接投资的可持续发展。综观国内外经济发展全局，从需求和供给角度判断，中国对外投资合作仍处于重要的战略机遇期，积极开展对外投资合作大有可为。

第二节　中国对中亚地区投资的现状分析

一、中亚各国吸收外资的情况分析

中亚各国丰富的自然资源尤其是石油和天然气是吸引外资的重要资本。外商直接投资对发展中国家技术创新能力的构建和可持续性战略竞争力的形成起到基础性作用。近年来，中亚国家由于特殊的地理和自然资源禀赋等区位优势，外商直接投资流入持续增加。

哈萨克斯坦作为中亚国家中经济实力最强的国家，[33]吸引外资最多，不仅哈萨克斯坦、土库曼斯坦等石油及天然气丰富的国家的外商直接投资流入不断增加，吉尔吉斯斯坦等其他非产油国家的外商直接投资也在不断增加。

（一）哈萨克斯坦

哈萨克斯坦共和国是一个位于中亚的内陆国家，也是世界上最大的内陆国。近年来，哈萨克斯坦加强了与俄罗斯等东欧各国的经济、政治、军事等方面的一体化建设，2015 年 1 月 1 日与俄罗斯、白俄罗斯、亚美尼亚等国家成立了欧亚经济联盟。哈萨克斯坦的自然资源非常丰富，经济以石油、天然气、采矿、煤炭和农牧业为主，加工工业和轻工业相对落后。哈萨克斯坦独立后进行经济改革，分阶段推行市场经济和私有化。实行以巩固独立和主权为中心的务实、平衡的外交政策，大力吸引国外资本、寻求外援为本国经济发展服务是其外交重点。

在哈萨克斯坦，外资流入的领域主要有 13 个，其中流入较多的有：采矿业、地质勘探、制造业、银行业、贸易领域等。对哈萨克斯坦直接投资存量最多的国家是荷兰，占近 50%，其他直接投资较多的国家和地区还有美国、瑞士、中国、法国、维尔京群岛和日本等。中国在外国对哈萨克斯坦直接投资存量排行榜上居第 4 位。

（二）乌兹别克斯坦

乌兹别克斯坦位于中亚地区中部，与哈萨克斯坦、吉尔吉斯斯坦、阿富汗、土库曼斯坦、塔吉克斯坦接壤，与中国没有领土接壤。自从1991年独立之后，该国采取较温和的改革方式，经济发展较为平稳，受国际形势影响不是很大，是少数在世界经济危机负面影响下还能保持经济稳定发展的国家之一。[34]乌兹别克斯坦是中亚国家中较为封闭的国家，在经济转型过程中采取了渐进的改革模式。与其他中亚国家相比，它保留了较多的计划经济因素，形成经济发展的瓶颈。近年来，乌兹别克斯坦为了发展本国经济，制定了《外资法》《外国投资权益保障和维护措施》《关于促进吸引外国直接投资补充措施》等有关引进外资、改善投资环境的法律、法规和政策。

在乌兹别克斯坦引进的外资中，外国直接投资的比重较大，平均占外资的80%以上。经济转型后，乌兹别克斯坦外国直接投资规模由小变大。

乌兹别克斯坦引进外国直接投资政策的宏观目标是发展国内制造业，夯实科学技术基础，提高本国经济的国际地位，调整国家财政对经济发展的支出和特殊项目的资金支持力度。而微观目标则是为微观经济主体提供获取利润的条件。乌兹别克斯坦引进外资政策的效果体现在发挥国内经济的比较优势、高效利用现有科学技术、提高出口产品和进口替代产品的生产能力以及有效利用自然资源、金融资源和技术资源等方面。

（三）吉尔吉斯斯坦

吉尔吉斯斯坦是中亚的一个内陆国，不仅是连接欧亚大陆和中东的要冲，还是大国势力东进西出、南下北上的必经之地。吉尔吉斯斯坦矿产资源较丰富。就其总量而言，虽不及邻国哈萨克斯坦和乌兹别克斯坦，但仍具有一定的优势。农产品加工是工业化经济的重要部分。1991年，吉尔吉斯斯坦独立后始终奉行大国平衡、全方位的务实外交政策，吸引外资、寻求外援为国内经济建设服务是其外交重点，重视发展同中国、俄罗斯、中亚邻国的关系，将发展大国关系视作其外交的优先方向。吉尔吉斯斯坦的最大援助国和投资国是哈萨克斯坦和俄罗斯。

（四）土库曼斯坦

土库曼斯坦是中亚唯一的中立国家，国内天然气资源丰富。土库曼斯坦独立以来之所以能一直保持政治稳定，与其在经济转轨过程中重视国家对经济的宏观调控有很大关联。土库曼斯坦的宏观调控法律制度主要围绕投资法律制度、金融法律制度、税收法律制度和矿产资源管理法律制度展开。其中，投资法律制度占有重要地位。转轨后的土库曼斯坦和其他中亚国家一样，从主观上力争改变投资环境，意识到法律法规对保护外来投资的重要性，并注意用法律的手段加以协调。在投资法律制度方面，土库曼斯坦颁布了《外国投资法》（1992）、《对外经济活动法》（1992）、《外国特许权法》（1992）、《总统关于保障外国投资和资本的决议》（1993）、《关于调节土库曼斯坦对外经济活动的措施的决议》（1994）等一系列法律法规，[35]规定了投资活动以及对外经济关系的准则，为外国投资者提供了法律保障。中国是土库曼斯坦第一大贸易伙伴。

（五）塔吉克斯坦

吸引外国投资并有效地利用外资是塔吉克斯坦共和国对外经济政策的一项重要内容，因此，自独立以来，塔吉克斯坦出台了一系列相关法律法规和优惠政策。但塔吉克斯坦独立以后，由于各种政治、宗教、地方势力斗争激烈，1992 年又爆发内战，直到 1997 年才开始民族和解进程。因此，其真正意义上的吸引外资也是从 1997 年开始，正式注册的外商独资企业数量开始呈上升趋势。据塔吉克斯坦方统计，2013 年塔吉克斯坦吸引外国直接投资 3.41 亿美元，累计吸引外资 25.34 亿美元。外资主要投入领域是公路修复、能源开发及贵金属矿开采和加工、食品加工、发展中小企业等。目前，塔吉克斯坦吸引外资的重点领域是水电站建设、公路修复及隧道建设、通信网改造、矿产资源开采和加工、农产品加工等。在塔吉克斯坦投资的主要国家有中国、俄罗斯、哈萨克斯坦、英国、荷兰等。

从中亚各国引进外资的现状来看，主要是欧美发达国家控制了中亚的投资市场，欧美特定国家投资于特定中亚国家的特定领域，已经形成了明显的垄断。俄罗斯在中亚的传统优势地位仍然不可替代；美国后来居上，发展势头迅猛；欧盟在中亚市场的发展势头正逐步增强。中亚国家也一直是日本经济援助的地区之一，但与政府间开发援助相比，日本对中亚国家的直接投资发展缓慢。近年来，日本逐步强化与中亚国家的经济联系，加强对中亚地区的直接投资，如新能源开发和利用、核电技术、资源加工及其管理等领域的投资。韩国对中亚国家不仅在石油、天然气、建筑、矿产资源等产业上的投资快速发展，对高新技术、金融保险业、娱乐及服务业的投资也不断扩大。印度近年来通过加速推进国际南北运输走廊项目，加大对中亚国家的投资，2015 年 7 月，印度总理莫迪对乌、哈、土、吉、塔等各国展开“旋风”访问，其目的不仅是要获得中亚的能源和矿产，增加在中亚的市场份额，更重要的是，通过“印度版丝绸之路”计划追赶中国在中亚的影响力。另外，伊朗、土耳其利用地缘经济和文化方面的优势，在中亚市场占据一席之地。

二、中国对中亚国家投资发展历程

中亚地区是指与中国接壤或邻近的苏联的五个成员国，包括哈萨克斯坦、吉尔吉斯斯坦、土库曼斯坦、塔吉克斯坦和乌兹别克斯坦[36]。自 1992 年 1 月中国先后与中亚国家建立外交关系以来，中国与中亚各国友好与互利合作关系稳步发展，在全球经济一体化的趋势下，中国在哈萨克斯坦、吉尔吉斯斯坦、土库曼斯坦、塔吉克斯坦、乌兹别克斯坦的投资规模也逐步扩大。中国对中亚各国的投资发展历程可以分为以下几个阶段。

（一）初始建立阶段（1992—2002 年）

1992 年开始，中国本着“睦邻、亲邻、帮邻、富邻”的精神，坚持“相互尊重、平等交易、互利互惠”的原则，先后与中亚国家建立外交关系并签署一系列的投资保护协议，首先建立了一些企业间的合作项目。这一时期，中国企业在中亚各国投资以合资办厂、开设公司、商店为主，投资主要集中在哈萨克斯坦和吉尔吉斯斯坦两国，投资规模基本在 1 亿美元以下，投资行业包括石油、天然气、电信、电力、交通、轻工、化工、电子、机械、农业、建筑等（投资的领域主要集中在石油勘探开发、哈萨克斯坦石油公司股权并购、加油站网络经营、电力、农副产品加工、电信、皮革加工、时速餐饮和贸易等）。后来，中国企业陆续建立了一些政府间及大集团间的产业合作项目，但大型企业之间的合作很少，合作项目以中小型企业为主。中国与中亚地区的企业合作开始并非一帆风顺，虽然合资企业从1993年的95家迅速发展到1995年的300家，但是1996年中亚国家对合资企业进行整顿，上半年仅中哈合资企业就从1995年上半年的380家锐减至73家。1997年，中国石油天然气总公司参与哈萨克斯坦阿克纠宾斯克油田开发，开辟了中国大型企业走向中亚的先河。2000年以后，我国加大对中亚国家的投资力度，投资规模超过百万亿美元，投资主体也逐步实现多样化。2001年6月15日上海合作组织的正式成立为中哈经济合作提供了有利的制度框架，中国对哈萨克斯坦的直接投资不断增长。这一时期，两国作为成员国，在坚持“互信互利，平等协商，尊重多样文明，谋求共同发展”的原则下，积极开展经济合作。[37]中国许多优势企业纷纷开展各种形式的跨国经营，大力扩展对哈萨克斯坦直接投资，其投资活动主要集中于一系列的油气能源开发和国际边境合作中心建设等项目。1993—2000年，中国对哈萨克斯坦直接投资力度不大，累计投资5.514亿美元，除1997年外，各年投资额均不足1亿美元，且年度间增长与下降交替，极不稳定。1992年，中国在哈萨克斯坦注册的合资企业仅为37家，2000年达到700家（实际运营的不到200家），以中小型私有企业居多。较有影响的企业有新疆保温瓶公司投资建设的中哈合资保温瓶厂、四川天哥轻工股份有限公司兴建的服装厂、中国北京制笔厂开办的制笔厂、伊犁图片社在江布尔州开办的彩扩中心等，但是出于种种原因，该时期进入哈萨克斯坦市场的大多数中国企业均以失败告终。1997年中国对哈萨克斯坦直接投资额达3.13亿美元。

1997年以前，由于塔吉克斯坦内战爆发、政局不稳定等因素，中国对塔吉克斯坦的投资几乎处于空白。1997—2001年，中国企业开始进入塔吉克斯坦投资，如中塔合资企业利事达纺织厂、1997年新疆国际经济合作公司与杜尚别人民卷烟厂合作成立了中塔合资卷烟厂、喀什农垦进出口公司在塔吉克斯坦投资设立的纯净水厂等。

2001 年，除土库曼斯坦外，其余中亚四国已成为上海合作组织成员国，上海合作组织促进了中国同中亚各国的合作交往。中国成为与独联体各国相互投资之首，相互投资额突破 100 亿美元，大项目合作尤其是能源合作进展顺利。进入 21 世纪后，在“走出去”战略的正确指导下，中国一批企业以较快的步伐成功地进入吉尔吉斯斯坦市场，中国在吉尔吉斯斯坦企业，尤其是生产型企业发展速度快、势头好。据不完全统计，中国在吉尔吉斯斯坦注册的生产型企业和贸易、服务类企业中，民营企业在企业数量和投资规模两方面已占优势，逐步成为中国在吉尔吉斯斯坦投资活动的主要力量。此阶段，中国对其他两国的投资较少，尤其是对塔吉克斯坦的投资显得微不足道，据中国驻塔吉克斯坦参赞处网站资料，截至 2003 年 6 月，在塔吉克斯坦正常经营活动的中资企业共有 8 家。当时在塔吉克斯坦的中资企业还处于探索和起步阶段，经营上遇到种种困难，对中塔经贸发展的贡献率还很低。其中只有 4 家是经过商务部正式批准成立的，其余多为自行来塔吉克斯坦从事经营活动的个体行为，有的甚至还没有在当地注册。

（二）巩固提升阶段（2003—2011 年）

这一阶段是中国同中亚各国合作得到巩固并进一步提升的阶段。2003 年中国对中亚国家的直接投资总流量为 610 万美元，其中对哈萨克斯坦投资占总投资的 48%。2002—2011 年，中国年均对外直接投资额为 326.9 亿美元，而对哈萨克斯坦年均直接投资额为 4.99 亿美元，年均占比仅为 1.5%。中国对哈萨克斯坦直接投资额年均增长 57.9%，高于同期中国对外直接投资年均增长率（51.3%）。2011 年中国对外直接投资额是 2002 年的 28 倍，2011 年累计对外直接投资额是 2002 年的 13.1 倍。而 2011 年中国对哈萨克斯坦直接投资额仅为 2002 年的 18 倍，累计对哈萨克斯坦直接投资额仅为 2002 年的 6.9 倍。2003 年和 2004 年，中国对哈萨克斯坦直接投资额分别为 2.486 亿美元和 3.878 亿美元，分别占同年中国对外直接投资总额的 8.72% 和

7.05%，是对哈萨克斯坦直接投资份额最高的年份。2005 年后，这一比重迅速下降。2010 年哈萨克斯坦自中国引进直接投资额 12.22 亿美元，比上一年增长 72.4%，占中国对哈萨克斯坦累计投资总额的 24.3%，占哈萨克斯坦 2010 年全年引进外国直接投资总额的 7%。中国对哈萨克斯坦投资以能源行业为主，包括石油勘探开发、加油站网络、电信、皮革加工、餐饮服务、贸易等。

中国对吉尔吉斯斯坦投资主要涉及矿产资源开发与冶炼、通信工程、运输、轻工、农产品及食品加工、承包工程、房地产开发、餐饮服务等领域。

2002—2006 年，中塔经济技术合作逐步深化，双方在输变电线建设、道路交通和电信等领域的合作取得了较大进展，一系列大型合作项目开始启动实施。塔吉克斯坦也制定了一系列相关法律，以保障在塔投资企业的合法权益并给予免税、减税等多项优惠措施。据中方统计，2004—2006 年中国对塔吉克斯坦直接投资流量分别为 0.0499 亿美元、0.0077 亿美元和 0.0698 亿美元。2006 年初，在塔吉克斯坦注册的中资企业共 35 家，中国对塔吉克斯坦实际投资额近 0.12 亿美元，主要分布在通信和废旧金属加工领域等。塔吉克斯坦在华投资项目 3 个，合同外资金额为 68 万美元，实际使用外资 21 万美元。这段时期，中塔两国工程承包和劳务合作出现较大进展。2006 年底，中国对塔吉克斯坦签订工程承包和对外劳务合同额达 4.44 亿美元，完成营业额 0.65 亿美元。2007—2011 年，中塔投资与经济技术合作规模不断扩大，领域逐步拓宽，一系列大型合作项目顺利实施。据中方统计，2010 年和 2011 年，中国对塔吉克斯坦直接投资流量分别为 0.15 亿美元和 0.22 亿美元；直接投资存量分别为 1.92 亿美元和 2.16 亿美元，中国一些有实力的大型企业逐步进入塔吉克斯坦境内，如中兴通讯、华为公司、新疆特变电工股份有限公司、中国路桥集团和紫金公司等。对塔吉克斯坦投资领域主要有电信、道路交通、输电线建设、轻纺、农业等。

中国对乌兹别克斯坦投资领域主要包括油田勘探开发、石油机械供应、通信设施建设、水电站建设、市政工程建设与改造、农业灌溉等。中国对土库曼斯坦投资领域主要包括能源资源开发、通信、铁路、化工、丝绸等行业。

（三）全新发展阶段（2012 年至今）

中国对中亚国家（哈萨克斯坦、乌兹别克斯坦、塔吉克斯坦、吉尔吉斯斯坦和土库曼斯坦）的对外直接投资额增长迅速，根据《2015 年中国对外直接投资公报》，2015 年中国在中亚国家的 FDI 存量达到 475.32 亿美元，占中国对外投资总额的 4.33%，高于中国对非洲的投资额（2.9%）。

2017—2018 年，中国在中亚国家的直接投资总额达到 197.6 亿美元，增长迅速（如表 2-5 所示）。

表 2-5　2017—2018 年中国在中亚国家的外商投资额

国家	投资额/亿美元
哈萨克斯坦	180.6
吉尔吉斯斯坦	7.1
土库曼斯坦	4
塔吉克斯坦	3
乌兹别克斯坦	2.9
合计	197.6

资料来源：根据《中亚国家发展报告（2017—2018）》及相关资料整理。

三、中国对中亚地区投资的总体情况分析

根据商务部统计数据，1993—2015 年中国在中亚国家的直接投资存量为 233.21 亿美元，占直接投资存量总额的 2.1%，其中哈萨克斯坦 50.95 亿美元，占 21.8%；吉尔吉斯斯坦 10.71 亿美元，占 4.6%；塔吉克斯坦 9.09 亿美元，占 3.9%；土库曼斯坦 1.33 亿美元，占 0.6%。造成这种投资状况的原因是哈萨克斯坦有丰富的石油资源，土库曼斯坦拥有非常丰富的天然气资源，而其他三个国家的自然资源不多，且政局不稳定，而且它们的经济发展水平明显不如前面两个国家。

（一）中国对中亚地区投资发展良好，投资规模不断扩大

近年来，我国投资地区逐渐转向中亚地区，中国对中亚国家直接投资存量总体呈快速上升趋势（见图 2-1），但增量幅度呈现较大的波动，甚至出现负增长，如对土库曼斯坦的投资在 2006 年、2011 年分别为 -4 万美元和 -38 304万美元。我国对吉尔吉斯斯坦直接投资的稳定性最好，除 2007 年外，其他年份都呈现快速稳定增长势头，2003—2006 年中国对吉尔吉斯斯坦直接投资流量每年递增两倍以上。对塔吉克斯坦和乌兹别克斯坦的投资 2006 年以来都呈现出持续稳定的超高速增长。我国对中亚投资主要集中在哈萨克斯坦，占中亚地区投资总额的 78.23%。2015 年该比重下降到 72.35%。2015 年投资下降的原因是：对主体投资国哈萨克斯坦的投资呈现出明显的起伏波动性特征，也由此决定了中国对中亚国家的投资总体上表现为波动性特征。到目前为止，我国已成为乌兹别克斯坦第一投资来源国，为吉尔吉斯斯坦、塔吉克斯坦第二大投资来源国，为哈萨克斯坦第六大投资来源国，尽管双方互有投资，但总体上中国是资本输出国（投资母国），其他国家为资本输入国（东道国）。

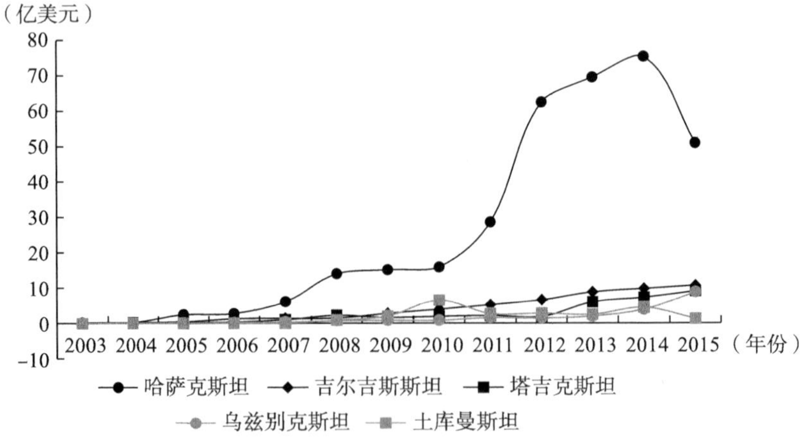

图 2-1　中国对中亚各国直接投资存量折线图

资料来源：根据《中亚国家发展报告（2013—2018）》及相关资料整理。

（二）中国对中亚地区投资仍存在层次低、规模小、效益差等问题

受双方经济、社会环境以及中亚地区政治不稳定等因素影响，我国对中亚地区的投资层次低、规模小。尽管投资项目和领域众多，但投资总体规模仍偏低，大型项目投资数量比较少，截至 2020 年我国在哈萨克斯坦共有企业 2 933 家，其中小型企业 2 866 家，约占 97.7%；技术含量高、效益好的项目太少，竞争力明显比不上美国、俄罗斯；而且短期项目较多，长期合作项目少；小企业多，大中型企业少；杂牌企业多，名牌企业少；产业合作的广度和深度不够。目前，中资企业在中亚市场面临日趋激烈的国际竞争，来自俄罗斯、韩国、日本、美国、欧盟、土耳其、伊朗等国家和地区的竞争对手实力普遍较强，部分中资企业经济效益差，经营困难。为了加强对中亚地区的投资力度，“一带一路”倡议为我国企业进入中亚市场提供了经济和政治支持。

（三）投资流量与存量的国别差异明显

1. 中国对中亚国家直接投资流量比较（见表 2-6）

表 2-6 2003—2017 年中国对中亚国家直接投资流量表

年份	哈萨克斯坦/万美元	吉尔吉斯斯坦/万美元	塔吉克斯坦/万美元	乌兹别克斯坦/万美元	土库曼斯坦/万美元	合计/万美元
2003	294	244	—	72	—	610
2004	231	533	499	108	—	1 371
2005	9 493	1 374	77	9	—	10 953
2006	4 600	2 764	698	107	-4	8 165
2007	27 992	1 499	6 793	1 315	126	37 725
2008	49 643	706	2 658	3 937	8 671	65 615
2009	6 681	13 691	1 667	493	11 968	34 500
2010	3 606	8 247	1 542	-463	45 051	57 983
2011	58 160	14 507	2 210	8 825	-38 304	45 299
2012	299 599	16 140	23 411	-2 679	1 234	337 705

续表

年份	哈萨克斯坦/万美元	吉尔吉斯斯坦/万美元	塔吉克斯坦/万美元	乌兹别克斯坦/万美元	土库曼斯坦/万美元	合计/万美元
2013	81 100	20 300	7 233	4 417	-3 243	18 547
2014	-4 007	10 783	10 720	18 059	19 515	55 070
2015	-251 027	15 155	21 931	12 789	-31 457	-232 609
2016	48 770	15 874	27 241	17 887	-2 376	107 009
2017	207 047	12 370	9 501	-7 575	4 672	226 015
合计	542 182	134 187	116 181	57 291	15 853	865 694
比重	62.63%	15.50%	13.42%	6.62%	1.83%	100%

资料来源：《中国对外直接投资公报》。

（1）从流量增长的稳定性来看，各国都有波动

中国对哈萨克斯坦直接投资稳定性最好，近年来投资流量呈上升趋势。2003—2015 年中国对吉尔吉斯斯坦直接投资流量每年递增两倍以上，2015 年中国对吉尔吉斯斯坦直接投资流量占中国对中亚各国投资流量总额的 40.33%，对乌兹别克斯坦投资则较 2013 年有很大的提高。2015 年之前中国对中亚地区投资主要集中于哈萨克斯坦，但是 2015 年该投资比率呈现下降趋势，投资流量为-251 027 万美元，呈现负增长，土库曼斯坦投资流量为-31 457 万美元，同样是负增长，其他三个国家都有所增长，但投资增长幅度不是很大，说明中国实行的“一带一路”政策还没有发挥它应有的作用，对中亚国家投资空间还是很大的。

（2）金融危机对中国向哈、塔、乌三国投资的影响

金融危机对中国向哈、塔、乌三国投资影响巨大，但土、吉两国则在危机中后来居上，金融危机对两国吸引中国投资影响甚微。2006—2008 年中国对乌兹别克斯坦的投资保持稳定的快速增长，对土库曼斯坦的直接投资流量 2007 年至 2010 年也保持高速增长。

（3）近年来中国对中亚地区投资流量变化

近年来，中国对中亚地区投资流量呈现极度不稳定性，波动剧烈。其

中，增幅最大的为土库曼斯坦，2003—2013 年 10 年间增长 3 389 倍；哈、塔、乌三国表现均不太理想，增长幅度呈下降趋势。

2. 中国对中亚国家直接投资存量比较（见表 2-7）

表 2-7　2003—2017 年中国对中亚国家直接投资存量表

年份	哈萨克斯坦/万美元	吉尔吉斯斯坦/万美元	塔吉克斯坦/万美元	乌兹别克斯坦/万美元	土库曼斯坦/万美元	合计/万美元
2003	0. 1971	0. 1579	0. 0512	0. 0327	0. 002	0. 4409
2004	0. 2478	0. 1926	0. 2154	0. 0423	0. 002	0. 7001
2005	2. 4524	0. 4506	0. 2279	0. 1198	0. 002	3. 2527
2006	2. 7624	1. 2746	0. 3028	0. 1497	0. 0016	4. 4911
2007	6. 0993	1. 3975	0. 9899	0. 3082	0. 0142	8. 8091
2008	14. 0230	1. 4681	2. 2717	0. 7764	0. 8813	19. 4205
2009	15. 1621	2. 8372	1. 6279	0. 8522	2. 0797	22. 5591
2010	15. 9054	3. 9432	1. 9163	0. 8300	6. 5848	29. 1797
2011	28. 5845	5. 2505	2. 1674	1. 5647	2. 7648	40. 3319
2012	62. 51	6. 62	1. 91	1. 46	2. 88	75. 38
2013	69. 57	8. 86	5. 99	1. 98	2. 53	88. 93
2014	75. 41	9. 82	7. 29	3. 92	4. 48	100. 92
2015	50. 95	10. 71	9. 09	8. 82	1. 33	80. 9
2016	54. 32	12. 38	11. 67	10. 58	2. 49	91. 44
2017	75. 61	13. 00	16. 16	9. 46	3. 43	117. 66
合计	473. 8	78. 36	61. 88	40. 9	29. 47	681. 41
比重	69. 53%	11. 50%	9. 08%	6. 00%	4. 32%	100%

资料来源：《中国对外直接投资公报》。

（1）2003—2015 年的直接投资存量

其中，中国对中亚地区投资的 72. 35%是针对哈萨克斯坦的；其余四国则占比较低，尤其乌兹别克斯坦仅占 4. 39%，显示出中国对中亚投资在地区分布上的严重不均衡。

（2）中亚各国的经济实力和资源禀赋

中亚各国的经济实力和资源禀赋是我国企业进行投资优先考虑的因素。由于哈、土两国经济实力较强，且该地区有非常丰富的自然资源，吸引中国投资的优势也相应较突出。但乌兹别克斯坦在中亚实力不弱，远强于吉、塔两国，引资规模却较为逊色，与乌兹别克斯坦实力不相称。

从中国总的对外投资的角度来看，与其他国家和地区进行比较，中亚所占比重较小。同时，中国对中亚各国直接投资总量、增长和稳定性存在国别差异。其中存量高度集中于哈萨克斯坦一国，占中亚国家总量的 70% 左右，而中国对乌兹别克斯坦的投资存量在中亚各国中较低，这明显与乌兹别克斯坦的经济总量和战略地位相差甚远。

从具体国家分布来看，哈萨克斯坦是中国在中亚国家直接投资企业最为集中的国家，共有 182 家企业在哈萨克斯坦进行直接投资，乌兹别克斯坦紧随其后，吸引了 131 家中国企业在乌兹别克斯坦直接投资，排在第 3 位的是吉尔吉斯斯坦，目前有 88 家企业在吉尔吉斯斯坦进行直接投资，直接投资企业数量较少的国家是塔吉克斯坦和土库曼斯坦，分别仅有 39 家和 30 家企业。排名前两位的哈萨克斯坦和乌兹别克斯坦所拥有的中国企业数量之和占企业总数的 65%。从总体空间格局来看，中国企业分布密度呈现出北高南低、东高西低的特点。

进一步分析可以发现，在中亚各国投资的全体企业区位分布主要呈现出以下一些特点和趋势。首先是集中于市场规模较大的国家，企业数量最多的哈萨克斯坦、乌兹别克斯坦均是中亚国家中市场规模比较大的国家，其中，哈萨克斯坦经济近年来一直保持着 8%～10% 的高速增长势头，已经成为该地区经济发展的领头羊。其次是集中于自然资源丰富的国家，如吉尔吉斯斯坦。最后，全体企业数量的分布还和地理位置呈现出一定的相关性，与中国接壤的哈萨克斯坦和吉尔吉斯斯坦聚集较多的中国投资企业，而与中国地理位置相距最远的土库曼斯坦则企业数量最少。这反映出地理距离对于中国企业在中亚投资行为也存在着一定的影响，比较合理的解释是，投资中亚的中国企业很大一部分属于商品流通领域的边境贸易类企业，运输成本是企业选择投资区位时不得不考虑的因素之一。

由于中国企业在中亚的投资资产、企业所有权等方面存在较大的差异，全体企业区位分布的特点还不足以清晰地说明中国企业在中亚投资区位分布特点，为了更加全面、深入、细致地了解中国企业在中亚投资的区位分布状况，在前面对中国投资企业的产业类型和所有权类型分析的基础上，本书将分别描述不同投资产业类型企业和不同所有权企业的区位分布特点。

四、中亚国家投资政策与环境比较

投资者进行投资决策需要考虑的一项重要因素就是投资环境，相对宽松的市场准入政策和税收政策，能够吸引更多的投资者。经济发展水平与投资环境有着密切联系，因此，经济发展水平对投资者决策有着重要作用。在中亚国家中，哈萨克斯坦的经济发展状况最好，发展速度也是最快的，更能够吸引投资者，但哈萨克斯坦的投资限制措施比其他四个国家更加严格，防止外来投资扰乱本国经济发展。[38]

随着世界经济一体化进程的不断加快，中亚各国投资政策与环境正在不断改善。近年来，中亚各国为了与国际接轨，使自己的金融经济跟上国际步伐，在市场化改革的推动下，不断完善投资相关法规，不断出台各种投资保障与优惠政策，投资环境得以不断优化。但是，目前各国仍或多或少存在部分投资限制措施，优惠与限制并存且各有侧重是各国投资政策和环境的共同特点。

中亚各国投资保障和优惠力度与经济实力成反比。其中，哈、乌两国经济实力、投资环境相对较好，但投资限制较多，市场准入度低，优惠较少。吉、塔两国经济基础最弱，但投资限制较少，优惠力度更大（见表 2-8、表 2-9、表 2-10），但这两个国家地理位置偏远，交通不方便，使得投资不够便利。

在 Minchenko Consulting 咨询公司发布的中亚五国——吉尔吉斯斯坦、哈萨克斯坦、塔吉克斯坦、土库曼斯坦和乌兹别克斯坦投资吸引力排行榜中，[39]哈萨克斯坦在中亚国家中，排名第 1 位。在所有中亚国家中，哈萨克斯坦的投资风险最低，其所有指标都无可争议地领先其他国家。专家指出："通过更加透明的行政管理体系和更加可预见的司法实践，哈萨克斯坦还能够进一步改善投资环境。"

表 2-8　中亚各国投资保障与优惠政策比较

国家	投资保障与优惠政策
哈萨克斯坦	经济优先领域企业投资法人，可以获得免缴关税、国家实物赠予的优惠；进口的技术设备、成套设备和技术设备备件以及原料或材料，最多可以免征 5 年进口关税；可以临时无偿使用土地或属于哈萨克斯坦的财产，随后财产将无偿赠予。对投资者建筑安装工作和采购设备的实际花费给予 30%的补贴；享受投资补贴，使用外籍劳务不受配额限制，电价、水价、燃气价格至少 5 年不变。此外，投资者还可以和哈萨克斯坦国家授权机关签订投资合同，后者保证协助该国企业采购投资者生产的产品，还有"投资监察员"保护投资者权利和合法利益
吉尔吉斯斯坦	最惠国待遇，外国投资者可自由支配一切合法所得，且数量不受限制，经营自主权、投资行业和持股比例不设限，实行投资国民待遇
土库曼斯坦	外国投资资本和财产免关税和手续费、自主进出口权、自由支配投资收入权、进出口产品优惠、简化签证制度
塔吉克斯坦	投资者权益平等保障（国民待遇）、投资者资产免国有化、投资者自主经营和收入资源支配、关税优惠、投资规模达到一定程度可以享受税收优惠和给予国家资助，特殊经济区有更加优惠的政策
乌兹别克斯坦	投资者资产免国有化、投资收回承诺、投资收入资源支配和自由汇出、国内税收减免和税基减除

资料来源：根据《中亚国家发展报告（2015—2018）》及相关资料整理。

表 2-9　中亚各国投资限制措施比较

国家	投资限制措施
哈萨克斯坦	禁止领域：外国投资者可以合资形式进入哈萨克斯坦建筑业市场，但外资在合资企业中的持股比例不得超过 49%；银行业、保险业的资本份额不得超过国内所有银行总资本的 25%；石油行业规定哈萨克斯坦政府拥有超过 40%的高额利润分成比例，同时设置奇高的投资退出门槛；推行土地差别待遇政策，外国投资者只能限期租用，不能购买拥有，并且有年限限制
土库曼斯坦	外资无权购买土地和不动产、土地转让和使用实行国家审批制
乌兹别克斯坦	最低注册资本 15 万美元以上、外资持股比例在 30%以下、石油开采区块歧视性分配、高资源税

续表

国家	投资限制措施
塔吉克斯坦	限制行业：军工、金融、矿藏勘探、法律服务、航空等行业必须获得政府主管部门签发的许可证。土地不可以购买，且租赁期最长为50年
吉尔吉斯斯坦	无权取得土地所有权和购置住宅

资料来源：根据《中亚国家发展报告（2015—2018）》及相关资料整理。

表 2-10　中亚各国政策鼓励的优先投资领域

国家	政策鼓励的优先投资领域
哈萨克斯坦	2015—2019 年，哈萨克斯坦政府提出重点发展黑色冶金业、有色冶金业、炼油、石化、食品、农药、工业化学品、交通工具及其配件和发动机制造业、电气、机械制造、建材、航天工业等 16 个行业
吉尔吉斯斯坦	交通运输和通信、农林及农产品加工业、矿产资源的勘探和开发、水力发电、旅游业
塔吉克斯坦	能源领域主要是水电、煤炭及油气资源的勘探开发，公共设施领域主要是公路、隧道及桥梁建设，以及通信和农产品深加工
乌兹别克斯坦	交通通信、纺织原料加工、服装加工、食品、轻工业和医疗设备等行业、铀业资源合作和油气开发、农业和新能源、交通运输业
土库曼斯坦	油气开发、天然气化工、电力、纺织、食品加工、交通和通信等基础设施

资料来源：根据《中亚国家发展报告（2015—2018）》及相关资料整理。

土库曼斯坦排在第 2 位。其优势是内、外部风险相对较低，自然资源丰富。不足之处在于法规自由度较低和司法实践不稳定。

其他三国的融资条件一般。乌兹别克斯坦排名第 3 位，其投资环境的特点是内部和外部风险中等，能源保障度也是中等。乌兹别克斯坦的法规非常不自由，司法实践不透明、不稳定。吉尔吉斯斯坦排第 4 位。吉尔吉斯斯坦的内部和外部风险非常高而能源保障度却较低，属于运输困难的地区，且企业基础设施发展薄弱也对投资环境造成了负面影响。塔吉克斯坦排名最后，其内部和外部风险非常高，处在其他国家的包围之中且没有出海口，企业基础设施发展薄弱。在世界银行《2013 营商环境报告》“获得信贷容易度”排名中，塔吉克斯坦在 185 个国家中排名第 180 位。排名靠后的原因是塔吉克斯坦银行系统薄弱，缺少长期投资；银行贷款利率为24%~36%，在中亚地区是最高的；塔吉克斯坦居民对银行的信任度较低，不愿意把钱存入银行。目前，中资企业尚不可以使用人民币在塔吉克斯坦开展跨境贸易和投资合作。由于水资源问题引发的与乌兹别克斯坦之间的冲突，塔吉克斯坦存在政治风险，资源保障度较低。塔吉克斯坦的经济法规不自由，司法实践不透明、不稳定。

五、中国对中亚地区投资结构的比较分析

（一）投资主体分析

投资分布严重不均衡，哈萨克斯坦“独占鳌头”。在哈萨克斯坦，投资的主要形式为合资建企业和工程承包。中国在哈萨克斯坦的合资企业数量较多，增长速度也较快。

中国对乌兹别克斯坦的投资也主要表现为合资建企业，同时，中国在乌兹别克斯坦也开设饭店和小型商店。

中国对吉尔吉斯斯坦的投资主要通过合资建企业进行。目前，中国在吉尔吉斯斯坦注册合资企业384家，实际运作140多家。

中国在土库曼斯坦的合资企业不多。目前有注册企业3家，其中中国石油工程建设公司主营工程承包，其余两家以贸易为主。

中国在塔吉克斯坦投资不多，建立的合资企业有成立于1997年的“利事达”纺织厂和中塔人民卷烟厂等。

从目前我国企业的投资现状以及统计数据来看，虽然中国企业对中亚国家的资源获取型直接投资累计金额超过了150亿美元，但是相对于欧美等发达国家来说，投资差距还很大。导致投资规模有限的因素主要有以下两个方面：一是参与投资的企业以央企为主，如三大石油巨头中石油、中石化、中海油，民营企业的资本利用率较低，成功代表是中能国际。二是资金不足。由于投资的是资源获取型项目，单个投资项目所需资金动辄数十亿美元，有些项目甚至超过百亿美元，对资金的要求很高，而有些大型企业因对外扩张

的规模不断增大，会导致资金链紧张，项目实施难度增加，从而限制了项目的投资规模。

（二）中国对中亚国家投资产业分布

1. 中国企业对哈萨克斯坦直接投资的产业分布

在中亚地区，哈萨克斯坦是经济发展水平最高的国家，也是引进中国直接投资最多的国家，几乎占投资的70%。目前来看，中国企业对哈萨克斯坦直接投资的产业分布较广，各主要产业几乎均有中国企业的投资（见表2-11）。中国的大型跨国企业在哈萨克斯坦的投资主要分布于采矿业、制造业、地质勘查业、金融业、建筑业。还有一些中小企业在哈萨克斯坦的制造业、批发和零售业进行了卓有成效的投资，其中，新康番茄制品厂、茂林有限公司、亚联中国商贸城等企业，已经在哈萨克斯坦形成了较稳定的市场份额和知名度。另外，不少来自中国新疆的企业在哈萨克斯坦投资从事进出口贸易，对中哈之间的贸易往来起到了重要的促进作用。

表2-11　中国企业在哈萨克斯坦直接投资的产业分布

所属产业	企业名称	主营业务
采矿业	中石油、中石化、中海油、大庆油田公司、新疆石油局、中信集团卡拉赞巴斯石油公司	石油天然气开采
制造业	中兴通讯、华为、上海贝尔阿尔卡特、山东科瑞石油装备有限公司、新康番茄制品厂、中化集团、北京矿冶研究总院、茂林有限公司、华友纸业有限公司、新疆西部银力棉业集团	专用设备、食品加工、化学原料及制品制造业、有色金属冶炼及压延加工、造纸、纺织
批发和零售业	亚联中国商贸城、新疆野马经贸有限公司、上海茶叶进出口公司、新疆阿拉山口亚欧外贸储运有限公司、阿拉木图中国机电产品展示中心	批发、零售、进出口贸易、会展
金融业	国家开发银行哈萨克斯坦工作组、中国银行哈萨克斯坦分行、中国工商银行阿拉木图分行	金融服务
建筑业、租赁	建工集团有限责任公司、中国水利电力对外公司、中国地质工程集团公司、中石油工程建设公司、天津城建集团、中建总公司	工程承包、基建、设备租赁

续表

所属产业	企业名称	主营业务
信息传输业	中兴通讯、华为、中国电信驻中亚代表处	通信服务
交通运输业	南方航空公司驻哈萨克斯坦代表处	航空运输
酒店和餐饮业	华油集团、阳光酒店集团	酒店和餐饮服务
地质勘查业	东方物探公司、中石化国际勘探开发公司、中国冶金地质勘探工程总局哈正元矿业公司	能矿资源勘探服务

资料来源：根据《中亚国家发展报告（2015—2018）》及相关资料整理。

2. 中国企业对吉尔吉斯斯坦直接投资的产业分布

我国对吉尔吉斯斯坦的投资较少，增长速度也较缓慢。2008 年以后，中国对吉尔吉斯斯坦直接投资增长相对较快，年度投资流量已提升至 8 000 万美元以上的水平。投资领域主要集中在农业养殖、农产品和食品加工、矿产资源开发和冶炼、工程承包、通信服务、航空运输、房地产开发、餐饮服务等多个领域（见表 2-12）。虽然涉及领域较多，但多数项目投资规模较小，投资主体多为经济实力较弱的民营企业。[40]

表 2-12　中国企业在吉尔吉斯斯坦直接投资的产业分布

所属产业	企业名称	主营业务
农业	田园公司、得力公司、华阳生物有限公司	农业养殖、农产品和食品加工
采矿业	凯迪矿业公司、中国石油化工集团、中能国际石油化工有限公司、吉尔吉斯亿阳实业有限公司、南灵宝黄金公司、中国神州矿业公司、新疆塔城国际资源有限责任公司、西部矿业公司、环球新技术进出口吉分公司、吉美林资源、新疆吉安投资有限公司、凯奇—恰拉特有限公司	石油天然气开采、有色金属采选
制造业	华为技术有限公司、中兴通讯股份有限公司、克兹勒基亚水泥厂、新疆万桶人（比斯达理）公司	通信设备制造等
批发和零售业	大唐中国商品分拨中心、中国成套设备进出口公司、京新公司	批发、零售、物流、进出口
交通运输业	南方航空公司驻比什凯克办事处	航空运输

续表

所属产业	企业名称	主营业务
建筑业	中国路桥工程有限公司、新广国际工程公司、中工国际工程有限公司、恒久欧亚投	工程承包、基建
信息传输	多隆 TV 公司、中兴通讯股份有限公司	电视、通信传输
酒店和餐饮业	阿山凯丁集团公司	酒店服务
矿泉水生产业	巴凯阿塔苏矿泉水有限公司	矿泉水生产

资料来源：根据《中亚国家发展报告（2015—2018）》及相关资料整理。

3. 中国企业对塔吉克斯坦直接投资的产业分布

中国企业对塔吉克斯坦直接投资始于 1997 年。近些年来，我国对塔吉克斯坦的投资总量增幅不明显，相对于其他国家，投资流量处在较低的水平。在塔吉克斯坦的中资企业多数集中在制造业、建筑业和采矿业（见表 2-13）。采矿业中，中国企业主要投资于有色金属采选，如中国环球新技术进出口公司（主要采选铅锌矿）、紫金矿业西北公司（主要采选金矿）等。[41]

另外，值得关注的是，我国在塔吉克斯坦的多家企业的经营状况并不理想，没有从所投资的项目中获得较好的收益，出现亏损，甚至陷入了经营困境。

表 2-13　中国企业在塔吉克斯坦直接投资的产业分布

所属产业	企业名称	主营业务
制造业	中兴通讯股份有限公司、华为技术有限公司、中大实业有限公司	通信设备制造、炼钢
建筑业	中铁五局（集团）有限公司、中国路桥工程有限公司、新疆特变电工集团、中国水电建设集团公司	工程承包、基建、租赁
采矿业	中国环球新技术进出口公司（铅锌矿）、紫金矿业西北公司（金矿）	有色金属采选
农业	新疆天业（集团）有限公司	农业种植
信息传输业	中兴通讯股份有限公司、华为技术有限公司	通信服务

续表

所属产业	企业名称	主营业务
批发和零售业	喀什农垦进出口公司、中国华源辽宁公司、新疆国际经济技术合作公司	进出口贸易
酒店和餐饮业	龙城酒店、金唐城（北京）国际投资发展有限公司、东方美食城、长城饭店	酒店、餐饮、娱乐

资料来源：根据《中亚国家发展报告（2015—2018）》及相关资料整理。

4. 中国企业对土库曼斯坦直接投资的产业分布

我国对土库曼斯坦的投资主要集中在采矿业、建筑业、批发和零售业、商务服务业、制造业等领域（见表2-14）。其中，工程承包类、贸易类和商务服务类的中国企业数量是最多的。从投资规模上来看，中石油和中石化等油气开采企业对土库曼斯坦直接投资的规模仍是最大的。工程承包类中资企业在土库曼斯坦所从事的主要是与采矿业有关的工程承包项目，许多商务服务类中资企业从事的是与石油开采、技术咨询、勘探信息有关的业务，贸易类企业也有一些是从事石油开采设备进出口业务的。另外，中兴通讯、华为在通信设备制造和通信服务产业领域对土库曼斯坦直接投资也形成了较为稳定的市场份额。

表2-14 中国企业在土库曼斯坦直接投资的产业分布

所属产业	企业名称	主营业务
建筑业	中信建设有限责任公司、凤凰实业公司、山西中旭国际贸易公司、中石油工程设计有限公司、北京首华建设经营有限公司、中工国际工程有限公司、荣诚环境工程集团有限公司	工程承包
批发和零售业	中石油国际事业有限公司、中国铁路物资有限公司、黄山一品有机茶叶有限公司、山东科瑞石油装备有限公司、山东邦昱石油技术开发有限公司、新疆萨洛尔国际贸易有限公司、新疆三宝实业有限公司	进出口贸易

续表

所属产业	企业名称	主营业务
商务服务业	北京华油油气技术开发公司、亿阳集团股份有限公司、上海味森禾国际贸易有限公司、南阳陆运口岸有限公司、四川省新力劳务有限公司、伊利星河商贸有限公司、乌鲁木齐欣富达贸易有限公司、克拉玛依奥斯特石化设备有限公司	商务和技术咨询服务
采矿业	中石油阿姆河天然气公司、中石化胜利油田土库曼斯坦分公司、中石油川庆钻探工程公司	石油天然气开采
制造业	华为技术有限公司、中兴通讯股份有限公司	通信设备制造
金融业	国家开发银行土库曼斯坦工作组	金融服务
交通运输业	中国南方航空公司驻土库曼斯坦代表处	航空运输
地质勘探业	中石油川庆钻探工程公司	物探、勘测
酒店和餐饮业	阳光国际商务公司	酒店、餐饮
软件业	无锡市荣诚软件开发科技有限公司	软件开发

资料来源：根据《中亚国家发展报告（2015—2018）》及相关资料整理。

5. 中国企业对乌兹别克斯坦直接投资的产业分布

我国对乌兹别克斯坦的直接投资一直处于较低的水平，远远落后于其他中亚国家的中资流入水平（见表 2-15）。

表 2-15　中国企业在乌兹别克斯坦直接投资的产业分布

所属产业	企业名称	主营业务
采矿业	中国石油天然气公司、山东胜利油田东胜油田代表处、中国广东核电集团公司（铀矿）	有色金属采选、石油天然气开采
建筑业	中国机械工业集团公司、中信建设公司、中国水电集团公司、新疆特变电工集团、中工国际工程股份有限公司	工程承包
制造业	华为技术有限公司、中兴通讯股份有限公司、亿阳集团中亚公司	专用设备制造
批发和零售业	中国南车集团、中国纺织品进出口总公司代表处、中国技术进出口总公司、中国电工设备总公司、中国汽车进出口总公司代表处	进出口贸易

续表

所属产业	企业名称	主营业务
交通运输业	中国南方航空公司驻塔什干办事处、中国重汽	航空运输

资料来源：根据《中亚国家发展报告（2015—2018）》及相关资料整理。

6. 中国企业对中亚国家投资的产业分布评价

从我国对中亚国家的投资产业分布来看，投资领域主要集中在采矿业、建筑业、批发和零售业、金融业、制造业、航空运输业等产业，从产业分类来看，主要集中在第一产业，第二、第三产业涉及较少，尤其第三产业投资很少。

中国企业对中亚国家的投资产业遵循一定的分布特征：一是采矿业一直是我国企业投资的重点，中石油、中石化等资源类企业在中亚国家几乎都有投资项目，尤其是石油、天然气和有色金属采选业。另外，随着采矿业投资的不断深化，一些企业也相应开始投资于与采矿业相配套的地质勘探、开采设备出口和相关技术出口行业。二是建筑业，我国企业在建筑业领域对中亚的投资总额逐年增加。三是制造业，以中兴、华为为代表的中国通信企业，已经在中亚国家的通信设备制造和通信服务市场占据了主导地位。四是批发和零售业，中国企业对中亚国家直接投资的主要形式是设立代表处，从事对中亚国家的进出口业务，这类贸易类企业的产品，依托国内较强的生产能力和低价格优势，在中亚国家市场上具有较强的竞争力。五是金融业，国家开发银行、中国银行、中国工商银行等金融机构已经在部分中亚国家设立了分行或办事处，主要从事针对中国与中亚国家相关的政府合作项目或企业投资项目的贷款和汇兑服务。六是航空运输业，中国南方航空公司已在中亚多个国家设立了办事处，是在中亚国家交通运输业投资起步较早的中国航空企业。

随着我国与中亚地区的合作不断深化，中国企业对中亚的投资，由开始的单一结构的能源投资逐步向多元化发展，全面涉及第一、第二、第三产业，而且在各行业取得了较好的成绩。这样多元化的发展不仅能够消除中亚各国对我国获取自然资源动机的猜忌，也有利于进一步改善我国对中亚的投资环境。同时，我国的投资应该与中亚各国的经济发展水平相适应，根据各国提出的新的经济发展计划，来确定我国投资的方向。因此，我国企业要抓住中亚国家新的产业发展机遇，对中亚各国的投资产业选择策略进行调整，以期获得中亚国家的产业成长利益，以及充分利用相关优惠政策来提高我国在中亚投资的竞争力。

六、中国对中亚地区投资模式分析

自中亚各国独立以来，中国企业就开始对该地区进行直接投资，资源项目的投资始于 1997 年，起初的投资项目都有政府的参与，由双方的政府牵头，双方企业共同出资创建合资企业，进行合作开发。进入 21 世纪后，随着我国对外贸易的不断发展和政府在对外投资方面的支持，跨国并购成为我国企业采用的主要模式之一。

（一）跨国并购

并购是企业扩大投资规模的一种方式，主要目的是获得对被并购企业的控制权，多以占领更大市场份额为目标。跨国并购通常是指跨国公司等投资主体通过一定的程序和渠道，兼并或收购东道国现有企业的部分或全部股权，从而取得对该企业控制权的投资行为。一般情况下，跨国并购指跨国收购而不是跨国兼并，多以获得股权的方式来实现。我国企业对中亚国家的第一笔投资采用的就是这种模式。经过多年的发展，我国企业通过跨国并购的方式在中亚国家的投资取得了良好的效果。据不完全统计，我国企业对中亚国家直接投资的大型并购案共 15 宗，累计并购金额超过了 150 亿美元，在并购的过程中，有许多成功的案例，也有失败的案例。

（二）新建投资

由于东道国对外国投资有一定的限制，对独资的新建投资要求高，所以我国企业以合资的新建投资为主。1997 年起，创建合资企业一直是中国企业参与投资的主要模式之一，并且取得了不错的成绩。

中石油、中石化和中海油三大石油公司在哈萨克斯坦、乌兹别克斯坦和土库曼斯坦等三国进行油气资源开发，大多是与当地的石油天然气公司合作，成立合资公司，共同开发开采油气资源，取得了良好的效果。例如，中石油在哈萨克斯坦的直接投资已经涉及油气开发、管道建设和油气加工等领域。中哈石油管道东段是由中石油与哈萨克斯坦国家石油天然气股份公司共同出资 7 亿美元建造，双方成立了中哈原油运输合资公司（KazTransOil），由双方各自持股 50%。中哈石油管道东段西起哈萨克斯坦卡拉干达州的阿塔苏市，沿“阿塔苏—阿卡德里—阿克恰套—阿克托盖—乌恰拉尔”线抵达中国阿拉山口，全长超过 1 200 公里，哈萨克斯坦境内 962 公里，中国境内 246 公里。

（三）国际工程承包

国际工程承包是国际劳务合作的主要形式之一，是指一国承包商按照外国业主提出的条件，同意承担某项工程建设任务并取得一定报酬的跨国经济活动。国际工程承包不仅涉及工程技术、管理及法律等方面的问题，还涉及国际贸易、国际金融、国际投资等国际经济关系的诸多方面，具有耗资多、获利多、竞争性强的特征。在资源型项目直接投资中，根据双方签订的协议，投资者基本上都是用份额油作为投资的收益。

具有代表性的是中石化与土库曼斯坦国家石油集团签订维修 100 口油井的防砂合同。1996 年 4 月，中国胜利油田井下作业公司对土库曼斯坦进行实地考察，双方于 1997 年 5 月签订维修 100 口油井的防砂合同，同年 12 月 16 日正式开工。合同中规定土库曼斯坦提供不少于 100 口油井维修的工作量（最终实际修复 255 口）；中方负责从选井到油井修复的全部投资并独家承担风险；土库曼斯坦用修复好的油井所产原油偿还中方投资。在投资回收期内，所产原油五五分成，回收完毕后，按二八分成，中方可获得 20%的利润。在这个项目进行过程中，还带动了石油设备贸易的发展。自修井以来，土库曼斯坦从中国购买了修井机、抽油机、抽油管、发电机、修井用砂等产品，价值约 2 亿元人民币，又进一步增加了中国产品的出口量。

（四）对企业选择投资方式的建议

就我国目前对中亚市场的投资现状来看，我国的投资实力有限、规模很小，产业层次也偏低，竞争力相对于发达国家的企业来说还较弱，所以应该选择渐进式的投资扩大方式，因为循序渐进的方式更适用于企业沿着学习曲线积累海外经营的经验。企业应该遵循由点到线到面，再到全面的立体模式进行渐进式推进，全面实现“走出去”战略。首先，前期可以考虑在境外设立考察贸易网点；其次，待项目可行后设立境外企业，组织生产线或设备出口，并带动原材料、零配件出口，形成横跨两个市场的出口“线”；最后，就地生产、就地销售，建立营销和服务体系，形成产品市场“面”的扩大。在进行对外投资时，企业可以选择以国际贸易为先导，随后再分阶段、分步骤地将企业的生产经营环节向目标市场拓展，根据自身实际条件，由低到高逐级选择直接出口，设立海外代表处，设立海外分公司、海外子公司等方式。

在对中亚国家的直接投资方式上，应采取以合资经营为主的进入方式。这样一方面可以分散投资风险，另一方面可以利用东道国的人才、市场资源，避免经营过程中的冲突和摩擦。

七、中国对中亚地区投资发展的主要障碍

（一）中亚各国投资的法律环境不完善

随着中亚国家经济的不断发展，各自的法律体系也在逐步完善，且与经济发展水平存在一定的正向关系，但是完善的法律没有配套的法规和实施细则，就会影响实施效果。同时，各国的法律政策处于不断的变更中，在执法过程中也存在很多的随意性，这些都弱化了投资优惠效应，增加了投资风险。虽然中亚国家普遍出台了《外商投资法》来规范外商对本国的投资，但是这种法律体制不成熟，政策变动频繁，使得外商投资面临诸多不稳定性因素，对减小风险作用甚微；另外，贸易壁垒的存在也增加了投资难度。投资限额政策、投资领域限制、优惠政策不统一等因素是我国对中亚各国投资面临的重要问题。

（二）中亚国家投资环境仍存在诸多风险因素

中亚国家大多尚未加入 WTO，而且国内经济转轨也未完成，市场经济体

制还未充分建立，国内市场规范性不强，导致外商投资企业投资风险居高不下。

在外商投资中，资金链是最重要的一个环节，而结算方式能够影响资金的运行，所以结算方式不规范会增加投资风险。近几年，以哈萨克斯坦为主的中亚国家不断完善金融结算方式，但投资者向国内转汇投资收益时受到一定的限制，条件苛刻，手续繁杂，加大了企业在中亚国家投资和开展贸易的风险，影响了企业投资信心。

另外，中亚地区的政治局面不是很稳定，总统掌握着国家的各项大权，家族成员及其亲信实际掌控着国家经济要害部门，政体僵化，吏治腐败。最终导致市场化程度普遍较低，投资环境复杂，金融体系脆弱，中国商业银行在境外设立分支行及代理行的积极性很低，客观上使跨境结算受到制约。为谋取投资及生产的经济性，投资方必须依靠非市场化手段来降低信息不对称带来的风险，在正常的经营中负担着非常态的寻租成本。

中亚各国处于不断发展变化中，基础设施并不完善，整体的效率无法达到中等国家水平，高端人才无法满足社会发展的需要，存在投资者在被投资国家人身财产安全缺乏保障等因素，这些因素都严重影响外商投资信心。中亚各国国内税负很重，就连本土的 1/3 企业都不堪重税转入地下经营，广泛存在的“影子经济”影响了外资企业的公平竞争。

排外心理普遍存在于中亚各国，甚至一些政府官员、学者乃至新闻媒体仍经常宣扬反华论，敌视中国投资者的情绪较为严重，投资纠纷得不到公正处理。同时，“中国威胁论”被中亚国家的民众普遍接受，在一定程度上影响了我国对中亚国家投资项目的运行。

（三）中国对中亚投资中存在的不利因素

1. 缺乏针对中亚市场投资的战略性目标和总体规划以及投资引导

目前，我国企业在总体和具体市场定位方面普遍缺乏针对中亚市场投资的战略性目标及总体规划，更缺乏实施的科学性，在对外直接投资中，我国投资总额和投资效益明显低于发达国家，在对中亚投资中，我国投资进程慢，收益少，说明我国企业在投资中缺乏对战略目标的考量和对总体进行规划；同时，对企业投资的引导力度也不够。“一带一路”倡议的提出，是我国鼓励企业对中亚国家进行投资，所以，国家要做好对企业投资的引导，避免出现高风险、低收益情况，帮助企业了解对方国家的经济发展、市场变化及产业优势。

2. 中国没有为企业到中亚国家投资提供政府担保和后续保障

随着“一带一路”倡议的提出，我国政府鼓励企业到中亚国家投资的力度加大，但是，到目前为止中国政府并没有为投资企业提供适当的政府担保，这使得很多企业对投资前景并不看好，许多大企业的投资很少，甚至有些已经投资的企业选择撤资。

在没有政府适度担保及后续各种保障服务不完善的情况下，我国尚未完全开发出有力的海外投资保险品种，使得投资的风险高于企业预估的风险。此外，由于中国企业对中亚地区的直接投资呈现分散化和单体特征，面向市场竞争的法律制度不完善，使中国企业在抵御当地市场联合抵制乃至非法侵权行为方面的能力较弱。

3. 中国企业投资规模有限

从目前中国企业的投资现状以及统计数据来看，虽然中国企业对中亚国家的资源获取型直接投资额累计超过了 150 亿美元，但是相对于欧美等发达国家，投资差距还很大。导致投资规模有限的因素主要有以下两个方面：一是参与投资企业以央企为主，如三大石油巨头中石油、中石化、中海油，民营企业的资本利用率较低，成功代表是中能国际。二是资金不足。由于投资的是资源获取型项目，一个投资项目所需的资金动辄数十亿美元，有些项目甚至超过百亿美元，对资金的要求很高，而有些大型企业因对外扩张的规模不断增大，会导致资金链紧张，项目实施难度增加，从而限制了项目的投资规模。

4. 企业管理层缺乏长期投资理念与足够的风险防范和风险控制能力，侧重短期利益，不能及时处理遇到的风险

中国对中亚各国的投资主体主要是资源型企业，但这类企业刚刚起

步，缺少足够的国际经验和风险应对能力，导致企业的发展缓慢，既不利于企业进行战略扩张和本土化建设，也容易引起被投资国家民众的反感。同时，投资方易忽略区域类文化背景下的市场差异性而不注重进行跨文化整合，加之在当地管理缺乏经验，从而进一步加剧了各方对短期利益的争夺。在企业整合与运营过程中，在企业管理信息系统、管理层结构和管理技巧以及公司治理过程等方面，中国企业与全球大型跨国公司相比还缺乏足够的经验和相应的能力，这增加了跨国并购的成本和风险，导致投资失败或难以获得收益。

5. 中资企业各自为政，缺乏有益的经济联合，经营决策常常带有盲动性，往往以获利为先而轻视品牌塑造，导致无序、恶性竞争，不利于企业形象的树立

在对中亚国家投资过程中，各个企业应该联合起来，建立海外企业合作组织，努力打造出国际品牌，注重长期效益。此外，从双方层面上来说，中国与中亚国家虽然在上海合作组织框架下形成了部长级会议、高官会及分部门工作组等，但在合作框架方面还未深入规范制度体系尤其是法律体系，对外交手段的依赖性较强。这也导致在双边、诸边争端解决机制方面存在缺陷，投资方在利益受损时无法得到有效救助，加剧了投资利益保护隐性壁垒差异下的投资转移，违背了区域合作共赢的初衷。

6. 在跨国并购过程中，没有从被投资国的文化背景出发了解并购目标企业

对并购目标企业进行调查研究是进行跨国并购的一项重要环节。我国企业很容易忽略这个环节，并常常以我国自身的发展情况来考虑被并购企业的实际情况，普遍缺乏对并购目标的深入研究。比如，中石化和中海油收购英国天然气集团在哈萨克斯坦油气资源股权失败，就是因为没有对收购协议中“项目的合作伙伴有权以同等价格优先获得这部分股权”的规定进行深入了解。

7. 对中亚的投资中资源投资占很大部分，容易引起各国的担忧和猜忌

中国对中亚地区的投资是双赢的投资，对中亚国家的基础设施建设起到

很大的推动作用，但是，他们也担心中国企业不断加大的投资会对他们造成伤害，容易滋生“中国威胁论”的温床，同时，容易受到其他国家的排挤。所以，从长期的发展来看，需要加大对非能源领域的投资力度，提高我国在中亚地区的地位。

第三节　中亚国家对我国投资现状

一、我国引进外资情况分析

改革开放以来，中国吸引外资的发展历程大致可以分为起步、高速发展和持续增长等三个阶段，在外资规模、结构上有一定的特征。

（一）规模特征

改革开放以来，外商投资在数量、质量、规模上都取得了空前的发展。我国政局稳定，国民经济持续增长，投资环境不断改善，成为外商投资的热点地区。2010 年至 2017 年我国实际使用外资额持续稳定增长，由 2010 年的 1 088.2 亿美元增长到 2017 年的 1 310.4 亿美元，增长了 20%（见表 2-16）。

表 2-16　2010—2017 年对外经济贸易基本情况

指标	2010 年	2011 年	2012 年	2013 年	2014 年	2015 年	2016 年	2017 年
外商直接投资合同项目/个	27 406	27 712	24 925	22 773	23 778	26 575	27 900	35 652
实际使用外资额/亿美元	1 088.2	1 177.0	1 132.9	1 187.2	1 197.1	1 262.7	1 260.0	1 310.4
外商直接投资/亿美元	1 057.4	1 160.1	1 117.2	1 175.9	1 195.6	1 262.7	1261.0	1 310.4
外商其他投资/亿美元	30.9	16.9	15.8	11.3	1.4	0	0	0
年底登记户数/户	445 244	446 487	440 609	445 962	460 699	481 179	505 151	539 345
投资总额/亿美元	27 059	29 931	32 610	35 176	37 977	45 390	51 240	68 992

续表

指标	2010 年	2011 年	2012 年	2013 年	2014 年	2015 年	2016 年	2017 年
注册资本/亿美元	15 738	17 294	18 814	20 280	21 835	26 682	31 243	37 107
外方	12 590	13 810	14 903	16 077	17 414	20 757	23 918	28 266
对外承包工程合同金额/亿美元	1 343.7	1 423.3	1 565.3	1 716.3	1 917.6	2 100.7	2 440.1	2 652.8
对外承包工程完成营业额/亿美元	921.7	1 034.3	1 166.0	1 371.4	1 424.1	1 540.7	1 594.2	1 685.9

资料来源：《中国统计年鉴》(2018)。

（二）结构特征

第一，从外商投资的内部结构来看，外商直接投资占主体兼有合资经营，而采用股份公司和合作经营的比重较低（见表 2-17）。

表 2-17　外商投资结构情况

指标	2016 年		2017 年	
	项目/个	实际使用金额/亿美元	项目/个	实际使用金额/亿美元
外商直接投资	27 900	1 260.01	35 652	1 310.35
合资经营企业	6 662	302.04	8 364	297.41
合作经营企业	126	8.3	124	8.05
总计	27 900	1 260.01	35 652	1 310.35

资料来源：《中国统计年鉴》(2018)。

第二，从外商投资的地区分布来看，我国东部沿海地区的外商投资高度集中，中西部相对较少，如表 2-18 所示。

表 2-18　分地区外商投资企业年底注册登记情况

地　区	企业数/户		投资总额/亿美元		注册资本/亿美元		外方/亿美元	
	2013 年	2014 年	2013 年	2014 年	2013 年	2014 年	2013 年	2014 年
全　国	445 962	460 699	35 176	37 977	20 280	21 835	16 077	17 414
地区合计	445 735	460 697	34 019	37 977	19 479	21 835	15 633	17 414

续表

地　区	企业数/户		投资总额/亿美元		注册资本/亿美元		外方/亿美元	
	2013 年	2014 年	2013 年	2014 年	2013 年	2014 年	2013 年	2014 年
北　京	27 061	28 041	1 771	2 010	1 059	1 192	828	923
天　津	11 413	11 057	1 274	1 441	721	825	599	674
河　北	6 832	6 811	545	621	272	311	198	225
山　西	3 535	3 531	342	391	199	223	89	102
内蒙古	2 925	3 036	229	264	108	123	73	83
辽　宁	17 250	17 091	1 832	1 986	1 136	1 204	928	986
吉　林	4 350	4 370	318	333	153	158	93	97
黑龙江	4 924	5 016	228	240	131	143	96	110
上　海	64 412	68 952	4 579	5 305	2 823	3 360	2 303	2 707
江　苏	50 514	51 634	6 664	7 181	3 543	3 839	3 000	3 256
浙　江	30 674	31 005	2 404	2 629	1 407	1 527	1 088	1 196
安　徽	4 466	4 721	416	480	227	261	167	188
福　建	23 546	24 322	1 565	1 732	854	945	712	779
江　西	6 667	7 020	588	670	384	438	333	380
山　东	25 755	26 023	1 765	1 992	995	1 131	765	871
河　南	9 934	10 056	478	589	245	297	179	223
湖　北	7 693	8 160	654	777	349	410	256	299
湖　南	5 020	5 353	405	463	209	242	158	184
广　东	100 639	104 555	5 126	5 621	3 037	3 377	2 517	2 733
广　西	3 756	3 949	319	374	173	194	140	157
海　南	3 105	3 038	270	279	153	157	114	117
重　庆	5 397	5 147	588	675	369	425	289	334
四　川	9 147	10 253	725	828	413	457	324	357
贵　州	1 386	1 515	119	155	63	78	49	61
云　南	4 262	4 046	241	253	141	144	107	109
西　藏	240	255	13	13	8	8	3	4
陕　西	6 443	6 782	366	447	210	241	156	181
甘　肃	2 229	2 282	65	68	28	30	19	19

续表

地　区	企业数/户		投资总额/亿美元		注册资本/亿美元		外方/亿美元	
	2013 年	2014 年	2013 年	2014 年	2013 年	2014 年	2013 年	2014 年
青　海	370	363	30	31	15	13	9	8
宁　夏	488	538	35	52	18	32	14	19
新　疆	1 302	1 325	65	76	36	41	27	30
部门合计	227	2	1 157	0. 3	802	0. 3	444	0. 3

资料来源：《中国统计年鉴》（2018）。

第三，从外商投资的行业来看，主要分布在制造业、批发和零售业、租赁和商务服务业，如表 2-19 所示。

表 2-19　按行业分外商直接投资情况（2017 年）

行业	合同项目/个	实际使用金额/万美元
总计	35 652	13 103 500
农、林、牧、渔业	706	107 492
采矿业	26	130 198
制造业	4 986	3 350 619
电力、燃气及水的生产和供应业	372	352 132
建筑业	633	261 940
交通运输、仓储和邮政业	517	558 803
信息传输、计算机服务和软件业	3 169	2 091 861
批发和零售业	12 283	1 147 808
住宿和餐饮业	703	41 914
金融业	1 742	792 119
房地产业	737	1 685 559
租赁和商务服务业	5 087	1 673 855
科学研究、技术服务和地质勘查业	3 391	684 373
水利、环境和公共设施管理业	156	56 951

续表

行业	合同项目/个	实际使用金额/万美元
居民服务和其他服务业	349	56 723
教育	203	7 747
卫生、社会保障和社会福利业	114	30 516
文化、体育和娱乐业	476	69 846
公共管理和社会组织	2	3 057

注：本表中的行业分类仍执行 2002 年版的国民经济行业分类标准。
资料来源：《中国统计年鉴》（2018）。

二、中亚国家对我国投资规模与结构分析

中亚国家中哈萨克斯坦经济发展水平最高，具备了一定的对外投资能力，对我国连续投资最多，规模也较大，如表 2-20 所示，但在中国引进外资的总体规模中占比相对较小，如表 2-21 所示。中哈正式建立外交关系后，中哈关系稳步推进。2005 年，中哈建立战略伙伴关系。中国是哈萨克斯坦对外政策重点方向之一。哈萨克斯坦对中国投资主要集中在新疆地区，以贸易企业为主，投资规模大多在百万美元以下。哈中两国的合作范围从建交以来到现在已经延伸至包括大型公司、民间企业、协会以及国家支柱型重要产业在内的众多行业。目前，哈萨克斯坦国有企业和私营公司已在华设立了 18 个正式代表处，包括在首都的“萨姆鲁克—卡泽纳”国家福利基金会、哈萨克斯坦工商会、哈萨克斯坦铁路国家公司、哈萨克斯坦信息国家通讯社、哈萨克斯坦核工业国家公司、哈萨克斯坦电信公司、粮食购销集团国家公司、阿斯塔纳航空公司、哈萨克斯坦人民银行公司、哈萨克斯坦石油天然气国家公司等。

吉尔吉斯斯坦是中亚地区的小国，比较贫穷，但在中国的中亚投资中，吉尔吉斯斯坦的地位却是比较高的，如表 2-20 所示。自 1992 年建交以来，中吉两国关系积极、稳步地向前发展。近年来，吉尔吉斯斯坦对我国有连续的投资，但规模较小，起伏波动较大。吉尔吉斯斯坦对中国的直接投资

也主要集中在新疆地区，有合资、独资企业或代表处10余家，涉及皮革加工、商贸和汽车维修等。

乌兹别克斯坦位居中亚地区的中心，与所有中亚国家都接壤，是“双内陆”国家。自1992年中乌建交以来，两国关系发展势头良好，各领域合作不断加强。但由于经济发展水平太低，乌兹别克斯坦对我国的投资不连续，规模非常小。

塔吉克斯坦和土库曼斯坦对我国则仅有几笔小规模投资，投资金额小。中国与这两国经济关系比较薄弱，贸易额很低。

表 2–20　中亚国家对中国的投资金额

年份	哈萨克斯坦/万美元	乌兹别克斯坦/万美元	吉尔吉斯斯坦/万美元	土库曼斯坦/万美元	塔吉克斯坦/万美元
2017	561				2
2016	275	3			
2015	953				
2014	3 655	37	5		
2013	363	5		19	
2012	555	155	27		11
2011	1 127	457			
2010	155				7
2009	2 240		325		2
2008	663		464		
2007	159		660		
2006	333				
2005	233	1	50		21
2004	196	15			
2003	70				
2002	276				
2001	33				
2000	73				
1999					

续表

年份	哈萨克斯坦/万美元	乌兹别克斯坦/万美元	吉尔吉斯斯坦/万美元	土库曼斯坦/万美元	塔吉克斯坦/万美元
1998	12				
1997	8				

资料来源:《中国统计年鉴》(2018)。

表 2-21 2004—2017 年哈萨克斯坦对我国投资与我国引进外资总额对比

年份	中国外商投资总额/万美元	哈萨克斯坦对我国投资/万美元	占比/%
2004	6 407 200	196	0.003
2005	6 380 500	233	0.004
2006	6 707 600	333	0.005
2007	7 833 900	159	0.002
2008	9 525 300	663	0.007
2009	9 180 400	2 240	0.024
2010	10 882 100	155	0.001
2011	11 769 800	1 127	0.010
2012	11 329 400	555	0.005
2013	11 872 100	363	0.003
2014	11 970 500	3655	0.031
2015	12 626 660	953	0.008
2016	12 600 142	275	0.002
2017	13 103 513	561	0.004

资料来源:根据《中亚国家发展报告(2015—2018)》《中国统计年鉴》(2018)及相关资料整理。

三、中亚国家对我国投资的特点

一是整体来看,中亚国家仍然是外资的需求国,吸引外资的能力远大于投资能力。中亚国家油气资源及其他矿产资源非常丰富，但加工工业严重滞后，产业结构比例失衡，这一特征揭示了为什么中亚国家对外投资仅集中于商贸、物流领域；中亚国家对外出口能源、矿产资源等原材料，进口轻工业品和食品等消费品，其他投资领域基本是空白。中亚国家对外投资的目的主要是弥补其国内消费品市场的不足。

二是在中亚国家中，哈萨克斯坦对我国连续投资最多，规模也较大。近年来，吉尔吉斯斯坦对我国有连续的投资，但规模较小，起伏波动较大；乌兹别克斯坦对我国的投资不连续，规模非常小；塔吉克斯坦和土库曼斯坦对我国则仅有几笔小规模投资。

三是我国与中亚国家投资合作表现出明显的单边性，即以我国对中亚国家的投资为主，中亚国家目前主要还属于资金需求国，多数国家不具备对外投资的能力。除了中亚国家自身经济实力的限制外，还有其他因素影响着我国与中亚国家的投资合作。

第三章
中国对中亚国家投资理论与模式研究

第一节　国际投资的背景与基本概念

一、丝绸之路沿线国家投资理论与模式研究的背景

古丝绸之路，是指西汉（公元前202年—公元8年）期间，由张骞出使西域开辟的以长安（今西安）为起点，经甘肃、新疆，到中亚、西亚，并联结地中海各国的陆上通道。因为由这条路西运的货物中以丝绸制品的影响最大，故得此名。2013年9月7日，习近平主席在哈萨克斯坦发表重要演讲，首次提出了加强政策沟通、道路联通、贸易畅通、货币流通、民心相通，共同建设丝绸之路经济带倡议；2013年10月3日，习近平主席在印度尼西亚国会发表重要演讲时明确提出，中国致力于加强同东盟国家的互联互通建设，愿同东盟国家发展好海洋合作伙伴关系，共同建设21世纪海上丝绸之路。“一带一路”是“丝绸之路经济带”和“21世纪海上丝绸之路”的简称。

“一带一路”倡议不是一个实体和机制，而是合作发展的理念和倡议，是依靠中国与有关国家既有的双多边机制，借助既有的、行之有效的区域合作平台，旨在借助古代“丝绸之路”的历史符号，高举和平发展的旗帜，主动地发展与沿线国家的经济合作伙伴关系，共同打造政治互信、经济融合、文

化包容的利益共同体、命运共同体和责任共同体。[42]

当今世界正发生复杂深刻的变化，国际金融危机深层次影响继续显现，世界经济缓慢复苏、发展分化，国际投资贸易格局和多边投资贸易规则深刻调整，各国面临的发展问题依然严峻。共建“一带一路”顺应世界多极化、经济全球化、文化多样化、社会信息化的潮流，秉持开放的区域合作精神，致力于维护全球自由贸易体系和开放型世界经济。共建“一带一路”，旨在促进经济要素有序自由流动、资源高效配置和市场深度融合，推动沿线各国实现经济政策协调，开展更大范围、更高水平、更深层次的区域合作，共同打造开放、包容、均衡、普惠的区域经济合作架构。共建“一带一路”，符合国际社会的根本利益，彰显人类社会共同理想和美好追求，是国际合作以及全球治理新模式的积极探索，将为世界和平发展增添新的正能量。共建“一带一路”，致力于亚欧非大陆及附近海洋的互联互通，建立和加强沿线各国互联互通伙伴关系，构建全方位、多层次、复合型的互联互通网络，实现沿线各国多元、自主、平衡、可持续的发展。[43]“一带一路”的互联互通项目将推动沿线各国发展战略的对接与耦合，发掘区域内市场的潜力，促进投资和消费，创造需求和就业，增进沿线各国人民的人文交流与文明互鉴，让各国人民相逢相知、互信互敬，共享和谐、安宁、富裕的生活。

研究“丝绸之路”中亚国家投资理论与模式，有利于促进中国与中亚国家之间投资的广泛性和深度化，推动中国与中亚国家经济发展的共享、包容和普惠，实现区域经济均衡发展，使得中国与中亚国家共享和谐、安宁和富裕。

二、国际投资的相关概念内涵

投资（Investment）是指投资者当期投入一定数额的资金或资本而期望在未来获得回报。国际投资（International Investment），又称对外投资（Foreign Investment）或海外投资（Overseas Investment），是指跨国公司等国际投资主体，将其拥有的货币资本或产业资本通过跨国界流动和营运实现价值增值的经济行为。

国际投资是商品经济发展到一定阶段的产物，并随着国际资本的发展而发展。当商品经济发展到资本主义社会以后，银行资本与生产资本相融合并日益发展，促进了资本积累的进一步扩大，并形成了规模庞大的金融资本，出现了大量的资本过剩，以资本输出为早期形态的国际投资也随之产生。随着国际经济交易内容的不断丰富，投资的内容和形式也在不断地演化。从国际资本活动的历史进程来看，国际投资活动首先表现为货币资本的运动，即以国际借贷、国际证券投资为主要形式的国际间接投资，其标志是跨国银行的出现；其次表现为生产资本的运动，即国际直接投资，其标志是跨国公司的出现。

国际投资理论包括八种，分别是：垄断优势理论、内部化理论、产品生命周期理论、国际生产折衷理论、比较优势理论、国际直接投资发展阶段理论、投资诱发要素组合理论、补充性的对外直接投资理论。

以时间长短为依据，国际投资可分为长期投资（Long-term Investment）和短期投资（Short-term Investment）。以有无投资经营权为依据，国际投资可分为国际直接投资（International Direct Investment）和国际间接投资（International Indirect Investment）。国际直接投资与国际间接投资的区别是：投资者是否能有效地控制作为投资对象的外国企业，即是否拥有对国外企业的有效控制权。国际直接投资的性质和投资过程比国际间接投资复杂。国际直接投资与国际间接投资的投资者获取收益的性质和风险不同。

第一，投资主体。按照投资主体的不同，投资可以分为国家投资、企业投资和个人投资三种形式。其基本特征包括：参与国际投资活动的主体是多元化的。投资主体是指独立行使对外投资活动决策权力并承担相应责任的法人或自然人，包括官方和非官方机构、跨国公司、跨国金融机构及居民个人投资者。而跨国公司和跨国银行是其中的主体。

第二，投资资本形式。投资形式从价值角度体现为资本，但是，在实际投资过程中，其体现形式不同，参与国际投资活动的资本形式是多样化的。它既有以实物资本形式表现的资本，如机器设备、商品等，也有以无形资产形式表现的资本，如商标、专利、管理技术、情报信息、生产诀窍等；还有以金融资产形式表现的资本，如债券、股票、衍生证券等。以资本来源及用途为依据，国际投资可分为公共投资和私人投资。

第三，国际投资活动。国际投资活动是对资本的跨国经营活动，是各种资本运营的结合，是在经营中实现资本的增值。这一点既与国际贸易相区别，也与单纯的国际信贷活动相区别。国际贸易主要是商品的国际流通与交换，实现商品的价值；国际信贷主要是货币的贷方与回收，虽然其目的也是实现资本的价值增值，但在资本的具体营运过程中，资本的所有人对其并无控制权。

第四，国际投资对象。国际投资对象是指国际投资资本的受益实体，一般情形下，包括资本受益国家、地方政府、企业或个人等。[44]

第二节　国际投资的发展与趋势

一、国际投资的发展

（一）国际投资的初始形成阶段（1870—1913 年）

这一时期，以电力革命为标志的第二次科技革命出现后，生产力得到了快速发展，国际分工体系和国际垄断组织开始形成，银行资本和产业资本相互渗透融合，从而形成了巨大的金融资本，为资本输出提供了条件，以资本输出为特征的国际投资也随之形成[45]。这一时期的投资以英国、法国和德国为主体，资本流向其殖民地国家，其国际投资表现出如下特点：其一，投资国的数目很少；其二，投资的形式以间接投资为主，直接投资比重极小；其三，投资的来源主要是私人投资，官方投资比重很低；其四，投资的主要流向是由英国、法国和德国流向其殖民地国家，目的突出地反映为寻找有利的投资场所，以获得超额利润。

（二）国际投资的低速徘徊阶段（1914—1945 年）

这一时期是两次世界大战之间的时期。由于两次世界大战和 20 世纪 30 年代的大危机，资本主义国家不同程度地受到了战争的破坏，资金极度短缺，市场萎缩，国际投资活动也处于低迷徘徊之中。这一时期投资以美国为主体，资本主要流向两次世界大战非参与小国家，其国际投资活动的基本特点可概括为：第一，国际投资不甚活跃，规模较小，增长缓慢；第二，私人投资仍占主体，但比重有所下降，官方投资比重有所上升；第三，间接投资仍为主流，但直接投资的比重有所上升；第四，主要投资国地位发生变化，美国取代英国成为最大的对外投资国。

（三）国际投资的恢复增长阶段（1946—1979 年）

自从 1947 年美国开始实施“马歇尔计划”，大规模的对外投资活动拉开了序幕。加之这一阶段世界政治局势相对平稳以及第三次工业革命的兴起，使国际投资活动迅速恢复并快速增长。这一时期国际投资的主要国家是以美国为代表的西方国家及资源丰富的国家，资本流向战后经济恢复及独立的发展中国家，其国际投资活动的基本特点可概括为：第一，投资规模迅速扩张；第二，对外投资方式由以间接投资为主转变为以直接投资为主；第三，许多发展中国家也加入了国际投资国的行列之中，特别是石油输出国，其“石油美元”成为国际对外投资的重要资金来源。

（四）国际投资的迅猛发展阶段（1980 年至今）

这一阶段，在科技革命、金融改革和跨国公司全球化经营等多种因素的共同作用下，国际投资蓬勃发展，成为世界经济发展中最为活跃的因素。但不同国家的国际投资增长速度并不一致。其中，美国的增长速度放慢，而日本的增长速度加快。

二、国际投资的新特点

自 20 世纪 80 年代以后，国际投资进入了一个新的发展阶段，这一时期国际投资活动的基本特点可概括为：第一，国际直接投资继续高速增长；第二，国际间接投资也得到迅猛发展；第三，发达国家之间的资金对流，即相互投资成为国际投资的主流趋势；第四，形成了美国、日本、西欧“三足鼎立”的投资格局。

随着全球经济一体化步伐的加快，国际资本的跨国流动日趋活跃，并表现出许多新的特点。国际投资，特别是外国直接投资，在不断自由化和全球化的世界经济中正发挥着日趋重要的作用，成为世界经济中极其活跃的组成部分；跨国投资向金融、保险、电信、流通等行业转移；跨国投资由发展中国家逐步转向发达国家。

20 世纪 90 年代中期以前，发展中国家在跨国投资流入中所占份额增长很快，最高时达到 40%。但 1995 年以后，份额开始降低。在近年跨国投资高速增长的情况下，发展中国家吸收外商投资的增速缓慢，1995—2000 年分别为 1 000 亿美元、1 070 亿美元、1 380 亿美元、1 720 亿美元、1 730 亿美元和 1 980亿美元。1998 年发展中国家吸引外商投资占全球份额仅为 26%，1999 年更是下降到 24%。发达国家不但是理所当然的对外投资主体，也吸收了绝大部分新增跨国投资。1998 年增加的 1 920 亿美元几乎全部被发达国家吸纳；1999 年增加的 1 670 亿美元中，发达国家吸纳了 84%。这表明跨国投资取向发生了深刻变化，体现了投资领域发展中国家被“边缘化”的趋势。预计今后几年，全球外国直接投资的总体格局不会有大的改变，发达国家仍将在国际投资中持续占据绝对主体地位。

进入 20 世纪 90 年代，大多数发展中国家都将借助外资发展本国经济作为发展战略，国际直接投资日益成为许多发展中国家获取国际资本的主要方式。外国直接投资占发展中国家资本总流量的比例已由 1991 年的 28%增至 1998 年的 56%。在发展中国家，20 世纪 90 年代初、中期吸收外资增长最快、最多的是东亚地区，尤其是中国表现最突出，但近年却发生转折，拉美地区成为跨国投资热点。从今后发展趋势看，拉美地区由于私有化高潮已经过去，吸纳跨国投资将有所回落；前苏东地区由于政局、社会逐步稳定，经济形势趋向好转，对外资的吸引力越来越大，将成为新的跨国投资热点地区，非洲的大部分国家仍难以对外资产生真正的吸引力，只可能有个别国家或领域成为跨国投资的亮点；亚洲地区仍是跨国投资重点地区，但内部结构会有变化，中国地位有所下降，印度有可能以其市场、劳动力和新兴产业成为新的吸收外资大国，韩国由于其产业结构调整和企业重组会进一步扩大外资进入规模，甚至日本也可能由于其国内市场的开放而使外商投资有大幅度增长。

跨国投资的高速增长的内在原因是国际分工和全球竞争的发展，但得以实现的重要原因却是全球范围内的投资自由化。据统计，20 世纪 90 年代各国对有关政策的修订中 95%以上都是推进自由化、有利于外国投资的，即放松管制、加强市场作用和增加对外商投资的鼓励措施。目前，各发展中国家在吸引外资方面都不同程度地加大了政策力度。长期来看，印度和韩国将成为亚洲颇具国际投资吸引力和发展前途的目标投资国。而长期拒外资于国门之外的日本也有了令人瞩目的变化，如美国纳斯达克 2008 年 6 月在日本合资设立了第一个海外股票交易市场。

跨国并购已成为国际投资的主要形式，并仍然成为今后外国直接投资迅速增长的主要驱动力。近年来，跨国并购成为发达国家进入外国市场的主要方式，其对发展中国家的重要性也日益增强。据贸发会议统计，近年来公司并购涉及金额以 42%的速度增加，1999 年全球跨国并购额 7 200 亿美元，比上年增长 37%，比当年跨国投资增加总额还多。今后几年，跨国并购可能进一步深化，而规模会再创新高。金融、电信、医药、汽车等行业将在全球范围内实行资源重组，其主要手段就是跨国并购。在发达国家继续作为并购发生重点国的同时，由于发展中国家市场开放扩大，一些服务贸易领域、高新技术领域和某些资金技术密集行业也会出现大规模并购。

跨国投资向金融、保险、电信、流通等行业转移。20 世纪 90 年代中期以前的跨国投资，主要目的是利用当地生产要素或进入当地市场。而对东道国来说，也多是希望利用外商投资来解决资金、技术、管理等问题，达到解决国内就业、增加出口等目的。这决定了跨国投资的主要来源集中在传统制造业。但近年来，服务贸易领域的跨国投资越来越多，已占投资总额的近 50%。

随着全球化浪潮的日趋强劲，各国服务贸易领域的市场开放度越来越大，金融、保险、电信、流通等行业的跨国并购成为推动跨国投资的重要力量。而传统制造业领域，如汽车、电子、医药、化工等行业的跨国并购也在更深程度上依赖于服务贸易自由化的推进。这种趋势今后在跨国投资中甚至会更加明显。

三、国际投资的发展趋势

从国际投资的发展趋势来看，目前国际投资体现为以下趋势：国际投资规模全球化；国际投资结构知识化；国际投资地区集中化；国际投资形式联盟化；增长速度加快，规模连创历史纪录；跨国投资由发展中国家逐步转向发达国家；发展中国家吸收外国直接投资由东亚地区向拉美地区转移；投资自由化趋势日益明显。跨国并购已成为国际投资的主要形式，并仍将是今后外国直接投资迅速增长的主要驱动力。

第三节　中国对中亚国家投资现状

一、中国对中亚地区投资总体情况

近年来，中亚地区正成为中国境外投资新热点，直接投资持续增长，规模不断扩大。自 1992 年以来，中国在中亚地区累计投资近 90 亿美元，涉及油气、交通、电信、农业、化工、铁路机车和电站设备供应、城市基础设施建设、工程承包等多个领域，其中对石油化工、天然气、建筑建材领域的投资尤为突出。

二、中国对中亚地区投资规模情况

（一）中国对中亚地区投资流量比较

2010年中国对中亚地区投资主要集中于哈、土两国，占当年中国对中亚投资总额21.69亿美元的比重分别为47.27%和30.34%；对乌兹别克斯坦的投资则显得微不足道。近年来，中国对中亚地区投资流量呈现出极度不稳定性，波动剧烈。其中，增幅最大的为土库曼斯坦，2007—2010年增长356.5倍；哈、塔、乌三国表现均不太理想，呈现急剧下滑态势。金融危机对中国向哈、塔、乌三国投资影响巨大，但土、吉两国则在危机中后来居上，投资流量剧增，显然，金融危机对两国吸引中国投资影响甚微。

（二）中国对中亚地区投资存量比较

2003—2010年，中国对中亚地区投资的54.5%是针对哈萨克斯坦的；近3年，来自中国的投资异军突起，占中国对中亚投资总量的22.57%；特别是乌兹别克斯坦，仅占2.84%，显示出中国对中亚投资在地区分布上的严重不均衡。投资存量分布与中亚国家经济实力和资源禀赋高度相关。哈、土两国经济实力较强，吸引中国投资优势也相应较突出。但乌兹别克斯坦在中亚实力不弱，远强于吉、塔两国，引资规模却远为逊色，与乌兹别克斯坦实力不相称。[46]

三、中国对中亚地区投资领域情况

（一）能源领域投资是国际投资的主体

中国对哈萨克斯坦投资以能源领域为重点，主要包括石油勘探开发、加油站网络、农副产品加工、皮革加工、电信、餐饮服务、贸易等领域。哈萨克斯坦阿克纠宾斯克油田、卡布扎奇油田、哈萨克斯坦PK石油公司、里海盆地东缘中区石油勘探、巴甫洛达尔电解铝厂、铁路、铀矿开发、马伊纳克水电站、中哈原油管道输油、中哈天然气管道输气、中哈霍尔果斯国际边境合作中心跨境合作等重大项目，是中国对哈萨克斯坦主要投资项目。

对土库曼斯坦投资主要涉及能源资源开发、通信、化工、铁路、丝绸等领域，主要投资项目为从土库曼斯坦出发的中亚天然气输气管网对中国供气项目。[47]对乌兹别克斯坦投资主要涉及油田勘探开发、石油机械供应、水电站建设、机电产品供应、化工厂建设、通信设施建设、农业灌溉、土壤改良、市政工程建设及改造等领域。重点项目为中乌天然气管道项目、吐哈油田钻井和修井项目、中石油油气勘探项目、中信国际合作公司昆格勒碱厂项目、秋别卡坦钾肥厂项目、建设天然气管道加压站和储气库项目等。[48]

（二）基础设施投资为投资主要内容

对吉尔吉斯斯坦的投资涉及轻工、农产品和食品加工、农业种植、养殖、矿产资源开发和冶炼、承包工程、通信服务、运输、房地产开发、餐饮服务等多个领域，主要投资项目包括中吉乌公路吉境内段修复，阿莱盆地石油勘探开采，在吉铁矿、锡矿、金矿勘探开采项目等。对塔吉克斯坦的投资主要涉及电信、轻纺、农业等领域，输变电线建设、道路交通、电信等领域投资也正在实现突破。[49]主要投资项目包括杜尚别—恰奈克公路、500千伏南北输电线路项目、沙尔—沙尔隧道项目、塔—吉边境公路修复项目、阿尔滕—托普坎铅锌矿项目等。通过综合比较可以看出，中国对中亚各国的投资领域具有相似性，主要涉及石油天然气开采、交通和电信等基础设施建设、钻井机设备维修、汽车组装、农业养殖、农副产品加工、建筑建材、化工、医疗、轻纺、机电等十多个领域，其中石油化工和基础设施建设领域尤为突出。[50]

（三）中亚国家投资政策与环境

中亚各国投资政策与环境正在不断改善。中亚各国近年来不断与国际接轨，加快了融入经济全球化的速度。在市场化改革推动下，各国不断完善国内相关投资法规，相继出台各种投资保障与优惠政策，投资环境得以不断优化。哈萨克斯坦在机械制造、食品加工、建材、旅游、纺织、冶金等领域实施预先投资政策，对外国投资采用免税、关税优惠等政策；乌兹别克斯坦对于石油领域、交通通信、纺织加工、服装生产和电子产品、机械制造、建材、化工、食品和轻工业医疗等领域国际投资给予优先支持；塔吉克斯坦把基础设施、能源开发、农业等领域作为优先支持领域，给予外国投资税收、关税等方面的优惠。中亚各国投资保障和优惠力度与经济实力成反比。其中，哈、乌两国经济实力、投资环境相对较好，但投资限制较多，市场准入度低，优惠较少。哈萨克斯坦对于通信、银行、保险、建筑和传媒等领域限制了比较高的持股比例，石油行业投资利润分成比例较高，退出门槛也较高，对于劳务许可配制配额苛刻；同样，乌兹别克斯坦对于外资注册资本要求高，外资持股比例要求在30%以下，石油开采采用歧视性分配政策和高额的资源税负。吉、塔两国经济基础最弱，但投资限制较少。

第四节　国际投资要素构成与投资模式

模式（Pattern）就是解决某一类问题的方法论。即把解决某类问题的方法总结归纳到理论高度，就是模式 。投资模式（Investment Model ）是通过积累、分析和总结前人投资成功经验和失败教训，从中抽象出来的共性内容，用于指导投资分析和决策。

研究国际投资模式首先需要对国际投资模式的构成要素进行研究。一般情况下，国际投资模式的构成要素包括：投资主体、投资资本形式、投资对象、投资形式、投资期限、投资环境等。下面，我们将对国际投资模式中要素构成进行分析。

一、国际投资的要素构成

（一）国际投资主体

国际投资主体是有独立投资决策权，并对投资结果负责的经济法人和自然人；其既可以是官方机构、跨国公司，也可以是金融机构、居民个人。作为国际投资主体，必须具有从事国际投资活动的权利能力和行为能力。国际投资主体不同，其从事国际投资活动的能力范围也有不同的规定。如外国法人到他国法律人格必须得到该国承认，主要采取登记制、许可制、互相认可制等形式。

国际投资主体是多元化的，包括跨国公司、跨国金融机构、官方与半官方机构和个人投资者等多种类型。

1. 跨国公司

由两个或两个以上国家的经济实体组成，并从事生产、销售和其他经营活动的国际性大型企业。它是国际直接投资的主体。

2. 跨国金融机构

跨国金融机构包括跨国银行及非银行金融机构，是参与国际证券投资和金融服务业直接投资的主体。近年来，各类基金的发展是其中最大的亮点。

3. 官方与半官方机构

官方与半官方机构包括各国政府部门及各类国际性组织，它们是某些带有国际经济援助性质的基础性、公益性国际投资的主要承担者。

4. 个人投资者

个人投资者是以参与国际证券投资为主的群体。

（二）国际投资资本形式

国际投资资本形式是资本在国际投资中的具体表现形式，参与国际投资活动的资本形式是多样化的，主要包括三种：实物形式资本、无形形式资本和金融形式资本。既有以实物资本形式表现的资本，如机器设备、商品等；也有以无形资产形式表现的资本，如商标、专利、管理技术、情报信息、生产诀窍等；还有以金融资产形式表现的资本，如债券、股票、衍生证券等。

目前，国际投资资本形式主要体现为实物形式资本，一部分是设备和商品方面的实物的国际投资；另一部分是劳动力的国际投资。实物形式的国际投资是国际投资中可以体现的实物的投入，以物化的形式实现有形的投资形式。另一种国际投资的主要形式是无形资产的投资，目前，国际投资中技术、专利、商标和信息等成为国际投资的主要增长点，它体现一个国家创新能力的国际投资水平。随着全球经济一体化，金融形式的国际投资也逐步得到发展，尤其经济强国之间的金融资产投资得到一定的发展，主要表现在国家之间债券和股票的交易，间接地进行国际投资，但是金融资产的投资主要体现在经济规模大、经济国际化水平高的国家之间的国际投资。

（三）国际投资对象

国际投资对象是指资产或者资金所有者以获取资本利得为目的进行投资活动时所选择的增值对象。一般来讲，可以将资本投资于实业，也可投资于金融领域。

一般情况下，国际投资既包括国际工程建设项目、技术合作项目等投资，也包括资金投资的证券、股票、债权等方面的投资。实业投资项目也可以细分为：基础设施的建设项目、资源开发建设项目、工业专项投资项目、服务文化与教育等方面的工程投资项目。技术合作项目是投资国以技术、专利、信息和商标等资产投资于各个项目中。金融投资包括国家债权的投资、企业股票和证券的投资等。

（四）国际投资形式

国际投资按不同标准可以分为不同的类别，其中按投资形式和性质的不同，可分为国际直接投资（International Direct Investment）与国际间接投资（International Indirect Investment）。二者的区别为投资者对所投资的企业有无控制权或经营管理权。同时，国际投资的表现形式分为国家投资和私人投资两种，国家投资主体是国家政府或国家企业对外的投资，私人投资主要是国家私人企业或个人进行的国际投资。通常，国际私人直接投资在国际投资中占据主导地位，对世界经济的发展起着举足轻重的作用。

国际直接投资是指伴有企业经营管理权和控制权的投资，投资者在海外直接经营企业，并对企业的经营管理享有较大的控制权。国际直接投资的形式表现为：第一，以参加外国企业的经营为目的而取得其股份，或收购、兼并当地企业；第二，在外国新设享有100%股权的子公司，或与当地投资者组建合营企业；第三，在外国新设分公司、营业所、工厂，或收购原有工厂，扩大分公司、工厂等；第四，单独或联合投资参与东道国资源开发项目等。无论采取何种形式，投资者必须对所投资的企业享有一定的控制权，这种控制权通常是与股权联系在一起的。对于拥有多少数额的股权才构成控制权并构成直接投资，各国立法不一。

国际间接投资是指投资者仅以其持有的能提供收入的股票或债券进行的投资，投资者不参与企业的经营管理，亦不享有企业的控制权或支配权。国际间接投资的形式表现为：其一，投资者在证券市场上购买上市公司的股票或公司债券等收取股息或利息；其二，一国银行向位于另一国的企业提供贷款等。

国际直接投资与国际间接投资的区别是：国际直接投资是与国际间接投资相对应的一种国际投资基本形式。

首先，从投资资金到投资项目的过程看，直接投资为一步到位，即某项投资直接到生产领域；而间接投资是分步到位，即资金先到金融领域，再到生产领域。

其次，从能否派生投资主体角度看，直接投资一经完成后不产生新的投资主体，而间接投资可产生新的投资主体。

最后，从获利途径看，直接投资通过参与和控制经营管理来获取其经济效应，获利的多少直接与投资主体所控制的企业经营成果相关。而间接投资自身不参与经营管理，仅以获取债券利息或股票股息为目的。但是，当购买的数量过大而涉及经营权时则另当别论。

在上述三条原则中，经营权是核心。对企业而言，只要以“有效控制”为目的，无论在国外获得的是实物资产还是股票，均为直接投资。

（五）国际投资期限

国际投资以时间长短可分为短期投资（Short-term Investment）和长期投资（Long-term Investment）。短期投资是指能够随时变现、持有时间不超过一年的有价证券投资及不超过一年的其他投资。短期投资主要利用债券和股票等有价证券进行投资，具有投资风险小、变现能力强、收益率低等特点。长期投资是指不准备随时变现、持有时间超过一年的有价证券投资及超过一年的其他投资。长期投资可以利用现金、实物、无形资产、有价证券等进行，具有投资风险大、变现能力差、收益率高等特点。对外长期投资与短期投资的划分并不完全取决于投资期限的长短，而是取决于投资的目的。在一年内不能随时变现的证券和其他资产通常用于长期投资，但可以随时变现的有价证券则可根据需要用于短期投资。

在实践中，长期投资有向短期投资转化的情形，具体分为两种：①时间性转化。随着时间的推移，长期投资到期日逐步临近，如在一年内到期的长期投资，实际上已是短期投资。②管理性转化。在长期投资期间，因企业急需资金或发现接受投资单位财务状况恶化，继续执行长期投资将招致很大损失，企业改变投资目的，可将长期投资迅速变现。

（六）国际投资环境

国际投资环境是在国际投资过程中影响跨国企业生产经营活动的各种外部条件或因素相互依赖、相互完善、相互制约所形成的有机统一体。具体来说，国际投资环境是指外国投资者在一国进行投资活动时的各种条件的综合体。国际投资环境可以分为狭义的投资环境和广义的投资环境。狭义的投资环境是指投资的经济环境，包括一国经济发展水平、经济发展战略、经济体制、基础设施、市场的完善程度、产业结构、外汇管制和经济物价的稳定程度等。广义的投资环境除包括狭义的投资环境外，还包括政治、法律、社会文化等对投资可能产生影响的所有的外部因素。我们所说的投资环境通常是指广义的投资环境。

按地域范围划分，国际投资环境可以分为宏观投资环境和微观投资环境。宏观投资环境是指整个国家范围内影响投资的各种因素的总和。微观投资环境是指一个地区范围内影响投资的各种因素的总和。微观投资环境是一国宏观投资环境的构成部分，其因各个地区的经济状况、社会文化、基础设施、优惠政策等的不同而各异，但微观投资环境的改善会促进一国宏观投资环境的改善。从投资环境表现的形态来看，国际投资环境可以分为硬环境和软环境。硬环境是指能够影响投资的外部物质条件，如能源供应、交通运输、邮电通信、自然资源和社会生活服务设施等。软环境是指能够影响投资的各种非物质形态因素，如政策、法规、行政办事效率、政府管理水平以及宗教信仰等。从投资环境各因素的稳定程度来划分，国际投资环境可以分为自然环境、人为自然环境和人为环境三类。自然环境是相对稳定因素，主要包括自然资源、人力资源和地理条件等；人为自然环境是中期可变因素，主要包括实际增长率、经济结构和劳动生产率等；人为环境是短期可变因素，主要包括一国的开放程度、投资政策和政策连续性等。

国际投资与国内投资不同，投资者在东道国之外，风险很大，因此，国际投资环境的好坏、投资者对国际投资环境的了解程度与分析评估直接影响着投资效益的高低。具体来说，投资环境就是一个国家或地区接受和吸引外商投资所具备的条件，通常由五大因素构成，即自然因素、政治因素、经济因素、法律因素和社会文化因素。

二、国际投资的理论模型架构

通过对国际投资的因素分析可以看出，国际投资要素中投资主体通过特定的资本形式，以长期或短期投资形式对投资对象进行有预期收益形式的经济活动，这些经济活动中资本形式的选择、投资形式和投资期限的选择受不同的投资环境约束，因此，不同国家之间的投资模式往往体现为不同的形式。但是，国际投资理论模型的架构可以体现一般性因素之间的关系。国际投资理论模型的因素关系如图 3-1 所示。

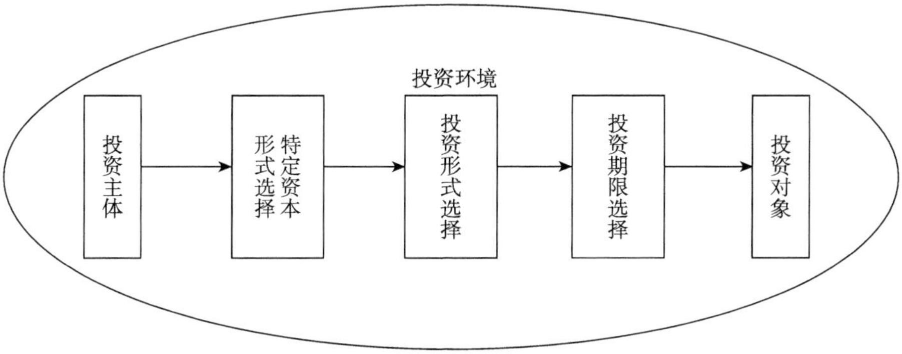

图 3-1 国际投资理论模型的因素关系

其实，图 3-1 反映的仅仅是国际投资模型中因素之间的关系，并未反映出国际投资模型中的内在机理和具体内容，因此我们可以设计出具体的国际投资理论模型架构，以反映国际投资理论模型一般性的内在机理和具体内容（见图 3-2）。

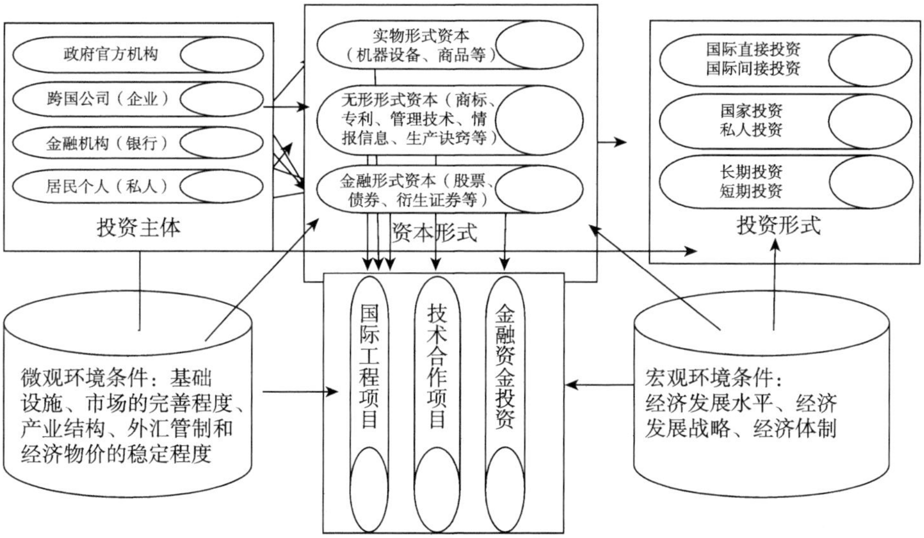

图 3-2 国际投资理论

第五节 中国对中亚国家投资模式的选择

一、国际投资的几个典型模式

随着社会经济的发展，工程项目投资规模越来越大，单一的资金筹措方式和融资渠道无法满足工程建设需求。因此，国际投资项目融资模式中现代工程建设往往需要综合利用多种筹资方式，从不同渠道筹集所需的建设资金。项目融资模式是指为满足工程建设资金的需求，项目发起人或投资者所采用的不同融资方式的组合以及其中所包含的融资各方的经济法律关系。

（一）国际公司融资模式

国际公司融资是指通过国际金融市场来筹集企业发展所需的流动资金和中长期资金，目的是进入资金成本更优惠的市场，扩大企业发展资金的可获取性，降低资金成本。比如，国际货币基金组织、亚洲基础设施投资银行、亚洲开发银行等都是著名的国际融资机构。国际投资的主要融资方式包括国际债券融资、国际股票融资、海外投资基金融资、外国政府贷款、金融组织贷款等。这类国际投资对象适合欠发达国家，投资主体是经济实力强、外汇充足，通过国际融资资本投资给投资对象的国家金融机构。国际公司融资模式的主要优点包括：第一，融资结构简单明了，易操作；第二，项目公司享有资金的全部使用权；第三，在项目实施过程中，受银行和金融机构的监督及控制较少。缺点主要包括：第一，融资金额有限；第二，以公司资产作抵押，实行无限追索，风险很大。

（二）BOT 模式

BOT 是英文 Build - Operate - Transfer 的缩写，直译为“建设—经营—转让”。BOT 实质上是基础设施投资、建设和经营的一种方式，以政府和私人机构之间达成协议为前提，由政府向私人机构颁布特许，允许其在一定时期内筹集资金建设某一基础设施并管理和经营该设施及其相应的产品与服务。BOT 模式主要投资的项目是国家公路工程、交通设施建设或其他公共设施的建设，投资对象主要集中在基础设施较差的欠发达国家，投资主体为国家机构或跨国公司。

BOT 模式的主要优点包括：第一，减少项目对政府财政预算的影响；第二，可以克服政府投资的超工期、超成本和运营服务差等弊端；第三，公共基础设施项目现金流量稳定，投资风险相对较小，可以为投资者带来稳定、长期的投资收益；第四，项目的特许权协议是在投资者和政府之间签订的，法律约束力较强，投资者可以获得有效的法律保障。

在融资结构和融资程序上，BOT 模式并没有太大的缺陷，但在实际运作中，因为项目规模和资金需求巨大，而模式本身所涉及的相关方较多，关系复杂，所以，只有在规范完善的制度体系下，才能真正发挥 BOT 模式的优势。BOT 模式在实际应用中，因为项目本身的特点，出现了一些变化，但融资方式的本质没有发生变化，如：BOOT（Build-Own-Operate-Transfer）模式，即建造—拥有—运营—移交模式。这种模式是 BOT 模式的扩展，在运行程序上与 BOT 模式相类似。BOOT 和 BOT 模式的区别在于，在 BOOT 模式下，项目公司不仅拥有项目的经营权，还拥有一定期限的项目所有权。因此，在特许期内，项目公司可以将现有项目作为其自有资产抵押从而进行二次融资。一般来说，采用 BOOT 模式，项目公司对项目的拥有和运营时间比 BOT 模式要长很多。BT（Build-Transfer）模式，即建造—移交模式。在这种模式下，项目由项目公司融资建设，项目建成后立即移交政府运营，此后政府按分期付款的方式收购该项目。BLT（Build-Lease-Transfer）模式，即建造—租赁—移交模式。在这个模式下，政府只允许项目公司融资和建设，在项目建成后，由政府租赁并负责运行，项目公司用政府付给的租金还贷，租赁期结束后，项目资产移交政府。

（三）TOT 模式

TOT 是英文 Transfer-Operate-Transfer 的缩写，即移交—经营—移交。

TOT 方式是国际上较为流行的一种项目融资方式，通常是指政府部门或国有企业将建设好的项目的一定期限的产权或经营权，有偿转让给投资人，由其进行运营管理；投资人在约定的期限内通过经营收回全部投资并得到合理的回报，双方合约期满之后，投资人再将该项目交还政府部门或原企业的一种融资方式。该融资模式投资对象与 BOT 模式基本相同。

TOT 模式的主要优点包括：第一，以现有投产的基础设施项目为基础，减少了私营企业建设期内的风险，降低了民营企业进入基础设施产业的门槛。第二，在转让过程中，通过转让经营权，形成基础设施产业的民营模式，使基础设施产业的经营效益与经营者的利益直接挂钩，从而达到有效激励企业经营者和员工的目的，同时也为地方、地区、中央政府增加了财政收入。第三，在项目特许经营期结束后，项目无偿归还政府，从而最终保持了国有资产的性质，保证了政府对基础设施产业的调控权，防止了国有资产的流失。第四，把民间资本中的效率机制引入基础设施产业，可以极大地提高基础设施的管理效率，改善目前基础设施产业运营中财务匮乏的状况。

TOT 模式的局限性表现在转让价格的确定上，目前，对该模式的主要争议也集中在这一问题上。在实际运营中，转让价格过低，易使国有资产流失，而价格过高，则不易吸引资金。

（四）ABS 模式

ABS（Asset-Backed Securitization）模式的汉译全称是“资产支持证券化”融资模式，是指以目标项目所拥有的资产为基础，以该项目资产的未来预期收益为保证，在资本市场上发行高级债券来筹集资金的一种融资方式。ABS 模式投资对象大部分为自然资源丰富的国家和地区，投资项目大都选择大型的资源开发项目、能源加工项目、化工等轻工业项目等。

ABS 融资模式的主要优点包括：第一，通过信用担保和信用增级计划，使项目能进入国际高档投资级证券市场，而且交易环节少、融资成本低；第二，由于债券在证券市场上公开发行，变现能力强，可吸引个人投资者，从而可以分散项目的投资风险，有利于短期资金向长期资金转换；第三，融资成本低。

ABS 融资模式的局限性包括：第一，ABS 融资主要是通过民间而非政府的途径，按照市场经济规则运作的融资模式，因此，利用 ABS 融资模式的前提是必须具备成熟完善的资本市场；第二，采用 ABS 融资方式的项目一般投资规模都较大，对其信用担保或信用增级难度大，全部靠发行证券来筹集项目建设资金也具有相当大的难度。

（五）PPP 模式

PPP（Public-Private-Partnerships）模式，即公共部门与私人企业合作模式，也称为“公私合作”融资模式。这种模式是政府、营利性企业和非营利性企业基于某个项目而形成的相互合作关系，合作各方参与项目运作时，政府并不把项目的责任和风险全部转移给私人企业，而是由参与合作的各方共同承担责任和融资风险。在这种模式下，私营企业的投资目标是寻求既能够还贷又有投资回报的项目，政府的社会经济目标是通过投资给社会带来最大的经济效益。一般情况下，PPP 模式的主体即国家、企业或私人通过具体如轻纺、家电、食品、电子、建材、机械、农业等领域的项目投资实现收益。[51]

PPP 融资模式的优点包括：第一，贷款人以政府给予的有限承诺作为贷款的安全保障；第二，该模式下，政府部门对于项目的建设工作拥有一定决策权和控制权；第三，项目的风险和责任分配更合理，因此项目融资成功的可能性更大。

（六）PFI 模式

PFI 模式具体是指政府部门根据社会对基础设施的需求，提出需要建设的项目，通过招投标，由获得特许权的私营部门进行公共基础设施项目的建设与运营，并在特许期（通常为 30 年左右）结束时将所经营的项目完好地、无债务地归还政府，而私营部门则向政府部门或接受服务方收取费用以回收成本的项目融资方式。

PFI 模式的主要优点包括：第一，以潜在的巨大市场及利润吸引各种来源的私人资本，投资基础设施建设，弥补资金的不足，减轻政府财政负担；第二，PFI 不会像 BOT 方式那样使政府在特许期内完全失去对项目所有权或经营权的控制，政府在特许权期间不出让项目的所有权，可随时检查 PFI 项目的工作进展。

PFI 模式的局限性表现为：对政府而言，如何合理确定合作公司具有一定难度，而且在合作中政府要承担一定的责任，这增加了政府的风险。同时，该模式下组织形式比较复杂，增加了管理协调难度，对参与方的管理水平要求较高。

二、中国对中亚国家直接投资目标和方式的选择

中国企业对中亚国家直接投资的模式应是资源获取型投资及市场占有型投资并举。这是由中亚国家与中国双方在资源上的供求关系和在制造业上的技术差异所决定的。

（一）中国对中亚国家直接投资目标的选择

1. 资源获取型投资

我国是人均自然资源不充裕的国家，资源约束对我国经济可持续发展的影响日益明显。通过对资源充裕的中亚国家和地区投资发展资源密集型产业，既可以充分利用和发挥这些地区丰富的资源优势来弥补国内资源缺口，又可以获取良好的经济效益。中国在中亚国家的对外投资具有地缘政治、经济、文化等有利因素。中亚地区丰富的石油、天然气、铁、钾盐等自然资源对我国有着巨大的吸引力。特别是上海合作组织框架下贸易与投资便利化进程的加快，将进一步促进中国企业在中亚国家的直接投资，巨大的内部市场和丰富的自然资源都将为中国企业在该地区进行资本、商品和劳务的跨国流动带来较大的便利和商机。该地区投资基础良好，市场潜力大，易于发挥我国企业的比较优势和竞争优势，与我国互补性强，投资前景广阔。

2. 市场占有型投资

目前，中亚国家的制造业还处于低层次的技术结构上，而我国制造业具有小规模优势、适用技术优势和特色技术优势，如轻纺、家电、食品、电子、

建材、机械等行业相当一部分产品的技术性能和质量较为稳定，具有比较优势，很适合中亚国家的市场需求，都适合在中亚地区投资（段秀芳，2007）。并且这些产业部门的生产出现了总供给过剩而国内市场相对饱和的情况，尤其是我国东部正面临产业结构调整和加工贸易转型升级的压力，具备了向中亚国家实行“梯度转移”的条件。另外，这类产业基本上都属于劳动密集型，劳动力素质也无须太高，很容易就地转化，同时，能创造大量就业机会，较大地满足中亚国家扩大就业和产业结构调整的需要，使合作双方互惠互利，使投资顺利进行。

（二）中国对中亚国家直接投资方式的选择

目前，我国对中亚市场直接投资整体实力有限、规模较小、产业层次偏低，竞争力较弱，在“走出去”的方式上应选择渐进式的海外扩张方式。循序渐进的扩张方式更适用于企业沿着学习曲线积累海外经营的经验，企业可采取从点、线、面向立体纵深方向发展的“走出去”战略推进方式，即先期考察并设立境外贸易网“点”；待项目可行后则设立境外企业，组织生产线或设备出口，并带动原材料、零配件出口，最终做到横跨两个市场的出口“线”；之后就地生产，就地销售，建立营销和服务体系，最终做到产品市场“面”的扩大。

具体来说，在进行对外投资时，企业可以选择以国际贸易为先导，随后再分阶段、分步骤将企业的生产经营环节向目标市场拓展，根据自身实际条件，由低到高逐级选择直接出口、设立海外代表处、设立海外分公司或子公司等方式（鲁桐，2003）。

在具体的直接投资方式上，对中亚国家投资应采取以合资经营为主的进入方式。一方面，分散投资风险；另一方面，我国投资的多是成熟技术的过剩产业或边际产业，没有必要控制。此外，还可以利用东道国的人才、市场资源，避免经营过程的冲突和摩擦。而投资中亚国家的传统技术产品，应以独资经营方式建厂进入，以便保持拥有的所有权优势，防止技术当地化扩散。[52]

三、中国对中亚国家投资模式的选择

综合以上理论研究可以看出，国际投资模式应当依据投资领域和投资环境选择相应的投资要素，包括投资主体、投资对象、投资形式、投资期限等，并形成具有一般形式的投资框架。因此，我们可以归纳出中国对中亚国家投资的几个典型模式。

中亚国家中，哈萨克斯坦、乌兹别克斯坦两个国家经济实力较强，在机械制造、食品加工、建材、旅游、纺织、冶金等领域有更多的优惠政策，但是对相关领域市场准入度低，尤其对石油、金融、通信、建筑业和传媒等领域的限制条件高，劳务输出许可配置苛刻，因此，中国对两国进行国际投资时，应以间接投资的金融融资方式最为合理。其国际投资模式见表 3-1。

中亚国家中，塔吉克斯坦、吉尔吉斯斯坦和土库曼斯坦三国经济实力相对较弱，国家基础设施差，这些国家对于投资条件要求相对较低，可以投资的领域包括能源开发、基础设施建设、机械制造、食品加工、建材、旅游、纺织、冶金等，金融、通信和建筑业限制相对较弱，[53]因此，中国对这三个国家的国际投资可采用深度合作的方式进行。[54]其国际投资模式见表 3-2。

表 3-1　中国对哈萨克斯坦和乌兹别克斯坦国际投资模式

模式	投资主体	投资方式	投资领域	投资期限	资本形式	政策与投资环境	建议投资模式
模式 1	国际融资公司、政府机构	间接投资	石油、金融、通信、建筑和传媒等领域	中短期投资	债券、股票和衍生债券、技术资本	限制条件苛刻	ABS 模式或国际公司融资模式
模式 2	跨国企业、私人公司	直接投资	基础设施建设项目投资	短期投资	实物资本	政府支持	TOT 模式或 PFI 模式
			机械制造、建材、旅游、冶金等领域	中长期投资	实物资本或技术资本	政府给予优惠政策	BOT 模式
			纺织、食品加工领域				PPP 模式
模式 3	国家大型跨国公司	直接投资	石油领域	中长期投资	实物资本或技术资本	注册条件和利润分成要求高	TOT 模式或 BOT 模式

资料来源：根据《中亚国家发展报告（2015—2018）》及相关资料整理。

表 3-2　中国对塔吉克斯坦、吉尔吉斯斯坦和土库曼斯坦国际投资模式

模式	投资主体	投资方式	投资领域	投资期限	资本形式	政策与投资环境	建议投资模式
模式 1	国际融资公司、政府机构	间接投资	金融领域	短期投资	债券、股票和衍生债券、技术资本	限制条件较弱	ABS 模式或国际公司融资模式
模式 2	大型跨国企业	直接投资	石油开发、基础设施建设	中长期投资	实物资本或技术资本	限制条件较弱	TOT 模式或 BOT 模式
			通信、传媒和建筑等领域				TOT 模式或 PFI 模式
模式 3	国家大型跨国公司	直接投资	机械制造、建材、旅游、冶金等领域	中长期投资	实物资本或技术资本	政府给予优惠政策	BOT 模式或 TOT 模式
			纺织、食品加工领域				PPP 模式

资料来源：根据《中亚国家发展报告（2015—2018）》及相关资料整理。

通过对中亚国家投资模式的研究可以看出，哈萨克斯坦、乌兹别克斯坦两个国家经济相对发达，部分领域投资限制条件比较高，我国对这两个国家的石油、金融、通信、传媒和建筑等领域可以优先选择利用国际货币基金组织、亚洲基础设施投资银行、亚洲开发银行等金融机构以间接方式进行投资，尽管这些领域投资限制条件比较高，但是在石油、通信和建筑等领域，我国可以采用直接投资的方式，主要以设备、技术等形式参与或承包项目工程进行投资，也可以采用 TOT 模式进行项目投资。哈萨克斯坦、乌兹别克斯坦两国政府的政策环境比较好，因此，我国应当积极参与这两个国家基础设施建设、机械制造、建材、旅游、冶金等领域的投资，采用直接投资方式，以设备、人力和技术等要素进行全面投资，这些领域可以采用 TOT 模式、BOT 模式和 PPP 模式等投资模式。这两个国家能源资源丰富，尤其石油资源相对其他中亚国家富裕，但是它们对于能源项目投资限制条件比较苛刻，尽管如此，我国不能忽视这两个国家能源项目的投资，一方面，应通过国际公司融资模式投资这两个国家的能源项目；另一方面，应利用我国技术、设备优势直接投资能源开发和加工项目。

中亚国家中塔吉克斯坦、吉尔吉斯斯坦、土库曼斯坦经济实力相对较低，其对外国投资的限制条件相对较低，我国对这三个中亚国家的投资应当采取直接投资为主、间接投资为辅的方式，优先投资这些国家的基础设施建设项目、能源开发和加工项目，这些领域投资模式可以采用 TOT 模式或 BOT 模式。同时，即应当加强在机械制造、冶金、纺织、通信、食品加工等领域的投资，这些领域可以采用 BOT 模式、TOT 模式、PFI 模式等投资模式。

第六节　中国对中亚国家投资风险分析

一、中国对中亚国家投资环境与政策风险分析

相对来说，中亚国家总体上政权稳定，领导人及集体决策和政策具有连续性，但是吉尔吉斯斯坦因2005年发生了“黄色革命”，其国家政权受乌克兰危机影响而变得相对不稳定，其他国家政权比较稳定。因此，我国对中亚国家投资过程中的政权更迭产生的风险相对较低。但是，在对中亚国家投资过程中，我国应当密切注意乌克兰局势对这些国家政权的影响，这些变化有可能给我国对中亚国家投资带来风险。

中亚国家从计划市场国家转化而来，它们对于市场经济表现呈现出既欢迎又排斥的心态，一方面希望对外投资发展本国经济，另一方面又担心国际投资会使本国资源和财富流失，因此，对中亚国家投资的企业经常会遭到政府和管理部门人为设置障碍，也存在着随意修改政策、法律和合约等情况，这给国际投资带来严重的不确定性。同时，中亚国家政府管理部门腐败情况比较严重，外资企业在经营过程中可能会受到管理部门的刁难和不正常的干扰，直接影响外资企业经营决策和管理，以上这些情况都构成了对中亚国家国际投资的潜在风险。

从法律层面来看，中亚国家中除了土库曼斯坦外，其他四个国家都是上海合作组织成员国。同时，我国与哈萨克斯坦签署了一系列石油开发和运输的合作文件，哈萨克斯坦等国家也相继出台了有关资源开发的法律文件，支持本国资源开发项目等，这些法律为我国对中亚国家的投资提供了保障。但是，中亚国家成立时间不长，它们关于国际投资的法律和政策不够健全，现有相关法律与国际接轨不够，同时，中亚国家政府部门在国家法律政策的执行方面存在着随意性和不严谨的情况，政府决策随意性比较大，这些不确定性都可能会给我国对中亚国家投资带来风险。另外，中亚国家社会治安情况

较差，中国投资者经常会遭到敲诈勒索，部分投资企业可能遭到抢劫，人身安全受到威胁。这些都可能给我国对中亚国家投资带来风险。

二、中国对中亚国家投资技术风险分析

从技术层面来看，中亚国家贸易壁垒比较严重，尽管哈、吉、乌实现了货币自由兑换，但是，各国对货币自由兑换和出入都实行了严格的管制。哈萨克斯坦实行高关税政策，尤其对食品出口给予高达30%以上的关税，这都不利于我国对哈萨克斯坦的食品项目投资。同时，乌兹别克斯坦、塔吉克斯坦两个国家实行高水平的市场准入和退出标准，这可能给我国对中亚国家投资带来困难。

一方面，中亚国家的公民普遍缺乏现代企业管理意识，习惯于计划体制下“大锅饭”生产方式，投资企业劳动力的效率可能会降低，尤其合资企业运转会出现相当多的困难。另一方面，中亚国家实行严格的外汇管制，国际结算能力差，没有规范的国际货币结算体系，投资者进行资金结算复杂，在结算过程中可能会受到人为刁难和敲诈。

中亚国家市场相对脆弱，无论原材料市场还是产品市场，都存在着巨大的不确定性。中亚国家人口规模不大，市场需求量不足，产品市场需求变化比较快，原材料市场往往受国内或国际政策的影响，随时都可能出现市场供给不足的情况，这就需要国际投资企业具有很强的市场防范意识和能力，规避国际投资的市场风险。

第四章
国际经济技术合作的理论与模式研究

第一节　国际经济技术合作的基本概念与理论

国际经济技术合作是指第二次世界大战以后，不同主权国家政府、国际经济组织和超越国家界限的自然人与法人为了共同的利益，在生产领域中以生产要素的移动与重新组合配置为主要内容而进行的较长期的经济协作活动；国家间的经济政策协调也是国际技术经济合作的重要内容。[55]国际经济技术合作包括以资本、劳动力要素为基础的国际合作，主要包括国际资本投资、资本拆借和劳务输出等方面，也包括以技术入股、技术转让为基础的技术合作。国际经济技术合作分别研究国际经济合作与技术合作两个层面的理论问题。

一、国际经济合作的基本概念与理论

这里讲到的国际经济合作主要是国际投资和国际债务。国际投资的基本概念及相关理论前文已做了表述，本章仅对国际债务基本概念及相关理论进行表述。

关于国际债务（外债），国际金融和经济组织如国际货币基金组织、世界银行、国际清算银行以及经合组织等国际组织的解释是在任何特定的时间，一国居民对非居民承担的已拨付尚未清偿的具有契约性偿还义务的全部债务，包括需要偿还的本金及需支付的利息。在我国，外债被定义为中国境

内的机关、团体、企业（含外商投资企业）、事业单位、金融机构或者其他机构对中国境外的国际金融组织、外国政府、金融机构、企业或者其他机构用外国货币承担的具有契约性偿还义务的全部债务。

苏特（Suter，1986）从经济周期的角度提出综合性的国际债务危机理论。他把与经济周期相关的全球债务周期分为三个阶段：①国际借贷扩张，中心国家资本向国外投资，边缘国家外债增多；②外债的大量积累导致债务国偿债负担加重，逐渐失去偿债能力，最终爆发债务危机；③债权、债务国间就债务清理问题进行谈判并达成协议，边缘、半边缘债务国因而得以继续从国际市场上融资，但不良的偿债记录限制了这种融资的规模，直至新周期第一阶段即贷款繁荣阶段的来临。

国际债务可以从不同角度加以划分：①按债务形式划分，可分为国际商业贷款、外币债券、贸易融资、国际金融租赁、政府和国际金融组织贷款、对外私人存款。②按债务期限划分，可分为中长期债务和短期债务。③按债务人划分，可分为政府机构借款、金融机构借款、国有企业借款、外商投资企业借款和其他机构借款。④按债权人划分，可分为国际金融组织贷款、外国政府贷款、外国银行和金融机构贷款、外国企业或个人贷款。

国外的“债务（商账）追收”英文为 International Debt Collection，译为“国际商账追收”或“海外商账追收”。“国际商账追收”不能单纯理解为讨债，它是指通过与海外商账追收组织、律师事务所、侦探公司等机构联系及合作，合法地进行商账追收服务，降低企业风险率和坏账率，防范和规避企业由于使用赊销方式带来的信用风险。

债务危机（Debt Crisis）是指在国际借贷领域中大量负债超过了借款者自身的清偿能力所造成的无力还债或必须延期还债的现象。20 世纪 80 年代发展中国家出现了受到债务严重困扰的局面。衡量一个国家外债清偿能力有多个指标，其中最主要的是外债清偿率，即一个国家在一年中外债的还本付息额占当年或上一年出口收汇额的比率。一般情况下，这一指标应保持在 20%以下，超过 20%就说明外债负担过高。

劳务合作是通过劳动力转移互为补充、互为需求、相互合作、共同发展的一种国际经济合作方式。不同的社会制度，其内容、含义、合作方式、合作目的不尽相同。

国际劳务合作是指一国的自然人或法人通过某种形式向另一国的自然人、法人或政府机构提供劳务以获取经济利益的一种国际经济合作方式。提供劳务的一方称为劳务输出方，也叫受聘方；接受劳务的一方称为劳务输入方，也叫聘请方。国际劳务合作主要有两类：一类是单纯派出劳务人员为聘请方服务。这种形式下，输出方除提供劳务外，不投入任何费用，不承担任何风险。另一类是通过承包对方工程项目的形式向聘请方提供劳务，输出方要对工程的部分费用和工程负责，承担风险。

国际劳务合作的益处包括：提供劳务的一方能解决人员就业、带动产品出口、增加外汇收入；接受劳务的一方能解决劳动力短缺问题，获得某些技术、设备和管理经验。

二、国际技术合作的基本概念与理论

技术经济协作是指技术输出方通过各种方式把生产技术和管理技术转让给技术引进方的技术经济交流活动。技术经济协作可在各国之间进行，也可在国内各省、市（区）之间进行。国际技术经济协作主要包括各种方式的技术转让和技术引进；国内各地区之间的技术经济协作主要是科研成果（包括技术成果和管理成果）转让和各式各样的技术经济合作项目等。

一般情况下，技术合作模式包括技术入股和技术转让两种。

技术入股是指技术持有国（或者技术出资国）的公司或个人以技术成果作为无形资产作价出资的行为。技术成果入股后，技术出资方取得股东地位，相应的技术成果财产权转归技术持有国公司或个人享有。技术入股，可以按照技术成果的价值由双方协议决定技术持有国（或者技术出资国）的公司或个人技术入股所占股份的比例及收益分配方案。

技术入股分为两种形式：一种是卖方以其智力和研究、开发项目作为股份向企业进行技术投资，联合研制、开发新产品，共同承担风险，分享效益，这种技术入股叫作研究开发中的技术合作；另一种是卖方以自己掌握的现成的技术成果折合成股份，向企业进行技术投资，然后分享效益，这种形式叫作技术入股。

技术转让是技术持有国（或者技术出资国）的公司或个人以生产技术成果和管理技术为标的在不同国家间进行技术成果所有权有偿转换的一种方式，是指技术成果由一方转让给另一方的经营方式。所转让的技术包括获得专利权的技术、商标，以及非专利技术，如专有技术、传统技艺生物品种、管理方法等。尚未研究开发出的技术成果不属于技术转让范畴。

技术转让是技术市场的主要经营方式和范围，是指技术商品从输出方转移到输入方的一种经济行为。对输出方来说是技术转让，对输入方来说是技术引进。以技术转让与引进为主要内容的技术贸易已成为国际上传播技术的重要方式。由于转让技术的权利化程度和性质不同，技术转让又可分为四种基本类型：

1. 专利权转让

专利权转让是指专利人作为让与方，将其发明创造专利的所有权或持有权移交给受让方的技术转让形式。

2. 专利申请权转让

专利申请权转让是指让与方将其特定的发明创造申请专利的权利移交给受让方的技术转让形式。

3. 专利实施许可

专利实施许可是指专利权人或者授权人作为让与方，许可受让方在约定的范围内实施专利的技术转让形式。

4. 非专利技术转让

非专利技术（技术秘密）转让是指让与方将其拥有的非专利技术成果提供给受让方，明确相互之间非专利技术成果的使用权、转让权的技术转让形式。

第二节 国际经济技术合作的发展趋势

一、国际债务发展特点与发展趋势

国际债务发展的特点为：①发展迅速。债务危机爆发以后，发展中国家的债务总额急剧增长，1988 年达到 9 932 亿美元，1990 年超过了 13 000 亿美元。尤为严重的是，自 1984 年以来，由于债务总额的积累和还本付息负担的不断加重以及国际商业贷款资金的减少，国际借贷资本已形成由发展中国家向发达国家的净流出，1988 年发展中国家资金的净流出额已超过 500 亿美元，可见债务负担问题是相当严峻的。②债务危机高度集中。1982 年以后，发展中国家外债的半数集中在以南美中等收入发展中国家为主的十几个国家。1989 年它们的债务总额仍在增长，当年应偿还的债务本金和利息占出口收入额的比重仍在 40%以上，远远超过国际公认的 20%的警戒线，它们的债务总额占国民生产总值的比重也仍然超过 50%。而且，对于这些重债国来说，其债务 70%以上是欠国际私人商业银行的贷款，因而还本付息的负担十分沉重。③债务国处境艰难。在外债负担最为沉重的国家当中，还有位于撒哈拉以南地区的非洲国家，这是世界上最为贫穷的地区。其外债总额与南美主要债务国相比虽然不大，在 20 世纪 80 年代末仍不到 1 300 亿美元，而且其中约 70%是官方贷款，但是其外债总额几乎与国民生产总值相等。

国际外债危机是世界发展中国家面临的主要问题，外债危机一旦形成，必然给负债国经济社会发展带来影响，主要体现在：

1. 外债规模膨胀

如果把外债视为建设资金的一种来源，就需要确定一个适当的借入规模。因为资金积累主要靠本国的储蓄来实现，外资只能起辅助作用；而且，如果过多的借债缺乏相应的国内资金及其他条件的配合，宏观经济效益就得不到应有的提高，反而可能因沉重的债务负担而导致债务危机。现在国际上一般把偿债率作为控制债务的标准，因为外债的偿还归根结底取决于一国的出口创汇能力，所以，举借外债的规模要受制于今后的偿还能力，即扩大出口创汇能力。如果债务增长率持续高于出口增长率，就说明国际资本运动在使用及偿还环节上存在着严重问题。[56]理论上讲，一国应把当年还本付息额对出口收入的比率控制在20%以内，超过此界限，借款国应予以高度重视。

在其他条件相同的情况下，外债结构对债务的变化起着重要作用。外债结构不合理的主要表现有：①商业贷款比重过大。商业贷款的期限一般较短，在经济较好或各方一致看好经济发展时，国际银行就愿意不断地贷款，因此这些国家就可以不断地通过借新债还旧债来“滚动”发展。但在经济发展中一旦出现某些不稳定因素，如政府的财政赤字、巨额贸易逆差或政局不稳等使市场参与者失去信心，外汇储备不足以偿付到期外债时，汇率就必然大幅度下跌。这时，贷款到期后银行也不愿再贷新款了。为偿还到期外债，本来短缺的外汇资金这时反而大规模流出，使危机爆发。②外债币种过于集中。如果一国外债集中于一两种币种，汇率风险就会变大，一旦该外币升值，则外债就会增加，增加偿还困难。③期限结构不合理。如果短期外债比重过大，超过国际警戒线，或未合理安排偿债期限，都会造成偿债时间集中，若流动性不足以支付到期外债，就会爆发危机。

2. 外债使用不当

借债规模与结构确定后，如何将其投入适当的部门并最大地发挥其使用效益，是偿还债务的最终保证。从长期看，偿债能力取决于一国的经济增长率，短期内则取决于它的出口率。所以，人们真正担心的不是债务的规模，而是债务的生产能力和创汇能力。许多债务国在大量举债后，没有根据投资额、偿债期限、项目创汇能力以及宏观经济发展速度和目标等因素综合考虑，制定出外债使用走向和偿债战略，而是不顾国家的财力、物力和人力等因素的限制，盲目从事大工程建设。由于这类项目耗资金、工期长，短期内很难形成生产能力，创造出足够的外汇，造成债务积累加速。同时，不仅外债用到项目上的资金效率低，而且相当一部分外债根本没有流入生产领域或用在资本货物的进口方面，而是盲目过量地进口耐用消费品和奢侈品，这必然导致投资率的降低和偿债能力的减弱。而不合理的消费需求又是储蓄率降低的原因，使得内部积累能力跟不上资金的增长，进而促使外债进一步增加。有些国家则是大量借入短期贷款在国内作长期投资，而投资的方向主要又都是房地产和股票市场，从而形成泡沫经济，一旦泡沫破灭，危机也就来临了。

3. 对外债缺乏宏观上的统一管理和控制

外债管理是指国家需要对外部债务和资产实行技术和体制方面的管理，提高国际借款的收益，减少外债的风险，使风险和收益达到最圆满的结合。这种有效的管理是避免债务危机的关键所在。其管理的范围相当广泛，涉及外债的借、用、还各个环节，需要政府各部门进行政策协调。如果对借用外债管理混乱，多头举债，无节制地引进外资，往往会使债务规模处于失控状态和债务结构趋于非合理化，它妨碍政府根据实际已经变化了的债务状况对政策进行及时调整，而当政府发现政策过于偏离计划目标时，偿债困难往往已经形成。

4. 外贸形势恶化，出口收入锐减

由于出口创汇能力决定了一国的偿债能力，一旦一国未适应国际市场的变化及时调整出口产品结构，其出口收入就会大幅减少，经常项目逆差就会扩大，从而严重影响其还本付息能力。同时，巨额的经常项目逆差进一步造成了对外资的依赖，一旦国际投资者对债务国经济前景的信心大减，对其停止贷款或拒绝延期，债务危机就会爆发。债务危机严重干扰了国际经济关系发展的正常秩序，是国际金融体系紊乱的一大隐患，对危机爆发国的影响更是巨大，对其经济和社会发展均会造成严重的后果。

二、国际劳务输出发展特点与发展趋势

世界劳务市场是世界经济活动的一个重要组成部分，它是世界经济资源分布和需求变化所导致的国际人力资源的流动。同时，“一带一路”倡议极大地促进了劳动作为生产要素的跨境流动，为我国开展劳务合作带来前所未有

的机遇和挑战,[57]《2015年度中国对外直接投资统计公报》显示，2015年中国对“一带一路”相关国家投资占当年对外直接投资流量总额的13%，成为中国对外投资重要参考指标。由于我国境外劳动者数量日益庞大，国际劳务纠纷频发，境外劳动者权益保护问题引起了国内外学者的强烈关注。目前，国外学者多从人权法等公法角度对劳工保护进行研究，多集中在与劳工保护相关的国际条约和协定上，而司法角度的研究较少。我国2012年颁布《对外劳务合作管理条例》，标志着开始强调对外派劳务人员权益的保护。

目前，中国对中亚国家劳务合作体现出这样一些特点：在经济全球化加速的背景下，随着科技的发展及人民生活水平的提高和产业结构的调整，劳务需求行业也不断发生变化，信息产业、生物工程、环保工程、计算机软件和硬件、电信、金融、保险、旅游业等朝阳产业对劳动力的需求日益增加，并逐步取代了传统的建筑、纺织、土木工程等产业。另外，医务人员、律师、教师、农技人员的需求也在不断增多，当代国际劳务市场出现了新的发展趋势。[58]目前，世界劳务合作的特点具体表现为：

（一）普通劳务需求呈下降趋势，高技术劳务需求普遍提高

“二战”以后，西方发达国家经过几十年的经济复苏和发展，以劳动密集型为主的基础设施工程的建设已完成，产业结构也发生了深刻的变化，劳动密集型项目已被技术密集型和资本密集型项目所取代。20世纪80年代以来，世界劳务市场陷入不景气状态。实际上，国际劳务需求的减少主要是对普通劳务需求的下降，大批被裁减下来的外籍劳务人员主要是从事普通劳务的非熟练工人。在一些国家和地区所奉行的保护主义政策主要也是针对普通劳务人员流入的限制，从发展趋势看，这种状况不会有大的改变，而智力和技术劳务市场的繁荣发展是当代世界劳务市场发展的主导力量。由于现代科技发展日新月异，对劳动力素质的要求越来越高，全球范围内各类技术人才和管理人才普遍短缺，尤其是一专多能的复合型人才短缺的现象更为严重。据世界银行统计，美国引进的外籍劳务人员60%以上是技术工人和专业技术人员，西德这一比例达到70%，其他发达国家和发展中国家也都不同程度地

存在着类似的倾向。普通劳务比重下降，技术劳务比重上升，这种趋势已经和正在促进国际劳务市场结构发生变化，逐步形成以高层次劳务为重点的多层次、多行业的劳务市场结构。

（二）脏、累、险岗位缺口日趋增加，服务型劳务呈明显增长之势

经济的发展、人民生活水平的提高以及科技的巨大进步，一方面，推动了劳务市场向高层次方向发展，同时又带来了脏、累、险岗位的大量空缺和第三产业服务型劳务的迅速增长。在发达国家和一些比较发达的发展中国家，脏、累、险工作因无人问津而呈现出供给不足现象，只好雇用外籍劳务人员去填补，如清洁工、搬运工、矿工、渔工、钢铁厂和化工厂的一些工种等。另一方面，在经济发展和人民生活提高的同时，发达国家和比较发达的发展中国家的产业结构也发生了很大的变化，服务业在国民生产总值和就业人口中的比重日益上升，服务业劳务市场发展前景广阔。例如，社区及公共事务服务行业在很多国家存在短缺，韩国短缺50%公共交通服务人员，英国和中国香港缺乏家政服务人员、厨师等。此外，在金融、保险、广告、旅游和咨询服务等行业也存在着一定的劳务需求。因此，今后外籍劳务人员在服务业中的就业范围将越来越广，就业率也将越来越高。

（三）人口自然增长缓慢，老龄化严重，导致发达国家劳动力短缺

全球经济和人口发展不平衡性决定了劳动力的流向呈不平衡发展的态势。像美国、欧洲国家、日本等发达国家，一方面经济规模巨大，对劳务的需求强劲；另一方面，由于这些国家人口自然增长缓慢，老龄化严重，劳动力供不应求的状况得不到改善。据统计，1987 年美国 16~24 岁就业人数为 2 340 万人，到 20 世纪末降至 2 000 万人。欧共体 12 国的人口 1993 年为 3.21 亿人，估计 2025 年降至 3.15 亿人，但 65 岁以上的退休人员将由 4 310 万人增至 6 410 万人，其他国家如日本、澳大利亚和东欧各国也都不同程度地存在着类似的情况。今后，随着一些发达国家人口老龄化问题的加剧，为老人服务的医疗保健事业会得到进一步的发展，外籍保姆、医生和护士在这方面的就业机会也将越来越多，如美国 2003 年的护士空缺率达到 15%，沙特阿拉伯卫

生部及其所属医院雇用了将近 10 万名外籍医护人员。

（四）对外籍劳务人员特别是智力型和技术劳务人员的限制将逐渐趋于松动

当今世界上大多数国家普遍存在着普通劳工尤其是智力型和技术型劳务人员短缺的状况。西方发达国家和比较发达的发展中国家和地区，许多社会地位低、工资少、耗体力的工作常常无人问津，欧盟有 300 万人，美国有近千万人，他们专门在那里拾遗补阙，从事当地人不愿做的工作。发达国家和东欧、独联体国家人口下降和老龄化的发展趋势，加剧了劳动力短缺同发展经济之间的矛盾，尤其是专业技术性劳务人员的短缺更为突出。[59]同时，国内劳动力成本的不断上升，又影响了产品在国际市场上的竞争力。在这种压力下，一些国家和地区不得不放宽移民管制。

同时，中国与中亚国家劳务合作也存在着不可忽视的问题，主要表现为：

1. 中亚国家的国家安全形势带来的不利影响

苏联解体以来，中亚的乌兹别克斯坦、吉尔吉斯斯坦、哈萨克斯坦、塔吉克斯坦和土库曼斯坦在艰难坎坷的体制变迁中不同程度上遭遇各种直接或间接的安全威胁，其中最突出的即是来自“三股恶势力”的危害。这“三股恶势力”又称“三个主义”，即国际恐怖主义、民族分裂主义和宗教极端主义。国际安全和公共突发危机事件的不利影响给中国面向中亚各国承包工程和双方开展劳务合作造成了巨大的经济损失和经营风险。

2. 管理制度不完善，劳务输出机构良莠不齐

目前，对外劳务输出由多部门管理，各执一头，使得管理中缺位和越位现象经常存在，这种多方共同管理的局面造成了管理工作秩序混乱、效率低下。一个劳务输出项目从申请到立项、政审、申办护照等所需办理的手续非常繁杂，往往需要几个月甚至更长的时间才能把劳务人员送往国外工作地点。目前，还存在许多未经批准的，以各种名义从事对外劳务输出活动的部门、单位和个人，他们所采用的劳务输出渠道不规范，缺乏有效的管理，产生了很多问题，导致非法劳务输出现象的存在。

3. 劳务供给与中亚国家的劳务需求之间存在结构性矛盾

国际劳务市场近年来的一个显著趋势是，普通劳务人员占比逐步降低，中高级技术工人的比重不断攀升。据经合组织（OECD）发布的报告，OECD 国家引入的受过高等教育的外籍工人比例已超过 60%，而受过初级教育的外籍工人仅占 10%左右。

4. 相关法规不健全

目前，我国并没有一部专门规制外派劳务的法律，关于劳务输出并无专门的法律法规加以规范，相关的部门规章和各地规范性文件数量少、不统一、操作性不强。

总的说来，尽管国际劳务市场还存在对外籍劳务人员这样或那样的限制，对劳务的工种需求不尽相同，发展的潜力各不一样，劳务竞争十分激烈，但国际劳务市场的总体趋势仍是继续稳定地发展，前景广阔。

三、国际技术合作发展特点与趋势

随着经济全球一体化的加深，科技全球化高速推进。正是在这样的背景下，国际技术贸易发展迅猛，而且呈现出新的格局和新的发展趋势。国际技术贸易是当前国际贸易的重要组成部分。国际技术贸易的发展，加速了生产要素的国际转移，促进了科学技术在世界范围内的普及和提高，加快了国际技术贸易参与国家的经济发展，缩短了有关国家经济现代化和科学技术现代化的进程。因此，近一二十年来，国际技术贸易格局发生了深刻的变化，呈现出新的特点。

（一）国际技术贸易的地位不断提升

随着世界经济一体化和科技全球化，特别是“二战”后，国际技术贸易获得了持续迅速的发展，在国际贸易中所占比重越来越大。一是发展速度迅猛、规模日益增大，相关统计资料表明，国际技术贸易金额平均每 5 年翻一番，其速度不仅大大快于货物贸易，也快于其他的服务贸易。二是在整个世界经济增长和国际贸易中的地位不断提升，国际技术贸易额在国际贸易总额和国际服务贸易总额中的比重也持续增高。

（二）国际技术贸易方式发生重要变化

国际技术贸易的传统方式主要有许可证贸易、特许专营、咨询服务、技术服务与协助、承包工程等。但是近几年来，随着科学技术的进步，特别是信息技术的广泛应用，其方式开始走向多样化，并发生重要变革。

1. 企业兼并成为国际技术贸易的一种新方式

企业兼并是市场竞争的结果。在过去，企业兼并主要是企业间的“以强吞弱”。在这种技术先进型企业吞并技术落后型企业的情况下，企业兼并活动中的技术转让或贸易的成分并不明显，甚至根本不存在。随着以知识为基础的国际竞争的加剧，当前的企业国际兼并活动主要体现在技术先进企业间的强强联合上，兼并的目的是进一步壮大自己的实力，使自己的资金、技术和产品流通能在较短时间里跃上一个新台阶。伴随着这种性质的企业兼并，必然有着较多的国际技术转让或贸易存在。换言之，此时的企业国际兼并事实上已成为直接获取国外先进技术的特殊贸易方式了。

2. 电子商务的兴起

电子商务有利于形成新的国际技术营销方式，满足了消费者的多样化需求，并且改善了国际技术贸易的运行环境，推动了国际技术贸易的大幅度增长，产生了新的国际技术贸易模式，实现了贸易模式的多样化。

3. 第三方技术供给的出现

近年来，出现了专业的研发技术型企业，即第三方技术供给。既不是企业自己研究开发，也不是从具有竞争关系的其他制造企业引进技术，而是将研究开发活动外包给专业化的研发与设计企业。

（三）国际技术贸易结构出现新特点

当代国际技术贸易的新特点可以从技术商品结构和贸易主体结构两个方面加以说明。一是技术商品结构。①国际技术贸易向“知识型”“信息型”等软件技术倾斜。由于信息技术对生产经营与市场竞争的重要性日益凸显，有关信息产业的交易额已急剧增加，从而直接推动了国际技术贸易商品软件化的进程。②专利国际化趋势加快。由于专利国际化的推进，专利贸易在国际技术贸易中日趋重要，专利权成为一种重要的贸易商品。③高新技术贸易逐渐繁荣。以电子技术、生物工程和新材料为主的高新技术产品自20世纪90年代以来逐渐成为国际技术贸易的重要对象。④国际技术贸易与国际资本转移交织在一起，使得纯粹的技术商品买卖行为拓展为以技术商品为中心的复合型的国际经济技术合作。⑤环境技术贸易逐渐兴起。目前，气候变暖、物种灭绝、环境破坏和污染等已成为全球性问题。解决环境问题的技术潜力也逐渐国际化。人类对解决环境问题和实现国际环境技术合作的迫切要求，使得国际环境技术贸易得以发展起来。二是贸易主体结构。参与国际技术贸易的国家、地区、组织和个人越来越多，当代国际技术贸易主体结构呈现多元化的发展趋势。发达国家和地区一直是国际技术贸易的主要参与者和推动者，跨国公司成为国际技术贸易活动中最为活跃的主体，新兴工业化国家成为国际技术贸易的重要参与者。

（四）国际技术市场的发展

随着世界经济一体化和科技全球化的发展，世界性的国际技术贸易市场正在形成并趋于成熟。[60]特别是1995年达成服务贸易总协定（General Agreement on Trade in Service，GATS）以来，这种趋势更加明显。大量高新技术、新发明的问世，特别是信息技术的快速发展和信息网络设施的广泛应用，大大缩短了国际技术贸易市场的空间距离，提高了国际技术贸易的市场效率。另外，网络信息技术的进步增加了技术保密难度，在此背景下，国际技术市场竞争日趋激烈，出现了垄断与竞争并存的格局，国际技术市场呈现出美、日、欧盟三足鼎立的局面。

（五）国际技术贸易所需的外部环境大为改善

进入21世纪后，国际技术贸易所需的外部环境得到了很大程度的改善。越来越多的国家对国际技术贸易的政策比以往任何时期都要更加开放，如美国政府自1993年开始就大幅度地放宽了本国对技术出口的限制；而更多的发展中国家则从过去对西方跨国公司和外资涌入主要持批评和反对态度转为欢迎和鼓励。另外，一批与国际技术贸易相关的国际性、区域性协议、法规和国际组织相继问世，也为国际技术贸易的正常开展创造了条件。面对新形势，我国应采取措施，在吸引外资的同时要更加重视高新技术的引进。目前，与国际投资相结合的技术贸易已成为国际技术贸易方式的主体，而通过引进外资来引进技术也是我国引进外资的主要目的。改革开放以来，我国引进外资数额已连续多年位居世界发展中国家之首，但深入分析却可以发现，我国利用外资的质量其实不高。

第三节　国际经济技术合作的模式

一、国际劳务合作模式

国际劳务合作主要是国际劳务出口，通常是指具有某种劳动能力或特长的劳动力人口，以活劳动的形式为外国或外国经济组织提供某种效用并获取相应报酬的一种社会经济活动。

（一）国际劳务合作的要素构成

1. 环境安全

国家环境安全（National Security Environment）是指主权国家在一定的历史阶段，保障环境状况和环境利益不受外部和内部的威胁，保持稳定、均衡和持续发展的一种状态。国家环境安全能够对国家的稳定和发展、国民的生存繁衍和富裕起到维持和促进的作用，预防和应对可能出现的危机、冲突或战争，而不产生危害和负面影响。

2. 经济结构

经济结构（Economic Structure）是指经济系统中各个要素之间的空间关系，包括企业结构、产业结构、区域结构等，经济主体与经济客体的关系是最基本的经济结构。经济结构体现的是国家的生产力布局情况，关系到国家资本、劳动力和技术等要素的流动情况，其内容包括经济活动的发展程度、范围、投资方向、资金来源和盈利水平等。

由于世界各个国家经济结构的改善和提高，近年来国际劳务市场表现出来的一个显著趋势是，普通劳务逐步降低，中高级技术工人的比重不断攀升。据经合组织（OECD）发布的报告，OECD 国家引入的受过高等教育的外籍人数比例已超过 60%，而受过初级教育的外籍工人仅占 10%左右。中亚国家也对劳务合作给出了严格的限制条件，例如，哈萨克斯坦从 2008 年 6 月 2 日开始实行引进外国劳务的新标准，即在原来的基础上加入了受教育水平、工龄和工作经验的要求。[61]

3. 对外劳务政策

对外劳务政策（Labor Policy）是为了规范对外劳务合作、保障劳务人员的合法权益、促进对外劳务合作健康发展，针对在本国所属经济区域内从事劳动的劳务人员及管理组织的条件、数量、报酬及工作内容等给出的限制和约束。

4. 劳务协定

劳务协定（Labor Agreement）也称劳务合同，是指国家及企业之间在平等协商的情况下，就总体或某一项劳务以及劳务成果所达成的协议。一般在国家、独立经济实体的单位之间、公民之间以及二者之间产生。

5. 国际劳务合作的方式

国际劳务合作的运行是通过劳动力要素的国际输出使输出国获得要素收益的方式。劳务输出大致包括以下两类：

（1）向国外派遣劳务人员

向国外派遣劳务人员，即由我国派遣劳务人员到国外工作。按世界银行分类，它属于要素性劳务，因为它涉及劳动力这一生产要素的国际流动。劳动力流动的形式基本上有两种：一是移民，即具有劳动能力的人在国与国之间的迁移；二是临时性劳动力流动，即一国劳动力在国外从事短时期的工作。工作完成后即回国，这是发展最快也是最重要的劳动力流动形式。临时性劳动力流动又分为自发的和有组织的劳动力流动两种。目前，我国劳务输出基本上采取由国家有组织地派遣劳务人员出国工作的形式。

（2）向国外提供各种服务

从广义上讲，这些服务也属于劳务范畴，世界银行将此类劳务称为非要素性劳务，因为此类劳务并非以劳动力这一生产要素形式在经济中起作用。一国可向外提供的服务是多种多样的，目前在国际上比较重要的服务形式有：①技术服务，即向国外提供技术培训、技术指导。②国际咨询，即向国外客户提供咨询服务。③国际旅游，即接待外国游客在本国游览观光。④金融服务，即向国外提供银行保险等服务。⑤运输服务，即为国外客户提供海洋、航空等运输服务等。

非要素劳务的提供可以在国外，也可在国内（如旅游），其盈利性一般远大于要素劳务，但较为复杂，要求劳务输出国有较高的技术水平和较发达的第三产业。目前，发达国家是这种劳务的主要提供者。

（二）国际劳务合作的理论模型

以上劳务合作的构成因素共同促进国际劳务合作的实现，因此，梳理国际劳务合作的基本理论模型如图 4-1 所示。

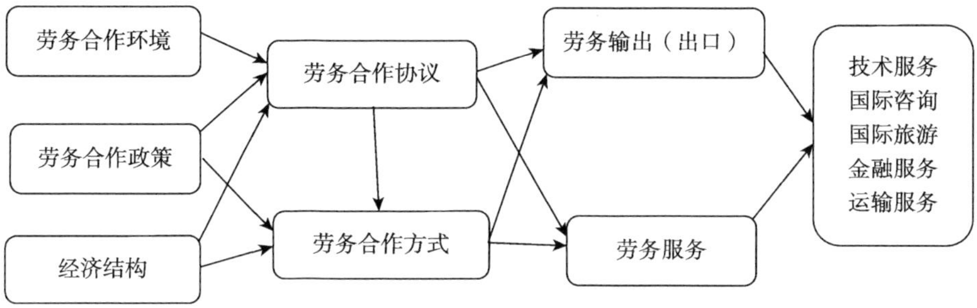

图 4-1　国际劳务合作理论模型

二、国际技术合作模式

（一）国际技术合作的要素构成

国际技术合作是两个或两个以上国家的企业或国家政府之间为了实现特定目标，在科学技术领域按照合同或协议相互配合、共同协作。它包括技术情报和技术经验的交流，技术专利的转让，共同勘察、设计，互派专家交流等活动。当前国际上多边技术合作比较流行，大型多边技术合作一般会涉及几个国家、几千个科研机构和大专院校。技术合作涉及的主要要素包括：

1. 技术合作政策

技术合作政策主要是从国家层面来讲的技术合作政策，它包括国家制定的技术合作限制政策、激励政策等。比如，一些技术强国针对敏感技术和战略性技术采取的限制政策，针对国家合作需要的一些技术合作的激励政策，等等。

2. 技术结构

技术结构是一个国家、部门、地区或企业再生产过程中采用的各种层次的技术之间的联系和比例关系。如现代化技术和一般技术之间的关系、先进技术和落后技术之间的关系等。一个国家、部门、地区或企业采用的技术，通常可以按其先进程度划分为若干个层次，如工业生产技术可以划分为自动化、半自动化、机械化、半机械化、手工操作等层次。这些不同水平的技术之间的比例关系构成工业生产的技术结构。技术结构反映了一个国家、部门、地区或企业的技术水平，合理的技术结构是经济持续发展的基础和必要的条件。

3. 技术成果

技术成果是研究开发所取得的发明、发现和其他科学技术成就。按其权利化程度不同，可分为专利技术和非专利技术。按其载体不同，可以表现为技术资料、设计图纸、工艺方法、材料配方、计算机程序、技术信息及其组合，也可以表现为样品、样机、新产品、新材料以及新生产线等。技术成果可以是工业化成果，也可以是阶段性成果。

4. 技术合作合同

合作开发合同是指由两个或两个以上的公民、法人和其他组织，共同出资、共同参与、共同研究开发完成同一研究开发项目、共同享受效益、共同承担风险的合同。技术合作合同是明确技术成果的所有权、使用权的归属以及技术成果研发责任和义务、使用方式等内容的法律文书。

5. 技术合作方式

技术合作方式是技术成果研发、使用的方式。技术合作的成果研发方式一般采用合作研发方式，技术成果使用方式主要包括技术转让和技术入股两种方式。

技术转让是作为制造一种产品、采用一种工艺或提供一种服务的系统知识的技术，从其所有国向引进国的转移。这种转移建立在契约基础上，在一定的期限与地域范围内，将该技术产品或服务的制造权与营销权而不是所有权转让给引进国家。技术成果出资者并不一定以成果所有权入股，即还可保留部分权利。

技术入股是以技术人员的知识或知识产权、技术诀窍、设备、工厂厂房等作为资本股份，投入合资经营或联营企业，从而取得该企业的股份权的一种行为。和资本入股一样，技术入股按股份比例对企业享有所有权和分红的权利。对企业的经营管理权，一般不是根据股份比例的大小承担，而是由各方协商确定的。

技术转让和引进主要有成套设备引进和转让、合作生产、补偿贸易及合资经营四种形式。此外，技术商品的转让和引进还有租赁设备、工程承包、技术培训等多种方式。

（二）国际技术合作的理论模型

国际技术合作是国家及国际企业之间将技术作为要素进行合作、转让等的经济活动。技术合作包括技术产品的共同研发、技术交流、技术转让和入股等方式。按照技术合作的标的物、合作企业和技术合作的内容、方式，可以构造国际技术合作理论模型，如图 4-2 所示。

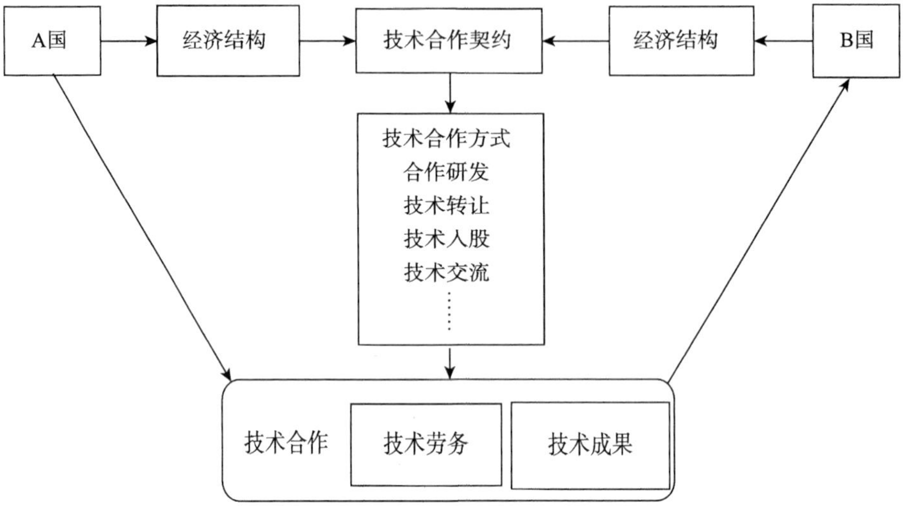

图 4-2　国际技术合作理论模型

本书对国际投资合作（见第三章）、国际劳务合作和国际技术合作三个方面的理论进行了研究论述，主要梳理了国际技术合作的要素构成和国际合作的一般模式等，形成一般意义下的国际合作的运行机理，给出了国际合作的运行模式框架，为进一步进行国际合作提供理论参考。

第五章
中国与中亚国家经济技术合作模式评价研究

第一节　中国与中亚国家经济技术合作背景

一、中国与中亚国家贸易发展现状

2013 年 11 月，党的十八届三中全会顺应时代趋势，明确提出推进丝绸之路经济带建设，加快与周边国家基础设施互联互通，构建中国向西开放的新格局。2013 年 12 月，国家发展改革委与外交部主持召开“一带一路”座谈会，召集陕西、甘肃、宁夏、新疆等省区负责人共同商讨丝绸之路经济带建设规划及相关内容。丝绸之路经济带建设已成为中国扩大向西开放、推进区域经济发展与实现社会转型的重要内容。[62]

20 世纪 90 年代，世界政治经济格局发生巨大变化，和平与发展成为时代主题，各国开始积极应对经济全球化与区域一体化所带来的机遇与挑战。经过改革开放，中国的国家综合实力得到显著增强，更加自信主动地与中亚近邻开展经贸合作与文化交流。1992 年，中国与中亚国家建立外交关系，有效化解了历史遗留问题；1994 年，中国提出利用连接东西方的欧亚大陆桥，加强中国与中亚国家经贸联系，以建设向西开放的贸易长廊；2001 年，中国与哈萨克斯坦、乌兹别克斯坦、塔吉克斯坦、吉尔吉斯斯坦等国成立上海合作组织，加强成员国在经贸投资、能源矿产、旅游文化等领域的合作。经过多年合作，中国进一步提出共建丝绸之路经济带的倡议，旨在深化中国与中亚国家的经贸合作、实现区域经济一体化。[63] 经过数十年的发展，中国与中亚国家的经贸关系持续升温，双边贸易规模、贸易结构都得到前所未有的扩大与提升，形成互利共赢的繁荣景象。

二、中国与中亚国家投资发展现状

2013 年 9 月 7 日，习近平主席在哈萨克斯坦纳扎尔巴耶夫大学发表演讲时，提出亚欧国家共同建设丝绸之路经济带的倡议。丝绸之路经济带是基于“古丝绸之路”概念，以亚欧大陆桥为纽带，依托现代公路、铁路、航空和油气管道，从中国到中亚、中东再到欧洲的一条带状之路，被誉为“世界上最长、最具有发展潜力的经济大走廊”。该经济带以中国为出发点，按照由近及远、逐步扩大的推进思路，可以划分为三个层次，即中心区域、扩展区域、辐射区域，其中处于第一层次的便是中亚国家。该地区处于亚欧大陆的心脏地带，战略地位十分重要，石油、天然气资源丰富，矿产资源种类齐全，被誉为“第二个波斯湾”，是我国最重要和最直接的战略能源供给区。这一地区凭借重要的战略地位和良好的资源条件，引起了国外投资者的关注。[64]

三、中国与中亚国家对外承包工程与劳务合作发展现状

中国从 1978 年改革开放以来开始从事对外承包工程项目。从中国对外承包工程商会了解到，经过 40 余年改革开放，我国对外经济合作事业从无到有、从弱到强，经历了初创起步、稳步积累、高速发展和转型升级四个阶段。40 多年来，中国企业把握国际市场发展机遇、响应国家“走出去”战略和“一带一路”倡议号召，积极参与国际经济合作，取得了令人瞩目的成绩。40 多年来，经过几代人的百折不挠、艰苦创业，对外承包工程已经发展成为我国对外投资和经济合作的支柱业务之一，已成为推动“一带一路”建设的重要抓手。随着“一带一路”建设的推进，中国对外承包工程领域迎来了历史性的发展机遇。2002—2017 年，中国对外承包工程累计签订合同额 1.98 万亿美元，完成营业额 1.34 万亿美元，年均增速均超过 20%。对外承包工程企业

的国际竞争力大幅提升。据统计，2018 年 1—9 月，中国对外承包工程业务完成营业额 7 105.7 亿元，同比增长 2%（折合 1 089.9 亿美元，同比增长 6.4%）。[65] 近 5 年来，对外承包工程累计总量达到 5 179 亿美元，年均增长率为 7%。中国为“一带一路”沿线国家带来越来越多的重大项目，有力地促进了当地社会经济的发展，增加了就业，改善了民生。同时，中国对外承包工程规模逐年增大，占全球业务份额不断提升，并且中国企业也在各专业领域大显身手。目前，中国企业在全球 190 个国家开展对外承包业务。在全球最大的 250 家国际工程承包商中，中国企业有 65 家。全球每 5 个重大基础设施建设项目中就有 1 个是中国企业承包的，在国际市场上打响了“中国品牌”。

总体来看，近年来中国承包工程发展迅速，国际竞争力日益提升，在世界范围内兼具成本优势和技术优势。一方面，中亚国家农业资源非常丰富，在世界范围有“资源之乡”称号；另一方面，中国在农业科技发展、管理与运用方面拥有丰富的经验和专利，这样就形成了中国与中亚国家的互补性，合作潜力非常广阔，同时，丝绸之路经济带建设和地缘优势等也给中国农业经济“走出去”带来更好的发展机遇。中亚被认为是丝绸之路经济带投资潜力最大的一个地域。

“一带一路”倡议是中国对外劳务合作发展的重大机遇。在经济新常态下，中国经济增长方式加快转变，经济和产业结构加快调整，劳动力市场结构也在发生深刻变化，对外劳务合作在巩固传统市场的基础上，迫切需要继续深化改革、创新发展，推动对外劳务合作由低端劳动密集型人力输出向技能型、知识型中高端劳务输出转型。国际劳务合作和人力资源交流是“一带一路”倡议的重要内容，总体思路是在中国企业“走出去”的同时推动人力资源“走出去”，在加大对外直接投资过程中明确劳务合作和人才输出的要求，依托“一带一路”倡议拓宽对外劳务合作的广度和深度，推动中国人力资源在全球范围整合。“一带一路”倡议下，中国对外劳务合作要紧紧抓住机遇，顺应全球劳务市场需求变化，在区域上实现合理布局和重点突破；在行业上继续发挥传统劳动密集型优势，向中高端领域拓展；在人才结构上从以普通熟练工人为主逐步转向以大中专毕业生、职业技术学校毕业生为主；在合作模式上从国内直接外派向包括第三国劳务等在内的多元化劳务合作方式转变。

四、中国与中亚国家经济技术合作研究意义

随着经济因素在国际关系中的影响不断扩大，经济利益日益被主权国家高度重视。全球与区域经济治理问题受到国际社会关注，经济外交成为民族国家追求国家利益和实现战略目标的重要手段。中国将推进与周边各国的友好关系作为对外政策的重要策略之一。从地理位置、自然资源和文化来说，中亚地区在我国战略中的地位极其重要。中亚处在繁荣亚太经济圈和发达欧洲经济圈之间的经济凹陷带，是实现亚欧大陆整体繁荣的目标地区，非常有利于“一带一路”倡议的实施。中国与中亚国家通过古丝绸之路保持了悠久的商贸传统，中亚是我国推进区域互通互联与打造经济发展升级版的重要依托。[66]

中亚国家地处亚欧大陆核心地带，是亚太经济圈和欧洲经济圈两大经济圈的交集、重要节点和枢纽，能源资源富集，被认为是丝绸之路经济带经贸投资潜力最大的区域和未来世界经济发展中最具潜力和活力的地区之一。中亚国家为中国倡导建设的丝绸之路经济带的要冲，是丝绸之路经济带走出国门的第一站，是中国面向广袤的亚欧大陆寻求经济合作的首要区域，也是中国与西亚、欧洲国家进行陆上经济合作的必经之地和战略通道。长期以来，中亚国家形成了资源出口型开放经济，经济结构较为单一，经济发展对外依存度高，国家的经济增长过度依赖其自然资源形成的单一要素比较优势。因此，扩大对外贸易和吸引外商投资是其国民经济发展的重要推动力。我国与中亚各国经济合作存在地缘优势，在经贸合作、直接投资等问题上有着显著的利益契合点。应了解、掌握、对比中亚国家危机后对外贸易发展变化形势以及各国吸引外商投资政策和发展情况，根据当前及今后世界经济发展和国际贸易趋势，对各国未来对外贸易和外商直接投资发展趋势进行研判，为中国和中亚贸易与投资合作提出相应政策建议，助力我国与各国实现共建丝绸之路经济带伟大构想。

贸易合作是“一带一路”倡议的核心环节及重要手段。中亚是连接亚欧大陆的关键地带，丝绸之路经济带的提出很大程度上凸显出中亚国家在地缘区位中的重要性，把中亚国家融入国际经济体系中，不仅会推动中国与中亚的合作，也将发挥中亚国家特殊的地缘优势及充当东西方桥梁的作用，是一个互利共赢的举措，具有重大意义。[67]目前，中国与中亚国家的经贸合作处于历史最好时期，中国已经是哈萨克斯坦最大的进口来源国和第二大出口市场，是乌兹别克斯坦最大的贸易伙伴、投资来源国、棉花出口目的地、电子设备和土壤改良设备供给国，是土库曼斯坦连续 6 年最大的贸易伙伴以及最大的天然气出口目的地，是吉尔吉斯斯坦最大的贸易伙伴和投资来源国，是塔吉克斯坦最大的投资来源国、第二大贸易伙伴。此外，中亚国家油气资源丰富，成为继波斯湾、俄罗斯后的世界第三大能源产地，随着中亚—中国天然气输气管道的建成，对我国能源进口渠道多元化和国家能源安全具有极其重要的战略意义，可见，中亚国家对“一带一路”倡议的顺利实施具有不可替代的作用。“道路联通”是丝绸之路经济带建设中区域经济合作的基础条件之一，而中亚国家是丝绸之路经济带的重要区域，中国对外承包工程参与中亚国家的道路联通建设等对中国对外承包工程的发展及推动企业“走出去”也具有非常重要的意义。

近 20 年来，中国对外直接投资面临的经济社会环境发生了巨大的变化。对外投资从资源寻求型转向资源、技术、市场全面寻求型，投资领域从商贸服务扩展到一般制造、高端制造、新兴产业等多个领域，投资形式也呈现多元化发展。以前对外直接投资存在的资金短缺、市场依赖集中、非公企业弱小等问题基本得到解决，但同时也出现了产业转移、国内成本上升、就业压力大等新问题，需要根据新的国内外形势变化，进一步完善对外投资战略。

五、中国与中亚国家经济技术合作研究目的

（一）对外贸易方面

中国与中亚国家的贸易互补性对中国与中亚国家贸易起着决定性作用。

从目前情况看，中亚国家在轻工产品生产方面处于弱势地位，需要从其他国家进口，而我国陕西省可以弥补中亚国家这一缺陷。经过“三线建设”和西部大开发等一系列国家建设，陕西省工业体系日益完善，具有诸多科研基地和生产基地，可以向中亚出口轻工及其他制成品。因此，在这种情况下，陕西与中亚形成的贸易互补关系，是未来几年双方合作关系的关键。除轻工产品外，双方的贸易互补性也体现在自然资源上。中亚国家自然资源优势明显，石油、天然气等产品产量丰富。陕西省加工技术较好，可从中亚进口石油、天然气等资源，深加工后再进行出口。双方的这种贸易合作恰恰弥补了各自的不足。

（二）对外投资方面

在新时代的对外开放框架下，要进行对外直接投资战略顶层设计，重点完善对外投资的体制机制，与国际规则接轨，优化对外直接投资的产业结构，通过规划设计、平台搭建、财政金融等手段，引领企业对外直接投资的方向，引导优质资源的流向，建设具有国际竞争力的中国跨国企业群。通过提升贸易投资便利化水平，鼓励企业融入国际分工，在公平竞争当中，提升优质企业对价值链的掌控能力。

另外一个推动中国对外直接投资大幅增长的主要原因在于，中国的旧模式是围绕出口产业投资，其成功带来巨大的贸易顺差，且最终形成不可持续的状况。中国目前正在经历的“重新平衡”专注于一些途径，对外直接投资就是其中之一。不过，“重新平衡”过程中出现的竞争压力需要中国企业具备很高的国际化程度。

（三）对外承包工程与劳务合作方面

总体来说，我国对外承包工程业务主要集中在亚洲、非洲等资源丰富的新兴发展中国家。一方面，这些国家处于经济快速增长的时期，对交通、通信、电力等基础设施建设呈现刚性需求；另一方面，这些国家拥有雄厚的石油储备，以金属、油气资源作为支付手段，保证了工程建设所需的资金。另外，中国企业在工程成本方面具有很强的国际竞争优势，部分国家的建设资金短缺，会考虑压缩投资规模，选择质优价廉的承包商，给中国对外承包企业带来了更多发展机会。

第二节　中国与中亚国家经济技术合作模型设计

一、指标选择和数据来源

（一）中国与中亚国家经济技术合作评价的指标选择

经济技术合作不仅要考虑各国的发展指标，还需要考虑各国之间经济发展的互补性。根据已有研究，[68]经济技术合作分为以下三个方面：贸易情况、投融资情况以及工程技术情况。

借鉴上述提及的经济技术合作三个方面的指标，从中国商务部官方网站、世界银行官方网站、中国对外投资公报、国家统计局网站收集数据，剔除数据缺失的部分指标，最终选取中国与中亚各国的贸易额、中国对中亚投资、社会融资、利用外资概况、技术、中国对外承包工程、中国对外劳务合作七类指标对中国与中亚国家经济技术合作情况进行评价。

根据各指标特征，对各类指标进行进一步细分，具体如下：按照贸易互补性，将贸易类分为中方出口、中方进口两个指标，该类数据均从中国对外投资公报中获取；由于投资具有时间效应，根据投资的时点和时段，将投资类指标分为投资流量和投资存量两类指标，该类数据均从中国对外投资公报中获得；由于融资流量数据不易获得以及部分国家数据缺失，只选择融资存量指标来衡量社会融资，该类数据从世界银行官方网站获取；关于各国利用外资情况，选择外国直接投资净流入指标衡量，此类数据从世界银行官方网站获取；按照专利个数和出口数将技术类指标分为高技术专利、高科技出口两个指标，该类数据均从中国商务部官方网站获取；中国对外承包工程类分为完成营业额、派出人数、年末在外人数三个指标，该类数据均从中国商务部官方网站获取；中国对外劳务合作分为派出劳务人数、年末在外人数两个指标，该类数据均从中国商务部官方网站获取。[69]

（二）中国与中亚国家经济技术合作的数据来源

由于数据获取限制，剔除缺失样本，最新样本数据可获取年限截至2016年，数据主要来自各国权威统计网站，保证了数据的真实性、可靠性以及权威性。经整理，三年数据如下：

表5-1　中国与中亚国家之间国际经济技术合作统计表（2014年）

评价指标	项目名称	哈萨克斯坦	吉尔吉斯斯坦	塔吉克斯坦	土库曼斯坦	乌兹别克斯坦	数据来源
中国与中亚各国的贸易额	中方出口/亿美元	127.1	52.43	24.69	9.54	26.78	中国对外投资公报
	中方进口/亿美元	97.1	0.56	0.48	95.12	15.97	
中国对中亚投资	投资流量/万美元	-4 007	10 783	10 720	19 515	19 059	
	投资存量/万美元	754 107	98 419	72 896	44 760	39 209	
社会融资	存量/亿美元	1 576.95	72.64	51.78	4.11	133.11	世界银行
利用外资概况	外国直接投资净流入/亿美元	72.25	3.43	3.09	38.3	7.57	
技术	高技术专利/个	2 013	139	0	0	568	中国商务部
	高科技出口/美元	3 321 231 321	0	0	0	0	
中国对外承包工程	完成营业额/万美元	235 768	58 736	4 093	124 000	49 772	
	派出人数/人	9 720	2 153	2 033	1 877	1 970	
	年末在外人数/人	8 960	2 841	1 262	1 019	2 164	
中国对外劳务合作	派出劳务人数/人	198	224	68	0	161	
	年末在外人数/人	345	271	103	0	114	

资料来源：根据《中亚国家发展报告（2014）》《中国统计年鉴》及相关资料整理。

表 5-1 选取了七个方面的指标来评价中国与中亚国家之间的经济技术合作，表中为经整理后的 2014 年数据，七个指标为中国与中亚各国的贸易额、中国对中亚投资、社会融资、利用外资概况、技术、中国对外承包工程、中国对外劳务合作。从以上数据可以看出，在贸易方面，无论是中方进口还是出口交易额，数额最大的国家都是哈萨克斯坦，表明我国与哈萨克斯坦之间贸易往来密切。在投资方面，可以看出中方对土库曼斯坦和乌兹别克斯坦投资流量金额最大，分别为 19 515 万美元和 19 059 万美元；在投资存量方面，从我国对外投资公报公布的数据来看，吉尔吉斯斯坦以 98 419 万美元在五个国家中占据首位。世界银行官方统计数据显示，无论是社会融资还是利用外资方面，哈萨克斯坦在五个国家中都有绝对优势。在技术指标上，哈萨克斯坦拥有高技术专利最多，为 2 013 个，其次为乌兹别克斯坦（高技术专利 568 个）和吉尔吉斯斯坦（高技术专利 139 个），在 2014 年中国商务部公布数据中，其他两个国家高技术专利数为 0。在中国对外承包工程和对外劳务合作两个指标中，哈萨克斯坦作为与我国贸易往来最密切的国家，中国对其对外承包工程完成营业额以及中方派出劳务人数在中亚国家中位居前列。

表 5-2 中国与中亚国家之间国际经济合作统计表（2015 年）

评价指标	项目名称	哈萨克斯坦	吉尔吉斯斯坦	塔吉克斯坦	土库曼斯坦	乌兹别克斯坦	数据来源
中国与中亚各国的贸易额	中方出口/亿美元	84.4	42.84	17.97	8.17	22.3	中国对外投资公报
	中方进口/亿美元	58.6	0.58	0.52	78.28	12.67	
中国对中亚投资	投资流量/万美元	−251 027	15 155	21 931	−31 457	12 789	
	投资存量/万美元	509 546	107 059	90 909	13 304	88 204	

续表

评价指标	项目名称	哈萨克斯坦	吉尔吉斯斯坦	塔吉克斯坦	土库曼斯坦	乌兹别克斯坦	数据来源
社会融资	存量/亿美元	1 533.81	75.11	50.02	4.03	148.54	世界银行
利用外资概况	外国直接投资净流入/亿美元	63.79	11.44	4.26	30.43	66.49	
技术	高技术专利/个	1 503	126	1	0.00	507	中国商务部
	高科技出口/美元	2 844 361 044	42 363 668	0	0.00	0	
中国对外承包工程	完成营业额/万美元	234 700	57 857	64 377	68 921	61 241	
	派出人数/人	13 588	1 947	1 670	1 013	1 352	
	年末在外人数/人	11 129	3 505	1 633	990	2 904	
中国对外劳务合作	派出劳务人数/人	1 110	192	18	0	127	
	年末在外人数/人	1 265	228	105	0	31	

资料来源：根据《中亚国家发展报告（2015）》《中国统计年鉴》及相关资料整理。

从2015年中国与中亚国家间国际经济技术合作分析来看，如表5-2所示，整体上，几个指标数据较2014年出现了一些变化：在中国与中亚各国贸易额方面，2015年中方对中亚国家出口金额普遍下降，其中对哈萨克斯坦出口金额由2014年的127.1亿美元下降到2015年的84.4亿美元，在五个国家中减少金额最多；在中方进口金额上，除了吉尔吉斯斯坦和塔吉克斯坦金额稍有增加外，其余三个国家进口金额均有下降。在中方对中亚投资流量方面，哈萨克斯坦实现了由-4 007万美元到-251 027万美元的逆向投资，金额增长较大；中方对吉尔吉斯斯坦和塔吉克斯坦投资流量也有所增长，分别由10 783万美元和10 720万美元增长到15 155万美元和21 931万美元；土库曼斯坦出现逆向投资，金额为-31 457万美元；中国对乌兹别克斯坦投资流量较上一年有所减少。[70]中国对哈萨克斯坦及土库曼斯坦投资存量金额减少，其他三个国家投资存量上升。在社会融资方面，五个国家较2014年金额有所变动，但变动幅度较小。在外国直接投资净流入这一指标上值得关注的是乌兹别克斯坦，外国直接投资净流入金额由2014年的7.57亿美元增长到2015年的66.49亿美元，涨幅巨大。在技术上，在五个国家中，哈萨克斯坦无论是高技术专利还是高科技出口都占据很大优势，塔吉克斯坦在高技术专利上实现了零的突破，吉尔吉斯斯坦高科技出口为42 363 668美元。在中国对外承包工程完成营业额中，对哈萨克斯坦、吉尔吉斯斯坦、土库曼斯坦金额有所下降，其余两个国家有所增长。中方对哈萨克斯坦派出劳务人数及年末在外人数较上一年显著增长。

表5-3　中国与中亚国家之间国际经济技术合作统计表（2016年）

评价指标	项目名称	哈萨克斯坦	吉尔吉斯斯坦	塔吉克斯坦	土库曼斯坦	乌兹别克斯坦	数据来源
中国与中亚各国的贸易额	中方出口/亿美元	82.89	56.05	17.25	3.38	20.07	中国对外投资公报
	中方进口/亿美元	48.04	0.71	0.31	55.63	16.07	
中国对中亚投资	投资流量/万美元	48 770	15 874	27 241	−2 376	17 887	
	投资存量/万美元	543 227	123 782	116 703	24 908	105 771	
社会融资	存量/亿美元	1 637.58	78.76	48.77	5.09	162.83	世界银行
利用外资概况	外国直接投资净流入/亿美元	167.8	6.19	2.41	22.43	1.33	
技术	高技术专利/个	1 224	89	0	0	555	中国商务部
	高科技出口/美元	2 057 663 013	62 949 719	0	0	0	
中国对外承包工程	完成营业额/万美元	27 577	55 663	70 787	31 916	49 111	
	派出人数/人	9 550	1 634	2 194	611	630	
	年末在外人数/人	7 271	2 722	1 327	498	2 010	
中国对外劳务合作	派出劳务人数/人	611	31	9	0	0	
	年末在外人数/人	961	205	112	0	30	

资料来源：根据《中亚国家发展报告（2016）》《中国统计年鉴》及相关资料整理。

从2016年中方出口数据来看（见表5-3），中国对五个国家出口金额整体有所减少，只有出口吉尔吉斯斯坦金额较上一年增长，由2015年的42.84亿美元增长到2016年的56.05亿美元；在进口金额方面，从哈萨克斯坦进口金额较上一年减少10.56亿美元，从土库曼斯坦进口金额较上一年减少22.65亿美元。在投资方面，一个很明显的变化就是对哈萨克斯坦的投资流量由连续两年的负值首次转变为正值，为48 770万美元，中方对吉尔吉斯斯坦、塔吉克斯坦、土库曼斯坦以及乌兹别克斯坦四个国家投资流量都实现了不同程度的增长；同时，中国对中亚国家投资存量金额也较上一年有所增长。在社会融资方面，哈萨克斯坦较上一年增长103.77亿美元，增长幅度较大，其他国家变动幅度较小。与此同时，在外国直接投资净流入这一指标上，哈萨克斯坦也表现不俗，较上一年吸收外资增长104.01亿美元，而与之相反的是其余四个国家在这一指标上金额下滑幅度较大，尤其是乌兹别克斯坦，2015年吸收外资金额为66.49亿美元，2016年仅吸收1.33亿美元，可能与本国经济政策变动有关。在高技术专利方面，哈萨克斯坦拥有数量连续三年最多并与其他四国相比保持较大优势，但在2016年高科技出口金额较上一年有所减少，与之相反的是吉尔吉斯斯坦，较上一年高科技出口金额增长20 586 051美元。在对外承包工程完成营业额上，哈萨克斯坦由2015年的234 700万美元下降至27 577万美元，中国在哈萨克斯坦年末在外人数也大幅减少。

二、中国与中亚国家经济技术合作评价方法设计

（一）中国与中亚国家经济技术合作的数据处理方法

采用归一化的处理，主要是为了后面数据处理的方便，归一化的具体作用是归纳统一样本的统计分布性。如果是数值，则可以用很多常见的数学函数进行归一化，使它们之间的可比性更明显、更强。归一的目的可能是使得没有可比性的数据变得具有可比性，但还会保持相比较的两个数据之间的相对关系，如大小关系，大的仍然大，小的仍然小，或是为了作图，原来很难在一张图上作出来，归一化后就可以很方便地给出图上的相对位置，等等。

采用了统计学中的数据归一化方法进行基础数据处理，由公式（5-1）得出归一化基础数据，进而由此公式计算出七大指标的归一化数据，最终由公式（5-2）计算出中亚国家的综合归一化指数。

（二）中国与中亚国家经济技术合作的数据归一化处理方法

数据处理归一化，形式上是变化表达，本质上是为了比较认识。数据的标准化是将数据按比例缩放，使之落入一个小的特定区间。由于指标体系的各个指标度量单位是不同的，为了能够使指标参与评价计算，需要对指标进行规范化处理，通过函数变换将其数值映射到某个数值区间。归一化公式为：

$$X_i^* = \frac{x_i - x_{\min}}{x_{\max} - x_{\min}} \tag{5-1}$$

式中，x_i、X_i^* 分别表示数据归一化前后的值，$x_{\min}$、$x_{\max}$ 分别表示样本数据中的最小值、最大值。

（三）数据评价公式

对所有指标数据进行处理之后，我们选择了七个方面进行评价分析。在进行整体分析评价时，由于不同指标的标量不同，仍然需要用每个指标进行独立评价。从以往的研究中不难发现用单个指标进行的评价分析，所以，可以将七个方面的指标进行融合，以此实现整体投资水平的评价，基于此目的，对归一化后的数据再进行一次处理。计算公式如下：

$$I_j^* = \frac{\sum_{i=0}^{n} x_i^*}{n} \tag{5-2}$$

式中，I_j 表示第 j 个指标的归一化数值，其他符号含义与式（5-1）相同。

第三节 中国与中亚国家经济技术合作模式评价结果与分析

一、中国与中亚国家经济技术合作的初步评价

（一）中国与中亚国家的贸易总体规模不断上升，合作渐有起色

根据表5-1、表5-2、表5-3所列数据，采用公式（5-1）对中国与中亚国家贸易额数据进行归一化处理，使之落入一个小的特定区间，使它们之间的可比性更明显，处理结果如表5-4所示。

表5-4 2014—2016年中国与中亚国家贸易合作数据表

年份	中国与中亚国家的贸易额	哈萨克斯坦	吉尔吉斯斯坦	塔吉克斯坦	土库曼斯坦	乌兹别克斯坦
2014	中方出口归一化数据 X_i^*	1.0000	0.3648	0.1289	0.0000	0.1466
	中方进口归一化数据 X_i^*	1.0000	0.0008	0.0000	0.9795	0.1603
	贸易额归一化指数 J_i	1.0000	0.1828	0.0644	0.4898	0.1535
2015	中方出口归一化数据 X_i^*	1.0000	0.4548	0.1286	0.0000	0.1854
	中方进口归一化数据 X_i^*	0.7469	0.0008	0.0000	1.0000	0.1563
	贸易额归一化指数 J_i	0.8735	0.2278	0.0643	0.5000	0.1708
2016	中方出口归一化数据 X_i^*	1.0000	0.6624	0.1744	0.0000	0.2099
	中方进口归一化数据 X_i^*	0.8628	0.0072	0.0000	1.0000	0.2849
	贸易额归一化指数 J_i	0.9314	0.3348	0.0872	0.5000	0.2474

资料来源：根据《中亚国家发展报告（2014—2016）》《中国统计年鉴》及相关资料整理。

从中方出口归一化数据得出：2014—2016年，中亚国家中，中方出口最多的国家是哈萨克斯坦；最少的是土库曼斯坦，中方出口几乎为零。中方对吉尔吉斯斯坦出口保持平稳发展，这三年出口呈增长趋势，该国是中亚国家

中仅次于塔吉克斯坦的中国第二大出口国；塔吉克斯坦和乌兹别克斯坦中方出口规模相对较小，但是对乌兹别克斯坦这三年的出口有所增长。

从中方进口归一化数据得出：2014—2016 年，中亚国家中，中方进口最多的国家是土库曼斯坦，在这三年里，中方进口呈增长态势；哈萨克斯坦位居第二，且中方进口规模也较大；吉尔吉斯斯坦与塔吉克斯坦中方进口规模较小，特别是塔吉克斯坦，中方进口几乎为零；乌兹别克斯坦中方进口规模适中，在这三年里平稳发展，有增长趋势。

依据中方进口归一化数据与中方出口归一化数据，利用公式（5-2）得出贸易归一化指标数据。从贸易归一化数据得出：2014—2016 年，哈萨克斯坦作为中亚经济总量最大的国家，已成为中国在中亚地区的第一大贸易伙伴。三年间，中国与土库曼斯坦贸易往来发展平稳，其成为中亚国家中我国第二大贸易往来国，中方以进口为主，中国处于贸易逆差；中国与塔吉克斯坦和乌兹别克斯坦进出口贸易规模较小，中国在与塔吉克斯坦的贸易往来中处于贸易顺差；中国与吉尔吉斯斯坦的贸易往来规模也较小，以中方出口为主，中方进口较少，处于贸易顺差。

根据分析可知（如图 5-1 所示），2014—2015 年，中国对哈萨克斯坦贸易总体呈下降趋势，但 2015—2016 年有所回升；2014—2016 年，中国与吉尔吉斯斯坦贸易额逐年上升；中国与塔吉克斯坦贸易总体也呈上升趋势；土库曼斯坦与中国贸易往来始终均衡；乌兹别克斯坦与中国贸易额上升幅度较大。中亚国家中，与中国双边贸易往来最大的国家非哈萨克斯坦莫属，其次是土库曼斯坦，但我国对哈萨克斯坦属于贸易逆差情况，对哈萨克斯坦出口较少，进口较多；中亚国家中，吉尔吉斯斯坦也是与我国开展双边贸易较多的国家；塔吉克斯坦和乌兹别克斯坦相较于中亚其他国家来说，与我国双边贸易有待进一步发展。

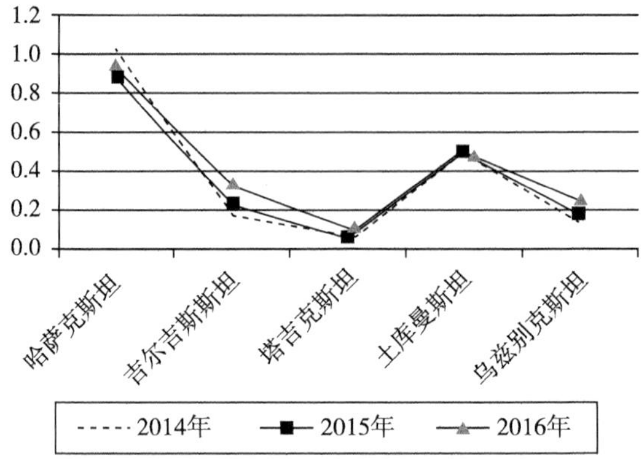

图 5-1　中国对中亚国家 2014—2016 年贸易额归一化指数

资料来源：根据《中亚国家发展报告（2014—2016）》《中国统计年鉴》及相关资料整理。

根据上述分析，本书总结出中国与中亚国家贸易的几个特征：

1. 中国与中亚各国贸易联系紧密

目前，中国已成为哈、土和吉第一大贸易伙伴，乌、塔第二大贸易伙伴。其中，哈萨克斯坦是我国在中亚最重要的贸易伙伴，中哈两国双边贸易额占中国与中亚国家贸易总额 40% 以上。塔吉克斯坦是全球第一个与中国签订《共同推进丝绸之路经济带建设谅解备忘录》的国家，近年来与中国贸易合作稳定发展。

2. 中土贸易发展小有成效，但潜力受限

自中土开始双边贸易合作以来，取得了一些成效，但出于各种原因，中土双方贸易合作进程推进的速度较为缓慢，在贸易合作过程中也出现一些问题。贸易逆差明显，仅依靠中方进口维系着贸易往来。通过查阅中国商务部网站投资国别指南以及对外投资公报相关文件可以发现，土库曼斯坦是中国在中亚地区的第二大贸易伙伴和最大的天然气供应国。以土库曼斯坦为起点的中国—中亚天然气管道是 21 世纪“能源丝绸之路”的伟大创举。自 2009 年 12 月该管道一期开通至今，中国累计进口土库曼斯坦天然气超过1 900亿立方米。因此，在贸易逆差中，中方从土库曼斯坦出口占比最大的是天然气。

中方对土库曼斯坦出口较少，究其原因，主要存在以下几个方面的问题：

（1）中国对土库曼斯坦调研了解不够，经贸合作规划性不足

在与土库曼斯坦经贸合作的过程中，中国对土库曼斯坦市场的考察不全面，缺乏对其市场潜力和市场需求的全面调查，缺乏科学的论证，无法有效判断土库曼斯坦经贸合作的真正需求，导致中国与土库曼斯坦缺乏全面性的贸易合作规划。目前，中国与土库曼斯坦在石油、天然气等能源领域有一定的合作规划，但在农产品贸易、基础设施投资等领域的合作尚未有规划，在一些领域的经贸合作还存在误区和盲区。

（2）中土双方贸易合作层次低

从中国与中亚国家贸易合作情况来看，目前，中国与中亚其他四个国家的贸易合作系统性相对较强，在能源、矿产资源、农产品等方面的贸易合作均有显著成效。总体上来看，中土双方贸易合作领域的广度和深度远远不够，贸易合作还处在初级发展阶段。主要表现为贸易结构较为单一，土库曼斯坦出口给中国的商品以矿物燃料（石油、天然气）为主，过度集中在资源、能源领域，其他商品、农产品贸易规模小，土库曼斯坦进口中国的商品类型也较为单一，以机电、机械设备及配件为主。此外，在贸易过程中，双方经贸合作形式重于实质，实质性的贸易合作程度不够，贸易合作层次低，还停留在较浅的层面。

（3）中土双方贸易合作机制不健全

贸易仲裁调解和利益保障机制尚未建立。土库曼斯坦社会经济发展处于转型时期，技术标准与国际水平存在很大差异，政策、规章变动频繁，贸易政策缺乏连续性，在与我国进行商品贸易的过程中，出现贸易摩擦是常事，发生贸易经济纠纷时，中土双方缺乏申诉的渠道，没有解决矛盾和纠纷的有效途径和合理的方式，也没有政府相关或委托的机构和部门来进行调解，缺乏贸易仲裁调解和利益保障机制。

（二）中国对中亚国家投资的指标分析

对 2014—2016 年的投资流量、投资存量数据分别进行归一化处理，用 X_i 表示，在得出流量、存量的 X_i 后再将两个分指标的数据进一步进行归一化处

理，得出的结果如表 5-5 所示。

表 5-5　2014—2016 年中国对中亚国家投资指标

年份	中国对中亚国家的投资	哈萨克斯坦	吉尔吉斯斯坦	塔吉克斯坦	土库曼斯坦	乌兹别克斯坦
2014	投资流量归一化数据 X_i	0.0000	0.6288	0.6261	1.0000	0.9806
	投资存量归一化数据 X_i	1.0000	0.0828	0.0471	0.0078	0.0000
	投资归一化指数 J_i	0.5000	0.3558	0.3366	0.5039	0.4903
2015	投资流量归一化数据 X_i^*	0.0000	0.9752	1.0000	0.8044	0.9665
	投资存量归一化数据 X_i^*	1.0000	0.1889	0.1564	0.0000	0.1509
	投资归一化指数 J_i	0.5000	0.5821	0.5782	0.4022	0.5587
2016	投资流量归一化数据 X_i^*	1.0000	0.3568	0.5791	0.0000	0.3962
	投资存量归一化数据 X_i^*	1.0000	0.1908	0.1771	0.0000	0.1560
	投资归一化指数 J_i	1.0000	0.2738	0.3781	0.0000	0.2761

资料来源：根据《中亚国家发展报告（2014—2016）》《中国统计年鉴》及相关资料整理。

从数据处理结果来看，中国对哈萨克斯坦投资规模相较于其他四国较小，但从总体上看，哈萨克斯坦与我国投资关系表现最好，其次是吉尔吉斯斯坦、塔吉克斯坦、乌兹别克斯坦和土库曼斯坦，中国对中亚国家投资水平存在不平衡的特征。为了更加直观地反映我国与中亚国家投资合作状况，分析我国与中亚国家投资合作特征，制作了投资归一化指数折线分布图，如图 5-2所示。[71]

从图 5-2 中可以清晰地看出，在中国对中亚国家的投资上，哈萨克斯坦处于优势地位。在 2016 年度，中国对哈萨克斯坦投资的水平与吉尔吉斯斯坦的水平相差二倍还多，相较于其他三个国家的水平也高出很多。

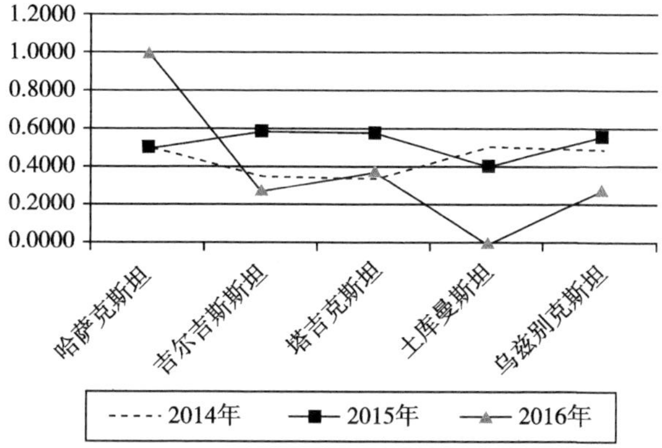

图 5-2 2014—2016 年中国对中亚国家投资归一化指数

资料来源：根据《中亚国家发展报告（2014—2016）》《中国统计年鉴》及相关资料分析整理。

根据数据处理结果和搜集到的数据结果，本书总结出我国与中亚国家投资合作存在以下特点：

（1）中国与中亚国家投资合作程度呈现不均衡特征

投资存量的分布与各国的经济实力和资源禀赋密切相关，哈萨克斯坦在《全球竞争力报告（2016—2017）》中排第 53 位，综合实力在中亚地区最强，经济实力占中亚地区 2/3，与中国处于深度合作阶段。哈萨克斯坦经济发展较快，政治局势稳定，社会秩序、人文环境相对较好，拥有丰富的石油、天然气、煤炭、有色金属等矿产资源。土库曼斯坦经济实力在中亚地区处于较高水平，近年来经济保持稳定发展，国内生产总值连续多年保持较快增长。但由于土库曼斯坦对外国企业准入的门槛和要求较高，在办理公司或代表处注册审批、外籍工作人员签证等方面限制较多，程序烦琐，效率较低，中国对其投资规模较小，合作程度有待提高。

（2）中国对中亚国家直接投资区域分布不均衡

从图 5-2 中可以看出，2016 年中国对中亚国家投资存在区域分布不均衡现象，主要投资于哈萨克斯坦。哈萨克斯坦是中国在中亚地区的主要伙伴，2016 年我国对哈萨克斯坦投资水平较其他四国遥遥领先。2016 年中国对吉、塔、土、乌四国投资规模相对较小，排在第 2 位、第 3 位的分别是塔吉克斯坦和乌兹别克斯坦，对吉尔吉斯斯坦和土库曼斯坦投资相对较少。值得注意的是，在这三年中，中方对土库曼斯坦的投资呈不断减少的态势。

（3）中国对中亚国家投资增速呈现不均衡特征

2014 年中国对中亚国家投资保持一个相对平稳的态势，对各国投资水平虽有差异但差距不大，但到 2015 年对各国投资就投资水平开始呈现不同增长态势，对吉、塔、乌三国投资水平提高，哈萨克斯坦保持不变，对土库曼斯坦投资水平开始出现下降趋势。2016 年这种不均衡特征表现更为显著，除哈萨克斯坦之外的其余四国均出现了下降，并且幅度很大，对土库曼斯坦更是跌到零点。

（三）中国对中亚国家社会融资的指标分析

社会融资指标较单一，选取了社会融资存量这一指标作为融资部分的评价指标，经处理后的数据整理如表 5-6 所示。

表 5-6　2014—2016 年中国对中亚国家社会融资指标

年份	中国对中亚国家社会融资	哈萨克斯坦	吉尔吉斯斯坦	塔吉克斯坦	土库曼斯坦	乌兹别克斯坦
2014	存量归一化数据 X_i^*	1.0000	0.0436	0.0303	0.0000	0.0820
	社会融资归一化指数 J_i	1.0000	0.0436	0.0303	0.0000	0.0820
2015	存量归一化数据 X_i^*	1.0000	0.0465	0.0301	0.0000	0.0945
	社会融资归一化指数 J_i	1.0000	0.0465	0.0301	0.0000	0.0945
2016	存量归一化数据 X_i^*	1.0000	0.0451	0.0268	0.0000	0.0966
	社会融资归一化指数 J_i	1.0000	0.0451	0.0268	0.0000	0.0966

资料来源：根据《中亚国家发展报告（2014—2016）》《中国统计年鉴》及相关资料分析整理。

从表 5-6 中可以看出，哈萨克斯坦社会融资水平在中亚国家中最高，其次是乌兹别克斯坦、吉尔吉斯斯坦、塔吉克斯坦和土库曼斯坦。哈萨克斯坦连续三年居中亚国家之首，从数据来看，哈萨克斯坦社会融资存量金额是吉、塔、土、乌四国的总和的五倍之多，可见，中亚国家在社会融资水平上存在较大差异。土库曼斯坦在利用社会融资的能力方面较为薄弱；除哈萨克斯坦之外，乌兹别克斯坦社会融资表现最佳，连续三年融资保持较高水平，从数值上看，乌兹别克斯坦社会融资存量比吉尔吉斯斯坦和塔吉克斯坦两国社会融资存量总和还多。

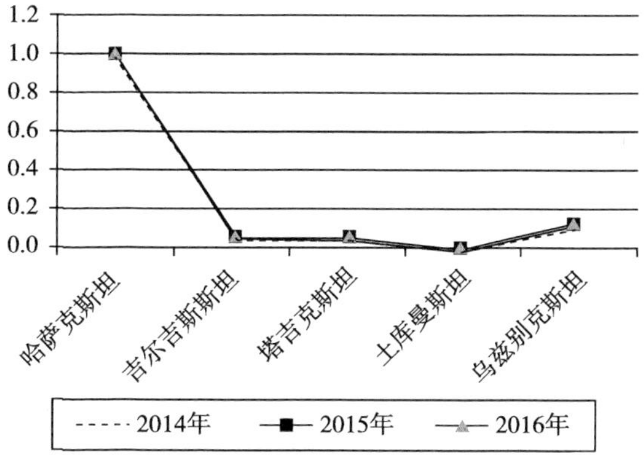

图 5-3　2014—2016 年中国对中亚国家社会融资归一化指数

资料来源：根据《中亚国家发展报告（2014—2016）》《中国统计年鉴》及相关资料分析整理。

从图 5-3 结果可以看出，哈萨克斯坦在社会融资中占据着十分重要的位置，吸收我国直接投资数额最大，其次是乌兹别克斯坦以及吉尔吉斯斯坦，剩下两个国家处于相对靠后的位置。当然，此次研究仅选取了中国对中亚国家社会融资方面的指标进行评价。一个国家吸收和利用外资的情况与本国的政治经济文化等因素是息息相关的，从中也可以发现中亚国家在融资环境以及政策等方面存在很大的不同。根据上述数据结果以及查阅相关资料，本书总结了中亚国家在融资环境方面存在的一些问题：

1. 中亚国家金融合作的生态环境不佳且差距巨大

融资水平的差距与本国的金融环境的优劣是分不开的。金融合作生态环境主要包括外部环境和基础依托条件，是一个国家或地区经济软实力的外在体现。据估算，良好的金融生态营商环境会使国内生产总值增长率增长 0.36%，使投资率增长 0.3%。世界银行最新公布的《2017 年营商环境报告》可以作为金融生态环境的一个评价参考，中亚国家的排名及分项指标评价见

表 5-7。中亚地区是 2016 年的主要改革地区，一直以来都是各经济体平均改革数量最多的地区，哈萨克斯坦位列全球前十大改善最多的经济体。营商环境排名较高的也是哈萨克斯坦，列第 35 位，其余三国金融生态环境不良，在 180 余个国家中分别列第 87 位、第 128 位和第 75 位。中亚国家的“办理破产”“获得信贷”和“保护中小股东”指标分值均不高，这也反映了中亚国家破产程序的时间长、成本高，破产法规中存在的程序障碍多、回收率低。另外，信贷的法律基础不健全导致实体经济获得金融支持的法律保护力度及便捷度不足，执法部门随意性大，社会信用体系覆盖面窄，金融支持途径少且质量差等。最后，在权益资本市场中，对实体经济股东权益保护的力度不够，交易透明度低，关联交易责任不明，股东诉讼难。

表 5-7　2017 年中亚国家营商环境分项评价

指标	哈萨克斯坦	乌兹别克斯坦	塔吉克斯坦	吉尔吉斯斯坦	土库曼斯坦
排名	35	87	128	75	—
总分	75. 1	63. 0	55. 3	65. 2	—
开设公司	91. 9	93. 9	86. 6	93. 0	—
建筑许可	79. 0	60. 0	54. 8	76. 7	—
通电	73. 6	7. 8	35. 2	44. 0	—
注册资产	83. 7	66. 2	62. 0	90. 6	—
获得信贷	55. 0	65. 0	40. 0	70. 0	—
保护中小股东	80. 0	56. 7	66. 7	63. 3	—
税负	79. 5	59. 1	58. 8	56. 4	—
跨境交易	63. 2	44. 3	57. 1	74. 9	—
合同执行	75. 7	67. 3	63. 5	48. 6	—
办理破产	69. 2	46. 3	28. 7	34. 1	--

注：《2017 年营商环境报告》在开办企业、财产注册和合同履行这 3 项指标中增加了性别维度。土库曼斯坦因资料不全，无法得出有效评价。

资料来源：World Bank National Accounts Data and OECD National Accounts data files。

2. 中亚国家金融资源动员能力不足

中亚国家金融机构和金融基础设施短缺，金融发展配套保障缺失。国家金融体制处于转型之中，正在重建银行体系，除哈萨克斯坦外其余四国几乎不存在证券资本市场。中亚国家银行业高度垄断，直接融资的缺陷凸显，政府干预，体制僵化，银行体系脱离实体，导致贷款基准利率高企，高达15%~20%，塔吉克斯坦本币贷款利率甚至达27.58%，实体企业融资条件恶劣。与此同时，中亚国家均严格规范和限制在国内设立外资银行、合资银行。外汇管制方面，乌兹别克斯坦实行严格的“强行结汇”制度，其余四国外汇管制较为宽松。除哈萨克斯坦外，其余四国中资企业实际上都不能使用人民币在其国内开展跨境贸易和投资合作。除哈、塔两国外，人民币不能在当地直接结算和兑换。[72]中亚国家的金融市场体制与发展水平见表5-8。

表 5-8　中亚国家的金融市场体制与发展水平

国家	货币名称	外汇管制	兑美元汇率	人民币与当地货币是否可以直接结算或兑换	融资条件	本币贷款基准利率	金融体制
哈萨克斯坦	坚戈	与外币自由兑换，自由浮动汇率	343.3：1	可以	外资企业均可在当地银行融资	17%	间接融资模式为主，二级银行体系。35 家银行、34 家保险公司、1 家证交所、2200 余家上市公司
乌兹别克斯坦	苏姆	经常项目下可自由兑换管制较为严格，企业利润汇出时需要缴纳 10%所得税，外资企业应收账款难以收回	2856.7：1	不能	外资企业一般不选择在乌兹别克斯坦银行融资	17%～24%	间接融资模式为主，二级银行体系。30 家商业银行、31 家保险公司、1 家证交所、370 家上市公司
塔吉克斯坦	索莫尼	可自由兑换货币，外汇进出自由，利润汇出需要缴纳 8%的税费	7.9：1	可以	外资企业享有同等待遇，融资条件一般	24%～36%	间接融资模式为主。银行系统薄弱，保险业起步较晚，2016 年第一家证券交易所开始运营
吉尔吉斯斯坦	索姆	可自由兑换货币，注册的商业银行可在境内境外自由买进或卖出外汇，无须任何手续，不受额度限制	7：1	不能	贷款利率高，因此尚不具备中国企业融资的条件	8%～10%	金融体系不完善，银行规模小，没有国有保险公司。1 家证券交易所、14 家上市公司
土库曼斯坦	马纳特	外汇管制严格，自 2016 年 1 月，停止销售外汇，外汇交易只允许使用银行卡的方式。外国公司可在土库曼斯坦银行开设外汇账户，但不允许提取大额现金，外汇可自由汇进汇出	3.5：1	不能	外资企业在土库曼斯坦很难融资，主要原因是贷款审核极其严格而且时间长	10%	金融体系不完善，只有银行 4 家、国有保险公司 1 家，无证券市场，无证券交易所

资料来源：《对外投资合作国别（地区）指南》（2016 年版）。

中亚地区金融市场的发育程度以及金融资源的调控能力相当薄弱，难以全力支撑高附加值、高风险的金融行业的快速发展。新兴市场经济体经济增速下行可能导致商品价格下降，恶化其财政和经常账户差额，这种境况需要国家强有力的金融政策缓解对冲风险，然而，中亚国家的金融市场发育不足，很难给予调控政策施展的空间。

3. 中亚国家生产要素市场化程度低且发展不一

“一带一路”框架下的区域金融合作，无疑必须加强各国金融市场、金融机构以及金融监管的统筹运作，但是，首要的障碍在于沿线跨境区域所形成的庞大复杂的产业链缺乏稳定健全的金融合作模式，以及制度的缺陷和政策的局限性。其次的障碍在于沿线国家市场化程度低且差异较大，开放程度不高，资源要素的聚集扩散途径不完整也不通畅，各项合作刚刚起步，信息、技术、资本和劳动力在各国间的交流尚不频繁。

参考 *The Wall Street Journal* 和美国传统基金会（The Heritage Foundation）发布的经济自由度指数（Index of Economic Freedom），后者将“经济自由”定义为“政府在生产、分配、消费等方面超过保护公民和维持其自由的强制或干预的消除”。经济自由度指数越高，可以理解为经济市场化程度越高，进而会拥有越高的长期经济增速和经济繁荣。

如表 5-9 所示，中亚国家基本属于“较不自由经济体”和“受压制经济体”，塔、乌和土三个国家排名居尾段。分项指标中，中亚国家在“市场开放”下的两个维度“投资自由和金融自由”以及“法律规则”下的三个维度“产权保障、政府廉洁和司法公正”分值普遍较低，意味着市场化水平低，金融抑制性高，政府对经济干涉较多。

表 5-9　2017 年中亚国家营商环境分项评价

国家	排名	总分	法律规则			政府规模			监管效率			市场开放		
			产权保障	政府廉洁	司法公正	政府开支	税收负担	财政安全	营商自由	劳动力自由	贸易自由	货币自由	投资自由	金融自由
哈萨克斯坦	42	69	56.1	38	56.5	85.7	93.3	98.9	74.5	82.5	73.9	78.5	40	50
乌兹别克斯坦	148	52.3	48	27.5	41.9	66.2	90.7	99.8	64.8	50.4	61.1	66.8	0	10
塔吉克斯坦	109	58.2	45.5	32.7	45.6	74.1	90.9	95.8	65.6	49.2	69.8	73.9	25	30
吉尔吉斯斯坦	89	61.1	50.9	30.3	17.2	55.2	93.7	78.9	73.7	79.8	68.5	75.3	60	50
土库曼斯坦	170	47.4	32.4	29.6	5	92.3	95.3	98.9	30	20	74.8	80	0	10

资料来源：The Heritage Foundation. World Bank national accounts data and OECD National Accounts data files [Z].

（四）中亚国家利用外资情况的指标分析

选择外国直接投资净流入来衡量利用外资情况，归一化之后数据如表5-10所示。

表5-10　2014—2016年中亚国家利用外资情况

年份	利用外资概况	哈萨克斯坦	吉尔吉斯斯坦	塔吉克斯坦	土库曼斯坦	乌兹别克斯坦
2014	外国直接投资净流入归一化数据 X_i^*	1.0000	0.0049	0.0000	0.5091	0.0648
	利用外资归一化指数 J_i	1.0000	0.0049	0.0000	0.5091	0.0648
2015	外国直接投资净流入归一化数据 X_i^*	0.9566	0.1154	0.0000	0.4205	1.0000
	利用外资归一化指数 J_i	0.9566	0.1154	0.0000	0.4205	1.0000
2016	外国直接投资净流入归一化数据 X_i^*	1.0000	0.0292	0.0065	0.1267	0.0000
	利用外资归一化指数 J_i	1.0000	0.0292	0.0065	0.1267	0.0000

资料来源：根据《中亚国家发展报告（2014—2016）》《中国统计年鉴》及相关资料分析整理。

从表5-10中数据可以看出，在利用外资水平上，综合三年指标，表现最佳的依然是哈萨克斯坦，2014年指标数值为1，2015年为0.9566，2016年为1。对比其他四个国家，哈萨克斯坦在利用外资上具有突出的优势，这与本国的经济发展水平、政策和投资环境等因素是密不可分的。仅从选取的三年数据来看，表现较好的应为土库曼斯坦，2014年数值为0.5091，2015年数值为0.4205，2016年数值为0.1267，虽与哈萨克斯坦相比还存在较大差距，但在余下四国中表现较好。吉尔吉斯斯坦的表现平平，塔吉克斯坦和乌兹别克斯坦在三年中均有引入外资的情况出现，吸收外资水平呈现不均衡状态，这也从侧面反映出国家在利用外资中存在的一些问题。为了更加直观地反映吸引外资的水平变化，根据表5-10中的数据作出图5-4。

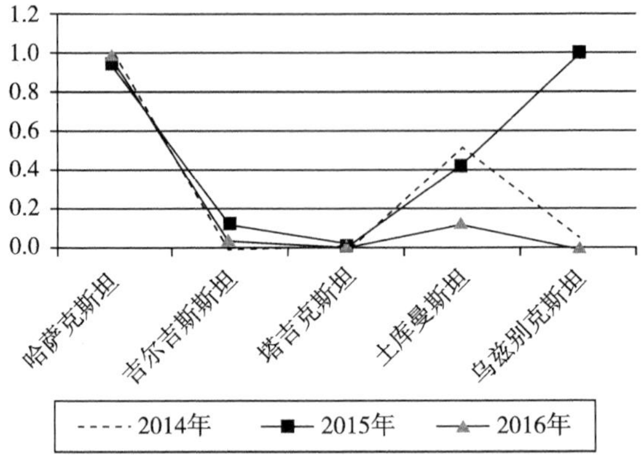

图 5-4　2014—2016 年中亚国家利用外资归一化指数

资料来源：根据《中亚国家发展报告（2014—2016）》《中国统计年鉴》及相关资料分析整理。

外国直接投资净流入反映外资利用概况，根据世界银行给出的 2014—2016 年的数据，在这一指标上数字较大的仍然是哈萨克斯坦，中亚国家吸收外资水平表现极为不均衡。从图 5-4 中可以看出，土库曼斯坦和乌兹别克斯坦年度差异很大，其变化从数据来看很难解释，因此，为了更好、更准确地探究国家利用外资水平变化差异，本书进行了以下分析：

哈萨克斯坦和土库曼斯坦利用 FDI 的综合能力较强，这与中亚地区利用外资的现状是相符的；乌兹别克斯坦利用 FDI 的潜力较大，特别是在基础设施建设和技术创新方面具有比较优势，但其引资效率还需加强，以将潜力优势转化为业绩优势；吉尔吉斯斯坦利用 FDI 的业绩已属中等水平，但其引资潜力尚不理想，仅在劳动力素质方面表现突出；塔吉克斯坦由于经济不稳定，引资绩效差异较大，总体处于落后状态，仅在劳动力成本一项上具有相对优势。值得注意的是，哈萨克斯坦的潜力优势地位在弱化，土库曼斯坦和乌兹别克斯坦的投资潜力优势在上升。

（五）中国与中亚国家技术指标分析

为了对中国与中亚国家之间的技术合作情况进行更好的比较分析，此处根据表 5-1、表 5-2、表 5-3 所列数据，采用公式（5-1）进行归一化处理，使之落入一个小的特定区间，使它们之间的可比性更明显，相关数据处理结果如表 5-11 所示。

表 5-11　中国与中亚国家 2014—2016 年技术专利情况

年份	技术专利	哈萨克斯坦	吉尔吉斯斯坦	塔吉克斯坦	土库曼斯坦	乌兹别克斯坦
2014	高技术专利归一化数据 X_i^*	1.0000	0.0691	0.0000	0.0000	0.2822
	高科技出口归一化数据 X_i^*	1.0000	0.0000	0.0000	0.0000	0.0000
	技术归一化指数 J_i	1.0000	0.0345	0.0000	0.0000	0.1411
2015	高技术专利归一化数据 X_i^*	1.0000	0.0838	0.0007	0.0000	0.3373
	高科技出口归一化数据 X_i^*	1.0000	0.0149	0.0000	0.0000	0.0000
	技术归一化指数 J_i	1.0000	0.0494	0.0003	0.0000	0.1687
2016	高技术专利归一化数据 X_i^*	1.0000	0.0727	0.0000	0.0000	0.4534
	高科技出口归一化数据 X_i^*	1.0000	0.0306	0.0000	0.0000	0.0000
	技术归一化指数 J_i	1.0000	0.0517	0.0000	0.0000	0.2267

资料来源：根据《中亚国家发展报告（2014—2016）》《中国统计年鉴》及相关资料分析整理。

由表 5-11 可知，根据高技术专利归一化数据可得：2014—2016 年，中国投资哈萨克斯坦高技术专利最多，接下来依次是吉尔吉斯斯坦、乌兹别克斯坦，在 2015 年，中国也为塔吉克斯坦提供了高技术专利，但中国在这三年为土库曼斯坦提供的高技术专利几乎为零，其中很大一部分原因是土库曼斯坦整体环境较为封闭，经济自由化和市场化程度不高，所以对外资进入的产业有一定的限制，而哈萨克斯坦作为中亚国家中经济实力最强的国家，已经具备了一定的经济基础、国内基础设施、劳务等，所以吸引外部技术更多。在高科技出口归一化数据分析中，在 2014 年，中国只对哈萨克斯坦出口高科技，与其他四个国家基本没有这方面的合作。2015 年与 2016 年，对哈萨克斯坦依旧保持稳定投资，同时也对吉尔吉斯斯坦有部分的高科技出口，但依旧与其他三个国家合作较少，这主要还是由于中国对这几个国家在高科技出口方面起步较晚。依据高技术专利归一化数据与高科技出口归一化数据，利用公式（5-2）得出技术归一化指数。从技术归一化指数得出：2014—2016年，哈萨克斯坦作为中亚国家中经济发展水平最高的国家，引进中国技术投资最多，技术归一化指数远高于其他几个国家；三年间，中国对吉尔吉斯斯坦、乌兹别克斯坦的技术投资保持稳定增长，但与塔吉克斯坦、土库曼斯坦的合作始终较少。

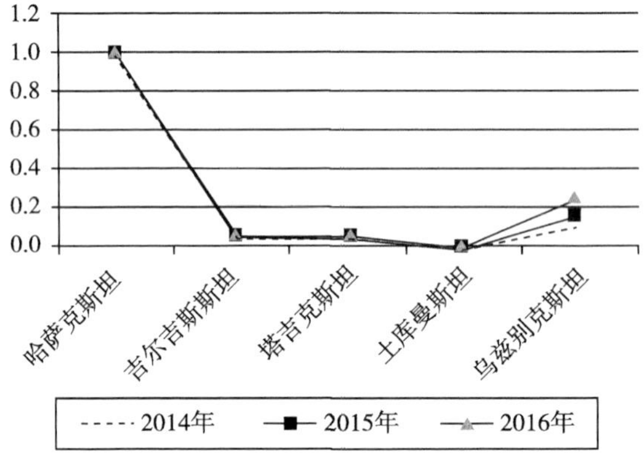

图 5-5　2014—2016 年中国与中亚国家技术专利折线分布图

资料来源：根据《中亚国家发展报告（2014—2016）》《中国统计年鉴》及相关资料分析整理。

根据图 5-5 分析可知，2014—2016 年，中国对哈萨克斯坦的技术投资始终保持稳定，在中亚国家中名列前茅。对吉尔吉斯斯坦、乌兹别克斯坦的技术投资逐年上升，对塔吉克斯坦、土库曼斯坦几乎没有投资。中亚国家处于亚欧大陆的接合部，是丝绸之路经济带的重要节点，哈萨克斯坦是最大的经济体，在中亚国家中地位最高，超过其余四国的总和。丝绸之路经济带战略致力于提升沿线国家投资贸易便利化水平，建设高标准的自由贸易区网络，为此，中国必须提高与中亚各国的经济合作水平，丰富并优化对中亚的投资结构。

（六）中国对中亚国家对外承包工程情况的指标分析

为了对中国对中亚国家对外承包工程情况进行更好的比较分析，此处根据表 5-1、表 5-2、表 5-3 所列数据采用公式（5-1）进行归一化处理，使之落入一个小的特定区间，使它们之间的可比性更明显，相关数据处理结果如表 5-12 所示。

表 5-12　2014—2016 年中国对中亚国家对外承包工程情况

年份	对外承包工程	哈萨克斯坦	吉尔吉斯斯坦	塔吉克斯坦	土库曼斯坦	乌兹别克斯坦
2014	完成营业额归一化数据 X_i^*	1.0000	0.2359	0.0000	0.5176	0.1972
	派出人数归一化数据 X_i^*	1.0000	0.0352	0.0199	0.0000	0.0119
	年末在外人数归一化数据 X_i^*	1.0000	0.2294	0.0306	0.0000	0.1442
	承包工程归一化指数 J_i	1.0000	0.1668	0.0168	0.1725	0.1177
2015	完成营业额归一化数据 X_i^*	1.0000	0.0000	0.0369	0.0626	0.0191
	派出人数归一化数据 X_i^*	1.0000	0.0743	0.0522	0.0000	0.0270
	年末在外人数归一化数据 X_i^*	1.0000	0.2481	0.0634	0.0000	0.1888
	承包工程归一化指数 J_i	1.0000	0.1074	0.0508	0.0209	0.0783
2016	完成营业额归一化数据 X_i^*	1.0000	0.0974	0.1594	0.0000	0.0705
	派出人数归一化数据 X_i^*	1.0000	0.1144	0.1771	0.0000	0.0021
	年末在外人数归一化数据 X_i^*	1.0000	0.3284	0.1224	0.0000	0.2232
	承包工程归一化指数 J_i	1.0000	0.1801	0.1530	0.0000	0.0986

资料来源：根据《中亚国家发展报告（2014—2016）》《中国统计年鉴》及相关资料分析整理。

对表 5-12 分析可得，2014—2016 年，中国对中亚国家承包工程中，在完成营业额方面，哈萨克斯坦每年都保持稳定状态；而对于吉尔吉斯斯坦、乌兹别克斯坦，完成营业额在这三年都有一定的波动；对于土库曼斯坦，虽然 2014 年完成营业额方面仅次于哈萨克斯坦，但在 2016 年，营业额几乎为零。而从派出人数和年末在外人数来看，哈萨克斯坦依旧最多且稳定；对吉尔吉斯斯坦、塔吉克斯坦，年末在外人数 2014 年至 2016 年保持稳定增长；对乌兹别克斯坦，2014 年和 2015 年的年末在外人数基本保持一致，而在 2016 年有所增加。从整体的承包工程归一化指数来看，哈萨克斯坦居首位，吉尔吉斯斯坦第二，接下来是乌兹别克斯坦、塔吉克斯坦，最后是土库曼斯坦。在

表 5-12 的基础上作出图 5-6，以更加清晰地展示中国对中亚国家承包工程的情况。

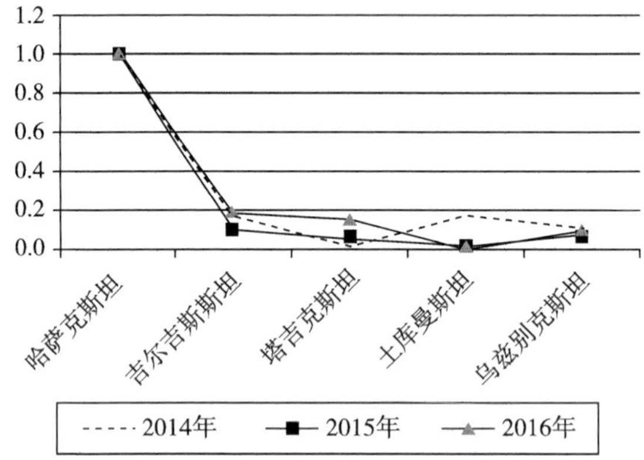

图 5-6　2014—2016 年中国对中亚国家对外承包工程归一化指数

资料来源：根据《中亚国家发展报告（2014—2016）》《中国统计年鉴》及相关资料分析整理。

从图 5-6 可以得出，2014—2015 年中国对哈萨克斯坦的对外承包工程市场最大，远远超过其他四个国家，对塔吉克斯坦的承包数额呈现逐年递增趋势，而对土库曼斯坦承包数额逐年下降，对乌兹别克斯坦基本保持稳定状态。中国对外承包工程已形成一定的竞争力，尤其是中国对哈萨克斯坦的承包工程。但是，对外承包工程行业分布相对集中，制约了其竞争能力的提升。本书也认识到，首先，与发达国家相比，中国在资金、管理、技术等方面还有很大差距；其次，中国对外承包工程发展现状和存在的一些问题制约着工程承包事业的发展；最后，通过分析中亚国家承包工程市场发现，中亚地区的哈萨克斯坦、吉尔吉斯斯坦、塔吉克斯坦、土库曼斯坦、乌兹别克斯坦的有效市场需求为中国对外承包工程企业的发展提供了有效空间。

（七）中国对中亚国家对外劳务合作的指标分析

表 5-13　2014—2016 年中国对中亚国家对外劳务合作情况

年份	对外劳务合作	哈萨克斯坦	吉尔吉斯斯坦	塔吉克斯坦	土库曼斯坦	乌兹别克斯坦
2014	派出劳务人数归一化数据 X_i^*	0.8839	1.0000	0.3036	0.0000	0.7188
	年末在外人数归一化数据 X_i^*	1.0000	0.7855	0.2986	0.0000	0.3304
	对外劳务合作归一化指数 J_i	0.9420	0.8928	0.3011	0.0000	0.5246
2015	派出劳务人数归一化数据 X_i^*	1.0000	0.1730	0.0162	0.0000	0.1144
	年末在外人数归一化数据 X_i^*	1.0000	0.1802	0.0830	0.0000	0.0245
	对外劳务合作归一化指数 J_i	1.0000	0.1766	0.0496	0.0000	0.0695
2016	派出劳务人数归一化数据 X_i^*	1.0000	0.0507	0.0147	0.0000	0.0000
	年末在外人数归一化数据 X_i^*	1.0000	0.2133	0.1165	0.0000	0.0312
	对外劳务合作归一化指数 J_i	1.0000	0.1320	0.0656	0.0000	0.0156

资料来源：根据《中亚国家发展报告（2014—2016）》《中国统计年鉴》及相关资料分析整理。

从表 5-13 可知，2014—2016 年中国对中亚国家对外劳务合作中派出劳务人数在吉尔吉斯斯坦、塔吉克斯坦与乌兹别克斯坦呈逐年下降趋势，2015 年与 2016 年在哈萨克斯坦派出劳务人数均较多，2014 年稍低。而年末在外人数，哈萨克斯坦三年均较多；在吉尔吉斯斯坦和塔吉克斯坦，年末在外人数均有大幅下降；而在乌兹别克斯坦，这一数据在 2015 年和 2016 年相对于 2014 年有大幅度的下降。在土库曼斯坦，这三年派出劳务人数和年末在外人数几乎都为零。综合对外劳务合作来看，中国与哈萨克斯坦合作最多，与土库曼斯坦合作最少。

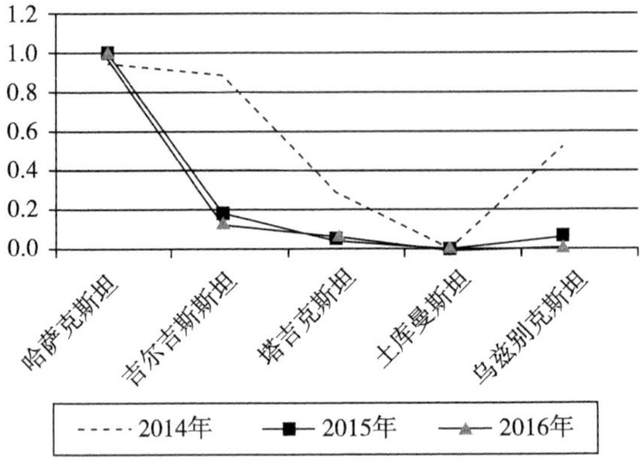

图 5-7　中国对中亚国家 2014—2016 年对外劳务合作归一化指数

资料来源：根据《中亚国家发展报告（2014—2016）》《中国统计年鉴》及相关资料分析整理。

由图 5-7 分析可知，在 2014 年，中国与哈萨克斯坦劳务合作最多，吉尔吉斯斯坦次之，之后是乌兹别克斯坦。在 2014 年过渡到 2015 年时，可以看出中国与中亚国家除了土库曼斯坦之外的四个国家的劳务合作数量都发生了巨大变化，除了哈萨克斯坦，其余三个国家都大幅度减少。2015 年和 2016 年，中国与中亚国家的劳务合作情况基本保持一致，哈萨克斯坦最高，接下来依次是吉尔吉斯斯坦、塔吉克斯坦和乌兹别克斯坦。

改革开放以来，中国对外劳务合作虽然保持了平稳快速发展，但与目前中国在全球经济格局中所处位置以及自身经济发展阶段不相适应，面临着国际劳务市场变化与国内劳务人员结构等诸多挑战。结合相关资料具体分析如下：

1. 国际劳务市场正在发生深刻转变

国际劳务市场正在向中高端转型，我国仍然停留在低端劳动密集型阶段。在“一带一路”沿线的国家中，不少国家经济发展水平已经很高，这些国家的基础设施工程也逐步完善，相关行业对劳动力需求也在不断增加。我国对外劳务合作难以适应国际劳务市场的需求变化，高度集中在亚非欠发达地区的建筑业、制造业、交通运输业等传统行业。尽管一些劳务合作企业认识到拓展高端劳务市场的紧迫性，尝试涉足欧美等发达国家市场，但由于培训周期长、投入高、竞争力弱等，实际进展不大。对外劳务合作转型缓慢，同时又面临国内劳务市场激烈竞争，目前输出到阿尔及利亚的建筑工人工资约每年 11 万元，而国内建筑工人年收入达数十万元也很常见，劳务输出的吸引力大大减弱，同样出现“招工难”现象。

第三国劳务新模式悄然兴起，我国劳务合作的成本优势正在丧失。第三国劳务正在对传统劳务输出方式构成强有力挑战，主要表现为对外承包工程企业从劳动力成本更低的朝鲜、越南、柬埔寨、孟加拉国、印度尼西亚、印度、斯里兰卡等国家招收外籍务工人员。有些对外承包工程项目雇用第三国劳务人员的规模已经超过员工总数的 60%，甚至直接将劳务合作项目投放到第三国，挤压了国内劳务需求。我国低成本劳动力优势逐渐丧失，东南亚国家正在快速赶超。根据日本官方统计，2015 年日本新接收中国籍技能实习生的人数较上年下降 12.4%，占当年新接收外籍技能实习生比例下降到 40%，以越南为首的东南亚国家所占总比例已经超过中国，仅越南所占比例就提高到 35%。

2. 对外劳务输出人员技能短板突出

劳务人员基本生活技能缺乏，尤其是语言交流存在障碍。中方企业的日常生活技能培训相对欠缺，对于当地劳动法规、国情、文化、宗教、语言等培训重视度不够，尤其语言的短板长期得不到弥补，仅仅中方管理人员和专业技术人员熟悉外语，普通输出劳工几乎无法与本地人交流，导致中国劳务人员难以深入了解所在国生活与工作模式、思维习惯，容易产生不必要的摩擦和纠纷，长期来看，不利于两个劳动力市场之间的融合。例如，肯尼亚当地工人很多并不会说英语，只会说本族的土著语言，部分中国的技术工人英语能力也很差，而这两个群体在日常工作中又存在着极大的交集和沟通量，因此，为他们提供必要的语言培训并使双方在长时间的工作中相互适应和相互了解，是一个不得不解决的问题。

中国的劳务人员在传统劳动密集型的熟练技能上具有优势，但难以胜任中高端技能型劳务。当前，国际劳务市场正在形成以技能型、知识型等中高端劳务为重点的多层次、多行业的劳动力需求结构，而中国对外劳务合作仍然处在低端劳动密集型发展阶段。在建筑业、制造业、交通运输业等传统行业，我国劳务人员仍然具有相当的优势，大多都是熟练工，工作效率较高，具有吃苦耐劳的品质，工作时间较长，但是难以进入服务业岗位，尤其是海员、护士、厨师、中文教师、设计咨询师、计算机服务人员、空乘人员、酒店服务管理等高端劳务领域，在这些领域尚未显示出竞争优势。

3. 对东道国的适应能力差

劳务合作管理模式相对封闭，本地融合存在较大难度。中国劳务输出倾向于“项目制”“基地化”管理模式，甚至出现“一个国家、两个世界”现象。为了避免劳务人员与当地经济社会发生摩擦和冲突，中方企业在管理上过于封闭，实际效果却适得其反，越是刻意回避接触，越是容易造成摩擦。普通劳务人员缺乏与本地人交流的机会，难以理解当地生活与工作模式、思维习惯，容易产生摩擦和纠纷。少数中国工人确实存在不尊重当地文化和习俗的行为，如斋月期间在穆斯林面前大吃大喝等，造成当地人反感。

中方企业对当地法律法规体系应对乏力，劳务合作的政策风险较大。在对外劳务实践中，比较常见的法规摩擦多在劳动法规领域，有些非洲国家在劳动法规方面过早向发达国家看齐，大幅增加了用工成本。一些非洲国家保护本国职工长期罢工的权利，如果中资企业坐视不管就会延误工期，如果一味妥协又会大幅提高用人成本，也不利于提升企业的执行力。更突出的问题是，本地用工比例的劳务用工标准通常难以实现。多数国家对外资项目都有用工方面的严格限制，要求使用一定比例的本地员工，中方企业实际无力满足，通过变通方式处理，既增加用工成本，也造成经营管理风险。

4. 国家政策与管理不完善

政府对对外劳务输出监管不足。管理我国对外劳务输出的部门，包括商务部、外交部、公安部等管理机构，没有统一的管理部门，有时会出现各执一词的情况，这在一定程度上导致了整个劳务市场的混乱。我国对外劳务输出领域还没有一部统一完善的法律法规，在劳务市场出现混乱时，也没有一个专门的管理体制来进行管理整顿，政出多门的现象导致了劳务市场不能得到有效的管理。[73]

5. 海外市场面临多重风险

首先是政治局势变动风险。现在国际政治风云变幻，各国政权更迭不断，而这种政治气候的改变也会给中国的海外项目带来极大的不确定性。其次是经济波动及汇率风险。很多国家和地区经营环境不稳定，汇率波动较大，增加了海外工程的营利压力。最后是安全风险。近几年来，虽然从全球来看还算比较太平，但是局部地区仍弥漫着战火，恐怖主义依旧存在，还有自然灾害的频发以及流行病的侵入，甚至部分地区排华情绪严重，针对弱势群体的犯罪案件大量增加，在国外的务工者面临着极大的安全威胁。

二、中国与中亚国家经济技术合作的总评价

经过分析不难看出，无论从哪一方面看，作为中亚国家中经济体量最大的国家，哈萨克斯坦都无疑是中亚国家中与中国经济技术合作往来最密切的国家。

在“一带一路”倡议的大背景下，中国与中亚的经济合作越来越紧密，实现了资源优势的互补，贸易总量整体逐年上升，在中亚的影响力也不断增强。中国作为中亚国家排名靠前的贸易合作伙伴，双边经贸关系非常密切。深化和中亚国家的合作关系，既是我国推进周边外交的需要，也是能否顺利实现“丝绸之路经济带”倡议构想的关键所在。

采用公式（5-2）对以上7个指标再进行一次处理，得出如下数据（见表5-14）。

表5-14　2014—2016年中国与中亚国家经济合作归一化指数

年份	哈萨克斯坦	吉尔吉斯斯坦	塔吉克斯坦	土库曼斯坦	乌兹别克斯坦
2014	0.9203	0.2402	0.1070	0.2393	0.2249
2015	0.9043	0.1864	0.1105	0.1919	0.3058
2016	0.9902	0.1495	0.1024	0.0895	0.1373

资料来源：根据《中亚国家发展报告（2014—2016）》《中国统计年鉴》及相关资料分析整理。

可以看出，在中国与中亚国家的经济技术合作关系中，哈萨克斯坦位居第一。作为中亚经济总量最大的国家，哈萨克斯坦近年来已成为中国在中亚地区的第一大经济技术合作伙伴；吉尔吉斯斯坦、土库曼斯坦、乌兹别克斯坦三国与中国经济技术合作总体规模适中；塔吉克斯坦与中国经济技术合作相对有限，需进一步扩大经济技术合作，实现互惠互利、共同发展。

中国与中亚国家合作程度呈现不均衡特征，哈萨克斯坦与中国处于深度合作阶段，土库曼斯坦经济发展较快，但由于土库曼斯坦对外国企业准入的门槛和要求较高，在办理公司或代表处注册审批、外籍工作人员签证等方面限制较多，程序烦琐，效率较低，中国对其投资规模较小，合作程度有待加强。

中国对中亚国家直接投资区域分布不均衡，2016 年我国对哈萨克斯坦投资水平在中亚五国中遥遥领先，对吉、塔、土、乌四国投资规模相对较小，排在第 2 位、第 3 位的分别是乌兹别克斯坦和吉尔吉斯斯坦，对塔吉克斯坦和土库曼斯坦投资相对较少。值得注意的是，在这三年里，中方对土库曼斯坦的投资呈不断减少的态势。

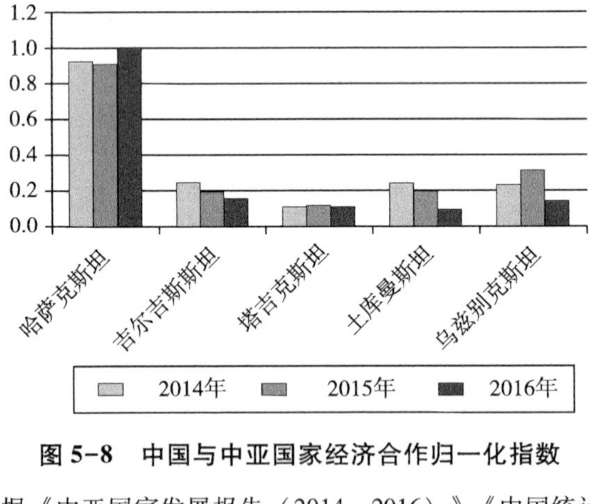

图 5-8　中国与中亚国家经济合作归一化指数

资料来源：根据《中亚国家发展报告（2014—2016）》《中国统计年鉴》及相关资料分析整理。

由图 5-8 可知，2014—2016 年哈萨克斯坦综合归一化指数均最大，呈上升趋势且优势明显，吉尔吉斯斯坦与土库曼斯坦均呈下降趋势，塔吉克斯坦基本没有变化，乌兹别克斯坦经历了上升之后又有所下降。这说明除哈萨克斯坦以外，我国与其他中亚国家经济技术合作近三年有下降趋势，需要进一步加强经济合作，寻找互利互惠机遇，共同实现经济技术繁荣发展。

中国与中亚国家贸易合作水平差异较大，呈现不均衡态势。中国与中亚各国贸易联系紧密，目前已成为哈、土和吉的第一大贸易伙伴，乌、塔的第二大贸易伙伴。其中，哈萨克斯坦是我国在中亚最重要的贸易伙伴。塔吉克斯坦是全球第一个与中国签订《共同推进丝绸之路经济带建设谅解备忘录》的国家，近年与中国贸易合作稳定发展。中土开始双边贸易合作以来，取得了一些成效，但出于各种原因，中土双方贸易合作进程推进的速度较为缓慢，在贸易合作过程中也出现了一些如金融抑制性高、政府对经济干涉较多等问题。受中亚国家市场化水平所限，合作机遇与挑战并存。

第四节 中国与中亚国家经济技术合作的对策建议

一、贸易方面

（一）加强市场调研，强化政府间交流，制定贸易合作规划

中国对土库曼斯坦处于贸易逆差，发展潜力受限，因此，需要加强与土库曼斯坦之间的贸易往来，不仅仅依靠中方进口，中方出口规模也可进一步扩大。土库曼斯坦实行高度集权的政府体制，对进出口贸易和外国投资进行严格管理，行政干预较多，商务运作规则与国际惯例与中方存在一定差距，市场环境比较特殊。计划赴土库曼斯坦发展的中国企业应充分做好市场调研，尽快了解并熟悉当地国情特点、法律法规、产业政策和市场环境。

此举不仅仅适用于与土库曼斯坦的贸易往来合作，与各国贸易往来均是必不可少的。建立专业的调研团队，对各国的市场进行调研，了解和掌握各

国市场商品供给、需求情况，编写市场调研报告，进而确定中国与各国经贸合作的定位，制定出合适的经贸合作战略，是中国与中亚国家保持深入贸易往来、共同促进经济发展的重要举措。

（二）优化贸易结构，提升贸易层次

前述分析提到中国与土库曼斯坦贸易合作潜力受限，但在中亚国家中，土库曼斯坦经济发展水平仅次于哈萨克斯坦，位居第二，与中国的贸易合作高度集中在石油和天然气等资源领域，在其他领域的贸易合作不足，存在贸易结构单一问题，需要进一步优化贸易结构，提升贸易层次。土库曼斯坦水土资源丰富，人均拥有量高于世界平均水平，也高于中国，棉花、小麦等土地密集型农产品生产量和出口量较大，而中国水土资源紧缺，所以，中国可以适当扩大这些土地密集型产品的进口量；同时，中国劳动力资源丰富，技术水平高于土库曼斯坦，中国出口劳动密集型和技术密集型产品的竞争力较强，应积极出口蔬菜、水果、机械及配件等劳动和技术密集型商品到土库曼斯坦，通过优化贸易结构来提升贸易层次，将双方的互补性转化为现实的互惠性。

（三）适应贸易环境、挖掘进口潜力

中国与塔吉克斯坦之间存在贸易顺差，应进一步加强合作，实现“一带一路”背景下的互惠互利合作。在塔吉克斯坦进行贸易，必须熟悉并适应当地特殊的贸易环境，采取有效措施拓展业务，适应当地支付条件，采用稳妥的支付方式。注重提升产品质量，并做好售后服务。

在与塔吉克斯坦进行经贸合作过程中，中方进口态势疲软，因此，需要进一步挖掘进口潜力。塔吉克斯坦在苏联时期就是水果生产基地，其生产的水果天然绿色，品质较好。随着两国间检疫问题的逐渐解决，更多塔吉克斯坦水果有望出口到中国，如塔吉克斯坦柠檬、樱桃、鲜杏、杏干等。随着塔吉克斯坦交通条件的改善，中国在塔吉克斯坦开采资源回运的力度有望增大。

二、投资方面

（一）中国对中亚国家投资方面的对策建议

1. 我国对中亚国家投资应采取国别差异投资政策

中国对中亚各国投资应各有侧重。可优先选择哈萨克斯坦和土库曼斯坦，哈、土两国经济实力在中亚国家中较强且购买力较强，可以扩大出口效应。目前，我国对哈萨克斯坦投资规模最大，处于深度合作阶段，应继续保持这一良好势头；土库曼斯坦在中亚地区实力不弱，市场潜力较大，但中国对其投资仍处于低水平阶段。要进一步拓展空间，并着重加大对吉尔吉斯斯坦和塔吉克斯坦的投资力度。吉、塔两国在中亚地区实力较弱，中国可以抓住中亚国家铁路电气化、列车提速的发展机遇，通过开展产能合作的方式进行直接投资，一方面，可以将中国的优质产能转移出去，加快我国产业结构调整；另一方面，可以促进当地的基础设施建设，并创造就业机会。从中国占各国引资比重来看，中国对塔吉克斯坦投资保持增长，塔吉克斯坦接受度很高，因此，中国应继续保持这一良好势头。中国应充分利用海外产业园区，加深与乌兹别克斯坦在投资方面的合作，积极利用亚投行、丝路基金等的金融支持，加快推进与中亚国家公路、铁路、航空运输等基础设施建设合作，促进陆上、航空物流沟通，进而促进中国企业直接投资，带动产能转移。

2. 我国对中亚国家投资应不断优化投资领域

我国企业应对投资领域做出调整，不应局限在能源资源开发，要进入更为广阔的非能源行业，激发中国与中亚国家的投资潜力。在农业领域，与中亚国家就投资对象、投资方式、投资途径等方面开展合作，对中亚国家进行农业技术合作、农产品加工、农业畜牧业育种等领域投资，以促进当地产业向产业化、高附加值方向发展；在制造业领域，促进我国企业向当地纺织、轻工、建材产业投资；在服务业领域，大力发展电信产业“走出去”，支持中资电子信息企业在中亚投资建厂，同中亚国家共同开发旅游项目，构建丝绸之路旅游链，加强对中亚国家基础设施建设投资。我国应实施多元化发展战略，引导企业向高附加值产业投资，避免过度集中于低水平投资。政府应提高透明度，简化审批程序，加大监管力度，并引导企业将过剩产能及我国的成熟技术转移出去，优化中国对中亚国家直接投资领域，提升产业合作层次。在“走出去”的同时，企业应避免将高污染、高耗能产业带到中亚国家，增强社会责任意识，减少摩擦。

3. 我国应不断推进投资主体多元化进程

我国政府应推进民营企业向中亚地区投资。相较于国有企业，民营企业具有产权明晰、决策主动、市场敏感度高等特点，更具灵活性。政府应完善相关法律法规，简化民营企业对外投资的项目审批程序，提高透明度，降低投资门槛，促进民营企业“走出去”；建立健全信息咨询体系，为民营企业跨国公司提供中亚国家市场信息及相关政策信息；为民营企业提供金融支持与优惠政策，鼓励民营企业在中亚投资建厂，融入跨国经营网络。同时，为跨国企业构建综合保障机制，建立风险预警机制，制定风险监管与应急处理措施，为企业发展保驾护航。

（二）对中亚国家社会融资状况的对策建议

1. 完善开发性金融与商业性金融相结合的风险可控的投融资支持体系

“一带一路”建设的深入开展离不开投融资体系的支持，构建与完善多元化投融资框架势在必行。目前，中亚地区投融资支持体系已基本成形。除了三大金融机构的政策性金融以及以国家开发银行为代表的开发性金融合作顺利实施外，商业性金融业务合作也正在逐步融入。当然，在这个过程的深入推进中，需要有效处理三者之间的关系。比如，金融合作需要发挥市场运作机制的决定性主体功能，务必遵循价值规律；多边开发性金融主体的组建尽管不需要附加条件，但要承担起领头羊的作用；商业金融机构尽管有政府信用担保的背书，但不应出现违背商业金融运作规范的现象。因此，在对投资项目进行评估时，要将这些实施主体能否实现开发性金融的预期功能作为评估重点。

中亚地区金融合作已历经数年，在推进“一带一路”倡议的大框架下，其深化需要更多的投融资创新措施和风险控制手段。对中亚地区的重大基建工程，有着全球营业网络和多元化业务基础的大型商业银行可以提供银团式贷款、项目融资、股权融资、工程保险等一体式服务；对海外工业园区的投建，考虑为其提供跨境现金管理、订单融资、大宗商品融资、福费廷、外汇资金等服务；对大型资源开发项目，可提供财务顾问、并购贷款、投资银行、融资保函、保理等方案，打造并延伸客户的价值链。在此过程中，开发性金融机构应充分发挥引领作用并密切关注和预防涉外风险，同时向具备丰富经验的国际多边开放性金融机构学习并与之合作。

2. 防控金融风险，完善金融合作稳定体系

在2008年全球金融危机之后，区域金融监管合作在各国达成了共识。中国银监会已与“一带一路”沿线近30个国家签署了监管合作谅解备忘录（MOU）或合作换文，但在实践中，跨境资金监测、信息共享等方面合作不足。因此，我国应当与中亚国家就日常监管、跨境资金流动、风险预警系统构建等方面建立沟通机制。同时，鉴于中亚国家政治风险突出，信用评价体系不完善、担保体系不健全，信息披露制度没有保障，应强化国际评级机构、各国征信机构以及征信管理部门之间的跨境交流与合作，鼓励搭建跨境大型金融机构交流平台，创新评级模式，加强我国金融机构内部评级模式的开发，减少对外部评级的依赖，建立双边或多边的分层次监管协调机制。

（三）针对中亚国家利用外资情况的对策建议

1. 利用经济互补性，推进产业协作

中国与中亚国家在经济结构上具有明显的互补性。从资源禀赋看，中亚国家能源资源丰富，且与我国地理相邻，面对日益严峻的能源安全挑战，中国应继续深化与中亚各国的能源产业合作。由于中亚各国油气资源分布不均，投资区域应集中在哈萨克斯坦、土库曼斯坦和乌兹别克斯坦，主要投向油田勘探开发、天然气和相关油气设备建造等领域，如中哈原油管道、中土天然气管道、中石油油气勘探等重大项目；而对于吉尔吉斯斯坦和塔吉克斯

坦的投资，应以有色金属的开采冶炼为主。从市场需求看，中亚国家由于受到苏联经济发展战略的影响，产业结构失衡，农业及轻工业基础薄弱，且缺乏资金和技术支撑，而中国在农业技术、食品加工、轻工纺织方面具备优势，能满足中亚各国对蔬菜、肉制品、机电等产品的需求。比如，可利用中国棉花生产单产水平高的优势，与土库曼斯坦、乌兹别克斯坦、塔吉克斯坦进行生产合作开发，投资棉花加工业，实现协同发展。

2. 发挥各国比较优势，明确投资方向

中国应明确中亚各国的优势和劣势，扬长避短，以取得良好的投资效果。哈萨克斯坦与土库曼斯坦同属于领先国家一类，可作为中国投资的重点区域。哈萨克斯坦经济发展水平较高、科研能力较强、基础设施水平较高，而其“短板”在于劳动力成本高，因此，投资重点应放在金融业、企业管理及高新产业上。土库曼斯坦各方面表现良好，具有较好的引资基础，投资重点除了放在能源产业外，还可投向通信铁路、服务业等领域。乌兹别克斯坦作为低潜力国家，在基础设施方面及技术研发能力上优势明显，中国对其投资比重应逐渐增加，且集中在通信设施建设和高新技术产业上。吉尔吉斯斯坦作为高潜力国家，应发挥其劳动力素质较高且成本较低的优点，投资重点可放在一般制造业、轻工业和加工业方面。塔吉克斯坦为落后国家，经济发展水平较低，科技水平落后，但水能资源丰富，投资重点应放在劳动力成本较低的制造业、轻纺、农业等方面，还可尝试涉及水电站建设领域。

3. 重视教育文化交流，促进文化输出和旅游业发展

中国应抓住“新丝绸之路经济带”的战略契机，在贸易往来的基础上，不断加强与中亚各国的教育文化交流，优化共享人才资源。中国拥有众多优秀高等院校，可通过吸引与输出留学人员，与中亚国家实现合作交流，比如，哈萨克斯坦和吉尔吉斯斯坦在“高等院校入学率”这一指标排名靠前，可设立文化合作发展中心，组织举办高层次论坛会议、创意成果会展等，为“新丝绸之路”建设出谋划策。同时，应积极与中亚各国开展文化旅游合作，联手打造精品旅游线路和旅游产品，促进旅游业的联动发展，以更好地获得经济效益与文化繁荣双赢的结果。

三、承包工程与劳务合作方面

（一）深入了解中亚工程承包的市场需求和市场环境、合理规划对外承包工程企业布局

中国对外承包工程要在中亚地区取得巨大发展，就需要充分了解中亚市场的国际工程承包市场需求。现阶段，中国对外承包工程企业在国际市场上的产品需求较小，国际市场对中国对外承包工程的需求量也非常少[74]。而当前哈萨克斯坦、吉尔吉斯斯坦、塔吉克斯坦、土库曼斯坦、乌兹别克斯坦的基础设施较为落后，需要有较强实力的承包工程企业对其进行改造和重建。可见，中亚国家对外承包工程的市场潜力巨大。

为了扩大国际市场对中国对外承包工程的需求，特别是中亚国家对中国对外承包工程的需求，中国对外承包工程企业需要对中亚国家市场进行认真调查，了解中亚国家的政策、法律、法规等，做好对风险的防范和规避，从而减少中国对外承包工程项目的损失。中国对外承包工程还需要处理好各种利益集团之间的关系，处理好本国利益与东道国的利益关系，处理好企业与当地员工的利益关系等。

中国对中亚国家承包工程企业大部分位于新疆乌鲁木齐市，虽然可以形成集聚效应，但其他地区的企业相对较少甚至没有。这样，随着经济的发展，新疆乌鲁木齐的对外承包工程发展与其他地区的对外承包工程发展的差距会越来越大。新疆具有独特的地缘优势且拥有多个陆路边境口岸，从中国对外承包工程企业在新疆的分布来看，位于边境口岸地区的对外承包工程企业非常少。政府可以鼓励部分对外承包工程企业将其分公司或子公司建到边境口岸地区。这样，中国的对外承包工程企业便可与邻国企业进行便利沟通，及时获得邻国对外承包工程的需求信息。政府也可适当鼓励对外承包工程企业建在适宜地区，因为企业通过招标后，项目建设需要一些劳务人员，而在剩余劳动力较多的地区，企业可以直接雇佣当地的劳动力，这样既可带动当地的劳动力就业，也可促进当地经济快速发展。

（二）发挥对外承包工程行业优势，加大对外承包工程人才培养

中国对外承包工程企业海外业务主要集中在石油和电力等行业，可见，中国对外承包工程企业在国际上开展有关石油和电力等的承包工程业务具有一定的优势。中亚国家有着丰富的石油、天然气等资源，中国对外承包工程企业有能力在这些国家承揽项目。当前，中国对外承包工程具有竞争力，特别是在石油和电力等能源行业的承包工程具有一定优势，而中亚国家在电力基础设施建设方面比较落后，这就为中国电力企业对外承包工程的发展提供了机遇。此外，中国对外承包工程企业在公路、房屋、水利水电等行业有着承包能力和一定资质，因此，在“丝绸之路经济带”这一战略背景下，中国对外承包工程企业可以充分发挥自己的行业优势，对沿线国家在石油和电力等方面的工程项目进行承包建设。

人力资本是企业更好更快发展不可或缺的因素之一。中国应积极了解中亚地区文化，在海外承揽业务的过程中，对外承包工程企业不仅需要熟练掌握外语的商务人才、精通工程技术的商务人才，还需要熟悉当地法律法规和投资政策的人才，通过这类人才对投资和发包方付款能力的分析，保证企业项目承揽、项目建设及项目验收等一系列程序都能顺利进行，从而保证中国对外承包工程项目自身的利益得到提升。

（三）推动中国对外劳务输出转型升级，拓展对外劳务合作的广度和深度

依托“一带一路”，将劳务和人才交流纳入整体战略框架中。在巩固传统优势市场基础上，推动对外劳务合作由低端劳动密集型人力输出向技能型、知识型中高端劳务输出转型。[75]积极引导中国企业与欧美国家在海员、护士、厨师、中文教师、设计咨询师、计算机服务人员、空乘人员、酒店服务管理人员等高端劳务人才方面开展合作。将潜在劳务输出人员从农民工、普通工人逐步转向大中专毕业生、职业技术学校毕业生，多渠道开发、培育和储备中高端劳务资源，从人力资源结构调整着手，从根本上改变中国对外劳务合作的区域结构、行业结构和层次机构。

根据国际劳工组织统计，目前世界各国外籍劳工达到 8 000 多万人，发达国家劳动力缺口仍然高达 6 000 多万人，全球劳务合作市场需求很大，因此，中国应努力提高属地化管理水平，通过与当地人力资源公司合作，招聘面试当地高级人事经理以及其他中层管理岗位人才，尝试首先从人事管理工作和中层管理岗位上提高属地化管理水平。合理雇佣当地员工，密切与当地劳动力市场的联系，推动中资企业融入当地社会，彰显社会责任，为当地带来大量就业，造就良好的社会和政府关系。

（四）弥补关键短板、提高劳务人员综合竞争力，高度注重预防海外市场风险

应继续发挥中国劳务人员技术熟练、勤奋刻苦、生产效率高的优势，并通过传帮带的方式提高当地工人的技能水平。尽快弥补自身不足，尤其是加强语言培训，提高人文、宗教、历史等方面知识普及，促进与当地人和社会的融合。在加大对外投资和劳务输出的同时，更加重视文化交流与互鉴，积极援建当地公益性基础设施，如医院、学校、培训机构、公园、文体场馆等。

“一带一路”沿线国家仍然有不少是经济社会比较落后的发展中国家。为了保障对外劳务输出人员和财产的安全，劳务输出企业需要与当地强力的安保公司深入合作，为劳务输出人员提供有力的安全保障。

（五）加强政府对外劳务输出的管理和服务职能

首要解决的问题就是把“多头化”的国际劳务输出管理体制较变为“集中化、单一化”管理体制，明确管理权限，统一制定劳务输出政策。借助“互联网+”提升对外劳务合作服务平台，对对外投资企业和劳务人员进行信息匹配，依托平台开展咨询和培训服务。完善对外劳务合作管理制度，积极发挥行业协会和商会的功能，将传统外派劳务向国际劳务合作转变，培育有序竞争的对外劳务合作中介服务市场。相关部门应加强沟通，妥善解决对外劳务人员的签证、劳动合同、社会保险等问题。加强动态监测和研究，合作共建专业智库，针对热点问题提出应对策略。

第六章
中国与中亚国家经济技术合作模式的选择

第一节　中国与中亚国家经济技术合作的现状

一、中国与中亚国家的劳务合作情况

我国目前针对中亚国家进行国际劳务合作的劳务人员范围，不仅有工程建设项目领域的，也有生产项目和服务项目领域的，还有提供家庭服务领域的；劳务人员输出采用多种形式，有的以施工组和技术组的形式派出，有的按项目需要单独派出，同时，还派出各类高级专家，提供咨询和技术服务。我国与中亚国家劳务合作也属于“南南合作”范围，其宗旨是平等互利、共同发展。由于中亚国家在劳务合作过程中存在政策和环境等方面的问题，我国和中亚国家进行劳务合作中出现了办理签证、劳务许可申请困难大，劳务环境安全威胁风险大的情况，这些情况严重制约着我国和中亚国家之间的劳动力国际合作。

仅就新疆地区对中亚国家的国际劳务合作情况来看，随着对外承包工程数量的不断增加，对外输出劳务人数也有较大幅度的增加。同时，劳务输出按对外劳务类型不同主要分为：对外承包合同、对外劳务合作和对外设计咨询。我国目前对外劳务输出方式主要体现在对外承包合同方面，方式比较单一。[76]

中亚国家的国际安全问题和公共突发危机事件给我国面向中亚各国承包

工程和劳务合作带来了巨大的经济损失和经营风险。

我国与中亚国家的国际劳务合作项目在管理上也存在着问题。目前，我国提供劳务过程中，对外劳务合作关系主要是依靠行政手段和部门规章来调整，地方行政部门协调性不够，管理中经常出现缺位和越位现象，因此带来了管理工作秩序混乱、效率低下。加之一个劳务输出项目从申请到立项、政审、申办护照等所需手续非常繁杂，往往需要几个月甚至更长的时间才能把劳务人员送往国外工作地点。同时，还有很多未经商务部批准，以各种名义从事对外劳务输出活动的部门、单位和个人，由于他们所采用的劳务输出渠道不正确，缺乏有效的管理，因此产生了很多问题，导致非法劳务输出现象的存在。

我国劳务供给与中亚国家的劳务需求之间存在结构性矛盾，据经合组织（OECD）发布的报告，OECD 国家引入的受过高等教育的外籍工人比例已超过 60%，而受过初等教育的外籍工人仅占 10%左右。国际劳务市场的一个显著发展趋势是，普通劳务人员逐渐减少，中高级技术工人的比重不断攀升。而我国对外劳务输出的现状是，对外劳务输出以从事制造业、建筑业和农业等非技术性工作人员为主，输出的高级劳务人才比例偏少。[77]

二、中国与中亚国家的技术合作情况

中国与中亚国家的技术合作方式既有技术合作研发，又有技术转让和入股。目前，为了尽快推进“一带一路”建设，中国与中亚国家就技术合作研发有了初步的合作项目，且中国已与中亚国家及俄罗斯等 16 家国立科研机构建立了中亚生态与环境科技合作联盟以及联合国开发计划署（UNDP）“中亚地区综合减防灾与适应气候变化”项目，合作出版中、英、俄文《亚洲中部干旱区生态系统评估与管理》系列专著 11 部，联合发表论文 140 篇。中亚中心已建成中亚生态环境、地质矿产数据库，实现了中国与中亚国家的数据网络共享，为丝绸之路经济带建设提供了信息支撑，是中亚区域数据最全、信息量最大的地质专业数据平台，已在中亚国家应用并推广；研发了中亚干旱区生态系统模型，编制了中亚国家近 30 年比例为 1：100 000 的土地利用和土地覆被变化图，分析了中亚区域气候变化趋势。中国—哈萨克斯坦“丝绸之路”新兴城市生态屏障建设技术合作研究项目近期在哈萨克斯坦启动。该项目主要针对哈萨克斯坦首都圈生态屏障建设技术需求，优选中国成熟的生态屏障建设技术和管理技术，对阿斯塔纳地区生态建设现状进行调查与研究，引种筛选与繁育生态屏障建设适宜植物，研究生态屏障建设土壤改良技术，研发适用于当地环境的生态防护林建设技术体系，推动中国先进的生态技术和产品“走出去”，致力成为“丝绸之路经济带”生态建设的典范。中亚中心下设哈萨克斯坦分中心、吉尔吉斯斯坦分中心、塔吉克斯坦分中心，每个分中心主要由生态系统野外观测与研究网络、联合重点实验室和信息中心三部分组成。

中国与中亚国家的技术合作的另一主要方式是技术转让和技术入股。中国对中亚国家技术转让主要通过能源、基础设施领域的合作实现，主要涉及油气勘探开发和管线建设、公路建设、化工、城市基础设施、电信等领域。此外，中国还与中亚国家在农业、轻工业、交通电信和地区安全等领域开展了广泛的合作，中国菜农应哈萨克斯坦农业部门邀请帮助其生产蔬菜，中国有关农业部门与乌兹别克斯坦交流棉花生产技术等。[78]

目前，我国与中亚国家的经济技术合作主要涉及种植业、畜牧业、林业、重工业、生物技术、新能源、轻工业、食品工业、地震研究、医疗、教育等领域。中国与中亚国家间的经济技术合作在广度和深度上都有了迅速发展，但没有发生质的变化，该区域的经济技术合作仍处于初级阶段。在合作机制、合作环境、合作水平、合作方式等若干方面仍存在诸多问题，成为深化区域合作和加快合作创新升级的主要障碍。[79]

第二节　中国与中亚国家经济技术合作目标的选择

随着社会经济的发展，工程项目投资规模越来越大，单一的资金筹措方式和融资渠道无法满足工程建设需求。因此，国际投资项目融资模式中现代工程建设往往需要综合利用多种筹资方式，从不同渠道筹集所需的建设资金。项目融资模式是国际经济技术合作中的主要模式，项目融资指为满足工程建设资金的需求，项目发起人或投资者所采用的不同融资方式的组合，以及其中所包含的融资各方的经济法律关系[80]。中国企业对中亚国家直接投资的目标模式应是资源获取型投资及市场占有型投资并举，这是由中亚国家与中国双方在资源上的供求关系和在制造业上的技术差异所决定的。

我国是人均资源不充裕的国家，资源约束对我国经济可持续发展的影响日益明显。通过对资源充裕的中亚国家和地区投资发展资源密集型产业，既可以充分利用和发挥这些地区丰富的资源优势来弥补国内资源缺口，又可以获取良好的经济效益。中国在中亚国家的对外投资具有地缘政治、经济、文化等有利因素。中亚地区丰富的石油、天然气、铁、钾盐等自然资源对我国有着巨大的吸引力，特别是上海合作组织框架下贸易与投资便利化进程的加快，将进一步促进中国企业在中亚国家的直接投资，巨大的内部市场和丰富的自然资源都将为中国企业在该地区进行资本、商品和劳务的跨国流动带来较大的便利和商机。该地区投资基础良好，市场潜力大，易于发挥我国企业的比较优势和竞争优势，与我国互补性强，投资前景广阔。[81]

目前，中亚国家的制造业还处于低层次的技术结构上，而我国制造业具有小规模优势、适用技术优势和特色技术优势，如轻纺、家电、食品、电子、建材、机械、农业等部门相当一部分产品的技术性能和质量较为稳定，具有比较优势，能满足中亚国家的市场需求，都适合在中亚地区投资。一方面，这些产业部门的生产出现了总供给过剩而国内市场相对饱和的情况，尤其是我国东部目前正面临产业结构调整和加工贸易转型升级的压力，具备了向中亚国家实现“梯度转移”的条件。另一方面，这类产业基本上都是劳动密集型产业，劳工素质无须太高，很容易就地转化，进而创造大量就业机会，较大地满足中亚国家扩大就业和产业结构调整的需要，达到互惠互利，使投资顺利进行。

第三节 中国与中亚国家劳动力合作模式

就人口资源来看，中亚国家的人口分布及构成呈现以下特点：人口密度很小，平均每平方公里仅 12 人；人口分布极不均匀，山区每平方公里只有 1~2 人，绿洲及大城市周围聚集了大量人口；出生率和自然增长率高，中亚各国出生率普遍在 30‰以上，自然增长率在 25‰左右；城市化得到长足发展，城市人口由原先的 10%左右增长到 40%左右，其中哈萨克斯坦一些地区的城市化水平最高。[82]

苏联解体后，中亚地区已有数百万俄罗斯人返回俄罗斯联邦，特别要提到的是，大多数外迁的俄罗斯族为拥有中等或高等学历且职业多为医生、高级技术人员、教师等构成高端社会基础的移民，中亚地区迁入人口少于迁出人口，造成了社会劳动力资源的减少。在迁出中亚地区的俄罗斯族人口中，受过中高等教育的人占大多数，造成中亚国家技术人才严重短缺的情况，形成一个在“数量”层面巨大的劳动力缺口。中亚国家的劳动力资源和人才成本也具有一定的优势，但由于劳动力参与率、就业平等程度以及劳动力受教育水平和技能水平相对较低，中亚国家的人口年龄结构普遍较年轻，劳动力资源相对充裕，而技术人才短缺，不能完全适应经济社会发展需要，制约了这些国家劳动力全球竞争力的提升。基于以上分析可知，我国与中亚国家劳动力合作的模式以技术劳动力输出为主，合作方式可以为项目合作、工程合作等，如表 6-1 所示。

表 6-1 中国与中亚国家劳动力合作模式

模式	合作国家	合作类型	合作方式
模式 1	吉尔吉斯斯坦、土库曼斯坦、乌兹别克斯坦、塔吉克斯坦	技术劳动力输出	项目合作、工程合作、技术咨询
模式 2	哈萨克斯坦、土库曼斯坦	体力劳动力输出、技术劳动力输出	工程合作、劳务输出

续表

模式	合作国家	合作类型	合作方式
模式 3	吉尔吉斯斯坦、土库曼斯坦、乌兹别克斯坦、塔吉克斯坦、哈萨克斯坦	技术劳动力输出	合作研发、技术咨询

资料来源：根据《中亚国家发展报告（2014—2018）》及相关资料分析整理。

基于“一带一路”建设的需要，我国与中亚国家劳动力的合作应当适应国际劳务合作的趋势，增加技术劳动力输出，减少体力劳动力输出。目前，我国与中亚国家劳动力合作采取逐步减少体力劳动力输出规模，增加技术劳动力输出数量的策略，以承包工程项目、合作项目、协同研发项目、运输服务等方式，多方位为中亚国家提供技术技能培训和技术咨询，进一步提高劳务合作的质量。针对中亚国家不同的国情，如哈萨克斯坦、土库曼斯坦劳动力资源相对较少，在以上劳务合作的基础上，增加体力劳动力输出的数量。

第四节　中国与中亚国家技术合作的模式

目前，我国与中亚国家技术合作内容包括双方互派政府或企业代表团，互办产品展销会，举办经济技术合作洽谈会，开办合资、合作或独资企业，互派专家、技术人员进行访问等。由于对高端技术产权保护的需要及对投资模式的选择，国际技术合作应当适度控制技术转让、扩大技术入股的比例，因此，我国与中亚国家的技术合作可选择的模式相对单一，主要以技术入股的方式参与中亚国家的各类项目，同时开展技术交流活动。

在具体的合作方式上，对中亚国家技术合作应采取以合资经营为主的进入方式。一方面，分散投资风险；另一方面，我国投资的多是技术成熟的过剩产业或边际产业，没有必要控制投资规模。此外，还可以利用东道国的人才、市场资源，避免经营过程中的冲突和摩擦。而投资中亚国家的传统技术产品，应以独资经营方式建厂进入，以便保持所有权优势，防止技术当地化扩散。[83]

第七章
中国—中亚国家投资、经济与技术合作的对策与建议

基于前文的分析与相关结论，结合中亚国家的经济基础、经济特点、环境状况、地缘与发展外交关系等，针对存在的不可预测的战略风险因素，本书认为应积极开展、着力推进“一带一路”倡议下的中国—中亚国家投资、经济与技术合作，并提出相关对策建议。

第一节　可能的战略风险及其应对

一、战略风险因素

新中国成立以来，中国通过自己的力量，确立了独立自主的和平发展道路，成为世界第二大经济体，但中国始终不是世界潮流的引领者。“一带一路”倡议是中国从“融入全球化”到“开创全球化”转变的标志，也是中国在全球分工体系中通过全方位开放塑造的新的比较优势。然而近年来，“一带一路”建设出现了诸多不可预测的战略风险。

（一）中亚安全形势不容乐观

1. 中亚国家政局不稳定

中亚国家独立以来，出于派系之间利益的争夺、“三股势力”（宗教极端势力、民族分裂势力、国际恐怖势力）的长期存在、西方民主观念的渗透、贫富差距的扩大等一系列原因，各国的政局处于动荡之中，近年虽有所好

转，但仍存在政权非正常更迭的风险。

中亚国家之间还存在一定矛盾，政治互信尚不够充分。如在水资源分配问题上，国家立场不同，争端在所难免，尤其是乌、塔两国因水资源问题而剑拔弩张，难以调和。中亚国家边界划定工作并未全部完成，地区内部领土争端不断。

由于中亚地区政局的不稳定，中国的相关企业对进入中亚国家开展合作一直持较为谨慎的态度。

2. 中亚国家对外贸易政策缺乏连贯性

中亚国家目前对中国的了解还不够深入，出于体制等原因，出台的对外贸易政策也是朝夕令改，缺乏连贯性，使中国去中亚国家投资建厂的企业很被动。随着“丝绸之路经济带”倡议的提出，中亚国家也制定了一系列的外商投资法律，但是也有很多歧视我国的法律条文。比如，有些中亚国家规定了我国去中亚国家劳务的移民名额，还提高了我国企业缴纳税收的税率，并制定了苛刻的企业准许制等，特别是在行政执法过程中政府不作为，对外商企业行事随意，以人治国、违法乱纪行为比较严重，也存在严重腐败现象。这一现象在很大程度上限制了中国企业与中亚国家投资、经济与技术合作的进一步发展。

3. “中国威胁论”在中亚国家仍然存在

改革开放以来，中国经济迅速发展，至今已经跃居世界第二大经济体。自与中亚国家建交以来，中国逐步扩大与中亚国家的合作领域，合作势头比较强劲。但是，当今世界，经济和政治是不可分离的。[84]中亚国家处于欧亚大陆的中心地带，又与中国相邻，占有极其重要的战略位置，可谓是丝绸之路经济带能否建成的关键链条，也是大国争夺政治经济利益的重要区域。

发达国家担心中国发展过快影响本国在中亚的利益，于是便炮制了“中国威胁论”，希望在国际上孤立中国，而这种威胁论在中亚地区也比较盛行，一些中亚国民很相信这种言论，这就造成了中国的被动。特别在关于土地的问题上，哈萨克斯坦总理马西莫夫还宣称谁也不会把土地转让给中国人，这就使中国企业去中亚国家建厂租赁土地遇到很大困难，严重影响了企业的积极性，“中国威胁论”在中亚地区的存在对中国与中亚国家的投资、经贸合作产生了极为不利的影响。

（二）大国对中亚地区能源争夺激烈

1. 俄罗斯在中亚地区的影响

从地缘战略、地缘政治和经济层面来说，中亚在俄罗斯战略利益中占有极其重要的位置。俄罗斯始终将独联体视为外交优先方向，中亚则是重中之重，其既是俄罗斯最重要的盟友，也是俄罗斯南部安全的保障区及通往波斯湾和印度洋的主要通道。同时，俄罗斯与中亚边界地区还集中了俄罗斯相当多的工业生产企业。在经济上，中亚还是俄罗斯商品的销售市场和重要的能源产地。

俄罗斯一直控制着中亚国家石油、天然气的生产和运输，力图通过控制中亚油气流向来加强独联体的向心力，并垄断对西方的油气供应，抑制美国对中亚国家的影响。俄罗斯积极维护中亚地区油气管道的走向，即中亚地区的油气向西或向北取道俄罗斯黑海港口再被运送到欧洲市场。为应对美国巴杰管线的挑战，2007年俄罗斯与哈、土、乌三国签署跨国能源合作协议，确保了俄罗斯“北向管道”的油气输出主导地位。为保持对欧盟油气的垄断地位，俄罗斯采取对欧盟分而治之的外交策略。俄罗斯与德国合作共建经北海直达德国的“北溪”输气管道；与意大利合作共建通过黑海到达保加利亚的“南溪”输气管道。“南溪”项目的设计路线与“纳布科”项目直接构成竞争态势。

因此，俄罗斯利用各种手段，如“加大投资来吸引”“隔断市场来施压”等，使中亚国家“优先发展与俄一体化”，巩固俄罗斯在中亚的势力范围。

2. 美国非常重视在中亚的能源外交

中亚地区丰富的能源成为各大国争夺的对象，中亚能源争夺形成了多元角力、内外博弈的格局，尤其在美国页岩气未被大规模开采前，美国非常重视在中亚的能源外交。美国在中亚各国的能源外交主要有三个目的：一是促进其能源来源多元化，保证能源供应安全；二是削弱欧佩克力量，提升美国谈判的实力；三是打破俄罗斯对中亚地区能源开发和运输的垄断，防止中国对中亚地区能源的获取。美国在中亚拥有许多重大油田股份和开采开发权，如田吉兹油田、卡拉恰干纳克油田、卡沙干油田；美国还积极开展“管道政治”，推动俄罗斯控制外的油气管道建设，如促成了“欧亚走廊”东西向管道——巴杰管道（BTC）的建成，成为该地区第一条避开俄罗斯的能源输出管线，以保证中亚与高加索国家政治独立和经济发展，打破俄罗斯对该地区的经济垄断和政治控制。[85]

3. 欧盟更加积极推进与中亚国家开展能源合作

欧盟于 20 世纪 90 年代就开始参与中亚油气资源开发。进入 21 世纪以来，为摆脱对俄罗斯石油和天然气进口的高度依赖，欧盟更加积极推进与中亚国家开展能源合作。2002 年 2 月欧盟 4 国提出修建“纳布科天然气管线”项目，并于 2009 年获得欧盟批准。该项目以中亚里海地区为起点，计划未来从土库曼斯坦、哈萨克斯坦等国进口天然气。虽然该项目于 2013 年出于资金、气源、国际能源市场变化以及地缘政治争夺等种种原因遭遇“流产”，但它使欧盟与俄罗斯在中亚地区的能源博弈更加激烈。虽然欧盟推出的“纳布科”项目和俄罗斯计划的“南溪”项目最终都未能建成，但从以中亚地区为主战场的俄欧“天然气冷战”可以看出大国对中亚能源争夺之激烈。

4. 大国的战略竞争更加激烈

欧盟提出从里斯本到符拉迪沃斯托克的欧亚一体化战略构想，俄罗斯也提出欧亚经济联盟战略，中国的“一带一路”倡议比这些更大、更切实、更包容。[86]因此，中欧、中俄关系更具战略性。基础设施都是战略性投资，互联互通为长期经营。美国可能从海陆两路进行搅局，俄罗斯给丝绸之路经济带带来的可能不只是通过其主导的地区合作组织来分化有关国家，更在于欧亚经济联盟的不接轨、观念上的不兼容所导致的战略上的麻烦。印度迟迟不坚定表态，日本作为美国的盟国和中国的战略竞争者，一定不会坐视“一带一路”建设成功，可能成为美国联盟“侵华战略”的排头兵。此外，还有地缘政治风险等。[87]

由此可见，中国与中亚国家的能源合作必然会受到其他国家的影响，面临激烈竞争，对中国—中亚投资、经济与技术合作可能带来企业和企业投资者的人身财产安全风险、相关国家内部治理风险、国家间冲突造成的风险等。

二、战略风险应对

鉴于以上战略风险的可能性，在对中国—中亚投资、经济与技术合作、环境的评价过程中，要做到以下几点：一是重视与当地已有合作架构的兼容与域外力量的包容，不排挤俄、美、欧、日等域外势力；二是分好工、分好责；三是抓住欧洲，尤其是要借助欧洲运筹中、美、俄大三角关系；四是推动地方与沿途、沿岸、沿俄国家的辐射效应，使其共同致力于政策、交通、贸易、货币、民心等“互通”，管控好“一带一路”建设的风险。特别是中国也可明确表明，中国不谋求地区事务主导权，不经营势力范围，可以采取如下应对措施。

（一）处理好与俄罗斯的关系

地处“丝绸之路经济带”核心位置的中亚地区，因其重要的战略位置和丰富的能源资源，近年来备受大国关注，成为大国角力的舞台。在所有与中亚有利益关系的大国当中，俄罗斯至关重要。俄罗斯一直将中亚地区视为自己的传统利益区，中亚与俄罗斯有着不可替代的特殊政治与安全利益。虽然俄罗斯和中国在中亚的经济利益并不存在根本冲突，但中国“丝绸之路经济带”建设的推进和在中亚地区经济活动的扩大，可能会对俄罗斯的地位造成一定冲击。俄罗斯是亚欧大陆最具影响力的大国，处理好与俄罗斯的大国关系，对中国“丝绸之路经济带”建设至关重要。因此，中国应与俄罗斯构建新型大国关系，保持与其战略对话与沟通，减少相互间的战略误解，避免出现不必要的矛盾和冲突。同时，在实施“一带一路”倡议过程中，中国也应考虑和照顾俄罗斯的相关利益，把与俄罗斯的合作放在对外合作的重要地位。

在中亚，中国与俄罗斯有着广泛的共同利益，如反恐、维护边界安全、经济发展、能源保障等。中俄在“丝绸之路经济带”建设中也存在共同利益，中国的“丝绸之路经济带”与区域内已有的制度安排可以共同发挥作用，与俄罗斯主导的“欧亚经济联盟”可以形成共生关系。

“丝绸之路经济带”与“欧亚经济联盟”构建中都面临来自内外部的问题或压力。对欧亚经济联盟而言，区域内各国经济发展水平不同，对一体化立场也不同；主导国俄罗斯的经济带动力不强；成员国对俄罗斯借欧亚经济联盟计划实施扩张、推行大国主义存在担忧；外部面临美国等西方国家对其施加的压力等。就“丝绸之路经济带”而言，中国需要解决经济结构不均衡、传统及非传统安全问题、中亚国家对“中国威胁论”的担忧等问题，并面临来自外界的压力。[88]

因此，中国应抓住这一契机，深化与俄罗斯的双边关系，谋求在“丝绸之路经济带”建设中的共同发展。中俄两国应携手合作，优势互补，从而实现二者的共同发展。而中俄两国凭借自身的实力和资源，可以实现互补互助，从而达到相互依靠、共同发展的目的。比如，中国拥有的资金和快速增长的经济可望在一定程度上缓解俄罗斯作为欧亚经济联盟主导国经济实力有限的状况；中国和俄罗斯同时与中亚国家开展合作，可望避免中亚国家对某一国独大的顾虑；中俄联手合作可以抵制来自美国等外部的压力，保障地区合作的推进。

（二）强化贸易投资合作

1. 优化贸易和投资结构

中国从中亚国家进口产品单一，主要集中于石油、天然气等资源类产品，这将制约中国和中亚国家未来贸易合作规模的扩大，不利于双方的持久深度合作，因此，中国应考虑中亚国家对平衡双边贸易、扩大对中国出口的关切，加大自中亚国家进口力度，把投资和贸易结合起来，用投资带动贸易发展，鼓励有实力的中国企业在中亚国家投资设厂，利用中方技术优势，结合当地资源优势，将生产出来的产品出口到中国，从而改变当前中亚国家对中国出口以初级产品为主的格局，优化贸易结构。虽然近些年中国对中亚国家出口贸易结构不断优化，高技术、高附加值产品出口规模不断提高，但占总体出口的比重仍然较低，且中国商品在中亚国家消费者观念中档次质量都不高。即使是相同质量的商品，中国产品大多价格较低，低价竞争导致中国产品利润率不高，只有靠数量扩张来获利。因此，未来中国产品应更多着眼于自身质量、技术含量、品牌价值、售后服务的提升与改善。

随着中亚国家近年来经济快速增长，市场需求也在不断发生变化，中国企业应适应其市场变化，提升出口商品的档次与附加值，创造和树立良好的中国品牌和形象，从而提升高技术、高附加值产品出口比重。在投资领域，中国在中亚投资原以资源开发类为主，这在一定程度上助长了当地对“中国威胁论”的担忧，对中国企业在当地投资经营产生了不利影响。

目前，中国已经开始采取措施推动国际产能合作。比如，中国和哈萨克斯坦已经开始了相关合作。2014 年底至今，两国多次签署产能和投资合作备忘录，在钢铁、水泥、有色金属、平板玻璃、炼油、水电、汽车等领域达成的产能合作以及公路、铁路、油网、气网、电网等基础设施项目达成的合作总金额达数百亿美元。以此为基础，中国和其他中亚国家也可开展多领域产能和投资合作，今后双方在风电、太阳能、核电、水电等清洁、可再生能源领域，在能源资源深加工技术、装备与工程服务领域，在农林牧业、农机及农产品生产加工等领域，都将大有作为。这既可满足中亚国家经济发展的需求，也可消化中国当前的过剩产能，消除中亚国家对“中国威胁论”的担忧。

2. 提升贸易投资便利化水平

推进中国和中亚国家贸易投资便利化是现阶段“一带一路”建设的重点。目前，中国和中亚国家跨境贸易中还存在海关通关效率低，检验检疫单证等手续复杂，关税、非关税贸易壁垒和“灰色清关”现象普遍的问题。

中国和中亚国家应携手采取措施，加大改进力度，从而提升区域贸易的便利化水平。中国和中亚国家应顺应当前世界贸易的便利化趋势，加强海关信息互换；加强海关监管合作，推进跨境监管程序协调，实现与沿线中亚各国海关监管互认。推进检验检疫标准互认，实现检验检疫证书联网核查；加强认证认可合作，加强标准计量、统计信息等方面合作。加快边境口岸“单一窗口”建设，改善边境口岸通关设施条件，提升通关能力，打击海关行贿受贿，规范通关手续，公开通关流程，整治“灰色清关”，降低通关成本，提升通关效率。降低关税与非关税贸易壁垒，提高技术性贸易措施透明度。[89]放宽劳务签证要求，提供签证便利；简化游客办理出入境证件、旅游与商务签证、落地签证等手续；提高签证的信息化水平，实行“网络申请签证”或“网络审批签证”制度。

在投资领域，针对在中亚国家办理投资手续复杂、审批时间长、法规对外资企业不利等问题，中国应利用上海合作组织、亚信会议和亚洲合作对话等平台，加强与中亚国家各级政府的沟通协调，促进高层互访达成的共识落到实处。消除投资壁垒，加快投资便利化进程。降低投资准入标准，实行中资企业国民待遇。加强与中亚国家进行避免双重征税协定磋商，推动与中亚国家签订更多双边投资保护协定、司法协助与社会保险等政府间协定，为中国企业对外投资和工程承包等活动提供法律保障。

此外，中国相关政府部门、行业组织要做好投资风险评估工作，为企业提供相应的风险预警服务，并制定完善的法律制度，对企业在对外投资前进行协调、指导及审批管理，对企业的海外经营建立相应的监督和评价机制。针对中亚国家在税收、投资、产业等政策方面依然存在的不确定性，中国企业要充分熟悉东道国的政策环境及其变动情况，主动承担社会责任，加强自律，加强与当地新闻媒体、社区民众、民间团体、非政府组织的充分沟通与交流，照顾当地民众需求，牢固基层互信基础，最大限度规避对外投资过程中的各种风险。

（三）深化能源合作

1. 进一步加大能源外交力度

能源领域的合作并不只是简单的企业与企业之间的合作，它更多的是国与国之间外交、经济和战略合作的一种体现，因而政府的主导和推动作用至关重要。鉴于美、俄、欧等大国和地区对中亚能源博弈激烈，且中亚能源对保障中国能源供应安全意义重大，中国应加大能源外交力度。第一，中国与中亚国家间的能源合作可以借助上合组织这一有效的外部平台来开展对话与协调。上合组织原本就是中国和中亚国家开展各领域合作的重要渠道，可以通过这一平台积极倡议成立能源俱乐部，以加强能源生产国与能源消费国之间的能源政策协调和供需合作，加强跨国油气管道国际安保合作，确保能源安全。第二，借助“丝绸之路经济带”建设的有利时机，加强中国与中亚各国的能源合作，深化中国与中亚各能源生产国、管道过境国之间的战略合作关系。共同规划合作方向与合作目标，全面制定能源合作计划，协调双方能源法律政策体系，制定并严格实施税收保护协定，消除监管障碍。此外，还可通过举办各国间能源管理部门和能源企业定期、不定期会议，以及能源合作论坛等形式，加强各国间能源发展战略和政策交流。通过政府间政策协调和对话沟通机制，解决相互间的利益纠纷和摩擦。第三，加大能源安全保护合作。针对“三股极端势力”和跨国有组织犯罪活动对中国与中亚国家能源合作带来的威胁，中国与中亚国家应加大能源安全保护合作。根据上海合作组织合作协议中关于联合军事演习和联合反恐的规定，应开展军事交流，加强军事合作，为能源勘探、开发、生产、运输、储备等提供安全保障。

2. 建立信息共享机制

中国能源企业在中亚市场投资和经营，最缺乏的就是对中亚市场和当地各种信息的掌握，因此，非常有必要建立专门的能源信息网络系统，分享各国的基本统计数据，以便相互了解各国的能源政策、能源发展计划及相关能源法律法规的实时动态。尤其是当这些政策法规出现变动时，应及时向能源企业告知，以使其做好及时的应对准备，避免不必要的损失。此外，中国能源企业还应通过共享信息，更多了解中亚国家社会文化习俗等，加强与当地社会文化的融合，从而建立适应中亚市场的经营体系和管理体系，加强自身国际化经营能力，以保证企业的顺利运营。

第二节　发展与提升中国在中亚国家的软实力

发展与提升中国的软实力已经成为中国的国策之一。近年来，世界上越来越多的国家重视并竞相提升自身的软实力。与此同时，软实力的评估也愈加标准化与系统化。目前，中国在中亚软实力的发展和运用面临着诸多机遇与挑战，中国在发展与提升软实力方面既有优势，也面临各种挑战。

一、软实力的基本含义

一个国家是存在两种实力的，一种是硬实力，另一种是软实力。硬实力通常是指国家的 GDP、硬件设施等，而文化、制度、传媒等被称为软实力。软实力是相对于国内生产总值、城市基础设施等硬实力而言的，是指一个国家的文化、价值观念、社会制度等影响自身发展潜力和感召力的因素。

20 世纪 90 年代初，美国哈佛大学教授约瑟夫・奈首创“软实力”（Soft Power）概念，按照他的观点，软实力是一种能力，它能通过吸引力而非威逼或利诱达到目的，是一国综合实力中除传统的、基于军事和经济实力的硬实力之外的另一组成部分。约瑟夫・奈将综合国力分为硬实力与软实力两种形态。硬实力（Hard Power）是指支配性实力，包括基本资源（如土地面积、人口、自然资源）、军事力量、经济力量和科技力量等；软实力（Soft Power）则分为国家的凝聚力、文化被普遍认同的程度和参与国际机构的程度等。相比之下，硬实力较易理解，而软实力则复杂一些。约瑟夫・奈把软实力概括为导向力、吸引力和效仿力，是一种同化式的实力——一个国家思想的吸引力和政治导向的能力。

二、软实力的主要内容

作为国家综合国力的重要组成部分，软实力特指一个国家依靠政治制度的吸引力、文化价值的感召力和国民形象的亲和力等释放出来的无形影响力。它深刻地影响了人们对国际关系的看法。“软实力”主要包括以下几项内容：一是文化的吸引力和感染力。二是意识形态和政治价值观的吸引力。三是外交政策的道义和正当性。四是处理国家间关系时的亲和力。五是发展道路和制度模式的吸引力。六是对国际规范、国际标准和国际机制的导向、制定和控制能力。七是国际舆论对一国国际形象的赞赏和认可程度。[90]

目前，中国的软实力不是最强的，最强的时候在宋朝。美国学者克莱因在20世纪70年代提出了有名的“国力方程”，把“战略目标”与“国民意志”作为国力的重要组成部分。无论是“战略目标”还是“国民意志”，都是极其复杂的无形因素，也可称为软实力，难以用静态标准来衡量。另一位美国学者斯拜克曼把民族同质性、社会综合程度、政治稳定性、国民士气都视为软力量。英国著名学者罗伯特·库伯则认为，合法性是软实力的核心要素。综上所述，硬实力是指看得见、摸得着的物质力量；软实力指的是精神力量，包括政治力、文化力、外交力等软要素。两者既紧密联系，又互相区别。它们不是简单的加减关系，而是相辅相成、相互制约和协调。硬实力是软实力的有形载体、物化，而软实力是硬实力的无形延伸。[91]

三、软实力的资源（来源）基础

至于国家软实力的资源（来源），从国家层面上，一国的文化、国内政治价值观与作为其贯彻与体现的政策和制度、外交政策以及国民素质和形象，是软实力的主要资源基础。[92] 从区域层面上，软实力是指一个地区通过直接诉诸心灵的方式，动员和发挥心智、能量的作用来达到区域的社会和经济目标的能力。换句话说，就是要依靠对内激励民众的士气，整合民众的力量，发挥民众的聪明才智，对外吸引人才、资金和技术（包括工业技术和管理、组织技术），以实现区域社会经济发展目的的能力。现代经济学分析证明，这种能力以区域文化、人才素质、公共服务和区域形象为基础。其中的区域文化，既包括具有区域特色的、静态的文化，也包括区域的文化生产力。需要说明的是，政治地位——如首都、省会城市等具有政治地位上的优势——虽然是一种无形而重要的资源，而且是区域吸引力的来源之一，但是它一般并非区域本身争取、建设的结果，而更接近于资源禀赋一类，而资源禀赋主要是作为区域硬实力发挥作用的。从企业层面上，软实力是指企业以直接诉诸心灵的方式，对外占领利益相关方的心灵，对内依靠运用员工心智能量以达到企业目标的能力。在企业内部，企业文化、管理制度、组织模式、领导能力和创新能力是其软实力资源，而在企业外部，品牌和服务、社会责任和企业知名度三个方面则是其软实力的资源基础。企业软实力与区域软实力概念存在很大程度的相似性，而这种相似性便是软实力的本质——源自心灵，诉诸心灵所产生的影响力。归根结底，软实力的核心是人——人的价值观与聪明才智——和制度（广义的，包括作为非正式制度的文化的制度）。软实力是一个难以衡量的变量。然而，国内生产总值（GDP）的可衡量性同样也一直是一个存在争议的问题，但是数量化的 GDP 已经在国际社会发挥重要作用几十年。各界人士也确信，软实力存在高低之分。因此，软实力同样也可以在一定的精确与可靠程度上进行测算。

四、发展与提升中国在中亚国家软实力的紧迫性

在当前全球化浪潮、信息革命和网络时代的大潮下，硬实力的重要性显而易见。[93]软实力则具有超强的扩张性和传导性，其超越时空，对人类的生活方式和行为准则产生巨大的影响。

在当前的国际关系中，综合国力的竞争和博弈将决定一个国家在未来世界秩序中的排序。由于软实力在国际关系中的影响日增，世界主要大国在注重硬件建设之时，也十分重视增强自身的软实力。各种软实力之间既相互竞争、较量，又相互诱导、吸引、融合。以美国为首的西方国家凭借其强势政治、经济、军事和科技力量，大力推行其民主、人权等价值观，这就是以硬实力为依托扩张软实力的例子。[94]

在与中亚国家的投资、经济与技术合作中，中国在中亚的软实力“既多又少”。中国在中亚有着不可估量的软实力，能够且也确实在该地区以一个没有帝国传统的非欧洲国家形象呈现，这与俄罗斯和西方截然不同。而且，中国正卓有成效地表现出抗衡其他国家影响力的能力，又有意促进中亚的贸易和发展。因此，中亚国家的许多年轻人想把自己的命运交给中国，而他们的长辈们仍然像在苏联时代那样认为中国是对这个地区的威胁。

但从另一个角度来看，中国在这个地区的软实力远远达不到人们的预期，这是由于中国的自身传统，也是由于中亚地区大多数国家政府的威权主义性质。几个世纪以来，中国与外界的交往都是基于国与国关系，即利用自

己的官方机构去影响其他国家的官方机构。尽管中国开办的儒家语言和文化中心正发挥越来越大的作用，但其实是刚刚开始开展民间外交。

当然，这种情况已开始改变，中国政府正在这个领域加大力度。哈萨克斯坦知名专家豪哈尔·努尔沙指出，与俄罗斯一样，中国也是运用软实力的新手，因此正在奋起直追。但她紧接着表示，中国政府认定，中国的利益，特别是在中亚地区的利益要求它必须赢得该地区的支持。努尔沙说，一个主要原因是，“恐华症”在哈萨克斯坦和其他中亚地区的精英阶层当中仍然很强烈，这就意味着有些政治人物总是乐于打出“中国牌”来为自己的议程争取支持。对中国政府和主张在该地区运用软实力的中国政府官员来说，应对这一现实是个真正的挑战。这就意味着软实力的概念应当扩展，中国在中亚国家软实力的发展与提升尤为必要且非常紧迫。

正如约瑟夫·奈所言，“硬实力和软实力同样重要，但是在信息时代，软实力正变得比以往更为突出”。

五、发展与提升中国在中亚国家软实力的途径

在全球化背景下，在信息革命和网络时代的大潮下，软实力内涵的精髓在于其所包含的价值、文化和制度的普世性，即可以为形成中的全球共同体或全球性社会提供多少共享价值。软实力所包含的价值，第一要具有吸引力，第二要其他国家和地区的人们能够并愿意仿效、追随并转化为他们的价值。

（一）博大精深的中华文化是提升软实力的不竭源泉

文化是一个国家、一个民族的灵魂。文化兴国运兴，文化强民族强。在全球化浪潮下，文化软实力在国际竞争中正在占据越来越重要的地位，发挥越来越重要的作用。党的十九大报告明确提出，加强中外人文交流，以我为主，兼收并蓄。推进国际传播能力建设，讲好中国故事，展现真实、立体、全面的中国，提高国家文化软实力。[95]

习近平总书记指出：“中华优秀传统文化是我们最深厚的文化软实力，也

是中国特色社会主义植根的文化沃土”“是提升软实力的不竭源泉。”国际上一些有识之士认为，包括儒家思想在内的中国优秀传统文化中蕴藏着解决当代人类面临难题的重要启示。现在，中国国内出现“国学热”，国际上出现“中华文化热”“孔子热”，很多人都在探讨中华传统文化中讲仁爱、重民本、守诚信、崇正义、尚和合、求大同等思想的时代价值，这也生动地表明了我国优秀传统文化的重要现实意义。那种数典忘祖、蔑视传统、一味丑化民族文化的做法，是十分有害的。当然，弘扬优秀传统文化绝不是简单地回到过去、守旧复古，而是要立足新的实践、顺应时代潮流，不断进行新的文化创造。对传统文化中适用于协调社会关系和鼓励人心向上、向善的内容，我们要结合时代条件加以继承和发扬，赋予其新的含义。

中国在中亚国家软实力的发展、提升中，充分发挥中华文化在全人类面对工业化困境时具有整合能力与救弊智慧的作用，具有海纳百川的胸襟，具有兼收并蓄的优秀传统。要吸取闭关锁国、抱残守缺的教训，积极参与当地国家文化的对话与交流，大胆吸收借鉴一切有利于我国文化建设的有益经验和优秀成果。通过对当地国家文化的强大整合能力，实现同中华文化的有机融合。通过转化再造，形成中国气派、中国风格，在中国的土地上生根发芽、开花结果，形成民族的、科学的、大众的文化。紧密结合中亚国家不同的文化特色，将各种文明的优长熔为一炉，发挥文化软实力在投资、经济与技术合作中的重大作用。

（二）合作非用强是力量倍增的吸引力

软实力靠的是吸引力，而不是胁迫或者金钱。政府领导人很早就了解具备设置议程和确定讨论框架能力的力量。在中国与中亚国家投资、经济与技术合作上，中国若能够成为其他国家想追随的价值观代表，就可能节省大量的人力、物力或其他资源。与硬实力相配合，吸引力可使得力量倍增。

实际上，中国提升国家软实力并不是像美国那样，是为了改变别国、塑造新的他者，而是为了改善中国自身的形象，塑造一个新的自我，以纠正国际社会对中国形象的歪曲。如果国际社会认识到这一点的话，那就不可能产生什么“中国软实力威胁论”的奇谈怪论了。

中国软实力的提升对自身是好事，对其他国家也可以是一件好事。软实力并不是一方获益另一方必然受损的“零和游戏”。假如中美两国在对方眼里都是有吸引力的，那么造成互损冲突的可能会减少。如果中国软实力的提升有助于减少冲突的可能性，那么，这当然是“正和博弈”关系的一部分了。

中国形象改善和在亚洲影响力的上升，最重要的解释就是经济的快速增长，然而不太明显却同样重要的是中国的区域政策。正如已有研究所表明的，自 20 世纪 90 年代中期以来，特别是“一带一路”倡议体现出“理念对于改变世界的威力”以来，中国在对待亚洲的态度上出现了转变：它将亚洲视为核心战略区域，对整个亚洲大陆采取了积极的区域政策，而过去却并不是这样。

最有效的领导能够将“硬实力”和“软实力”在不同的情况下按不同的比例相结合。如果能够将“软实力”和“硬实力”有效结合，就能得到“巧实力”。所以，在制定战略时，在与中亚国家进行投资、经济与技术合作中，中国应该把能够吸引和说服他人的能力和经济及国际影响力相结合，这是明智的做法。

（三）民间（私人）软实力资源越来越重要

当今世界，各种软实力的比拼，说到底是核心价值观的较量。在当代中国，无论是适应建设创新型国家的战略需要，还是更好地满足人民群众多样化、多层次、多方面的精神文化需求；无论是在激烈的国际文化竞争中赢得主动，还是为人类文明进步作出新的贡献，都需要大力推进软实力发展与提升中的创新；应当把创新作为一种信念、一种追求，对我国丰富的文化资源和各国优秀文化成果进行创造性的发掘和利用，提高创意含量和竞争优势；要大力营造鼓励创新的社会环境，使一切创新举措得到支持、一切创新才能得到发挥、一切创新成果得到肯定，使创新成为科技文化领域的主旋律、最强音。

一个国家软实力主要来自三个方面：他的文化（对别国有吸引力）；他的

民主人权等政治价值观（自己亲身实践）；他的政策（因为谦恭和考虑他国利益而被认为具有合法性）。一个国家政府如何行事，如在国内（保护新闻自由）、在国际机构（与别国咨商并奉行多边主义）、在对外政策上（促进发展和人权），都可以作为榜样影响他国。

事实上，企业、学校（尤其是大学）、基金会、教会及其相关团体都会形成自己的软实力，也许推动政府的外交政策目标的实现，也许与之相悖。但在全球信息化、网络化时代，所有这些私人软实力资源都会变得越来越重要。这更有理由让政策确保其行动和政策能创造并强化而不是削弱和挥霍它们的软实力。

一个国家要有开放包容的胸怀。世界文化多元多样、各有所长，每一个国家的文化都以各自方式为世界文明做出贡献，都是人类共同的精神财富。民间资源要素也是特色各异，影响力无限。只有兼纳百家之精华，融合各种资源要素之所长，才能更好地促进本国软实力的提升。国内或外交政策的虚伪、傲慢、漠视他人的意见，或者基于狭隘的国家利益观，都会削弱软实力。[96]如果自我封闭、排斥外来，就会失去发展的活力，甚至走向消亡。中华文化之所以经久不衰，就在于它具有海纳百川的胸襟，具有兼收并蓄的优秀传统。虽然我国也有过封闭时期，有过闭关锁国、抱残守缺的教训，但在漫长的历史上，开放包容始终是中华文化发展的主流。历史证明，开放包容不会削弱中华文化的优秀内核，反而在吸收借鉴中不断丰富壮大。在今天经济全球化和我国对外开放不断深化的情况下，在中国与中亚投资、经济与技术合作的过程中，更应该以开阔的视野、博大的胸怀来对待民间的文化及其资源，积极参与民间的对话与交流，大胆吸收借鉴一切有利于我国软实力建设的有益经验和优秀成果，将各种文明的优长熔为一炉，是“中国模式”的品格和追求。

第三节　鼓励中国企业对中亚国家的投资

一、投资主体的形成

政府应积极鼓励、支持中国企业在中亚国家进行投资，促进中国企业对中亚国家投资主体的形成，向对中亚国家投资的项目审批方面、外汇使用方面提供更为便捷、更加宽松的政策环境。促进中国对中亚国家投资的企业的治理结构、管理水平、规范经营能力的提升，深入了解并尊重当地风俗习惯与文化传统。一方面，通过对中亚国家的投资来提高中国企业的竞争力和盈利水平，使中国投资获得当地的市场份额；另一方面，使中国投资对当地经济社会发展有较大的促进作用，带动当地就业，使中国企业为当地做出贡献，赢得尊重和认可，融入当地社会。

二、产业政策的充分利用

在对中亚国家投资的产业政策方面，应鼓励中国制造业、机械及运输设备、服务业、能源资源类企业、创新型企业对中亚国家的投资。[97] 鼓励中国在中亚国家以项目运营的方式承包基础设施建设工程，对这些投资项目予以政策和资金支持，驻中亚国家的使领馆和商务机构应提供中亚市场的信息服务，支持中国企业的投资。鼓励中国企业在哈萨克斯坦等能源生产国进行能源项目的投资，同时也支持中国在能源生产国进行耗能型产业的投资。应鼓励中国企业投资于能源生产国的石油化工产业、天然气加工产业。应利用中亚国家资金不足的时机，开展投资项目的谈判。还需要注意的是，要重视中国东北与俄罗斯东北亚的投资合作，在中俄边境地区开辟经济特区，尝试创新对俄投资的方式，通过政府和民间的交流活动，消除因对中亚国家投资而引起的俄罗斯方面的顾虑。在新疆与哈萨克斯坦边境地区也可做类似的尝试，还应鼓励中国企业与俄罗斯、乌克兰、白俄罗斯等拥有先进科技成果的国家进行投资合作，利用中方的资金与经营优势以及外方的科技成果（外方科技成果入股）进行高科技项目开发合作，从而推动中国—中亚国家友好的投资活动，最终实现中国企业能够层次更高、市场更稳固地开拓中亚市场。

三、对投资项目提供信贷支持

向中国企业对中亚国家的投资项目提供信贷支持，可促进与中亚国家进行双边贸易的人民币结算试点，并逐步推进人民币的国际化，使之成为对外投资的货币。此外，应尽快制订更加明确、有效的中亚战略，把对中亚国家的经贸合作与投资作为整体战略的重要部分。可考虑在上海合作组织的框架下，加强经贸与投资合作，进一步设立“乌鲁木齐—中亚”自由贸易区。

除了加大对中亚国家的投资、经济与技术合作项目的信贷支持外，中国还应该利用西方银行的投资。尽管英美国家政界领导人可能拒绝支持中国的“一带一路”倡议，但是这两个国家的银行却在争先恐后地抓住北京提出的“新丝绸之路”贸易走廊上的庞大投资带来的机会。这一贸易走廊将覆盖大约65个国家。中国承诺在中亚、东南亚、中东、欧洲和非洲等地的贸易和基础设施项目上投入数千亿美元的资金，这引起了在这些地区有业务的西方大银行的兴趣，其中包括花旗银行、汇丰银行和渣打银行。

渣打银行首席执行官比尔·维特斯说：“（这些项目）假设都能实现的话，随后而来的私营部门的资金将真的是巨大的。我们的任务就是努力把不同的各部分整合起来，因为还同时需要一些地方融资。”花旗银行亚太地区企业银行业务负责人格里·基夫说：“我们来自美国和亚洲等地的跨国客户认为，‘一带一路’倡议提供了一个扩大业务规模和范围的良机。”

花旗银行一直牵头为中国银行和北京银行燃气集团进行大规模的债券发行，为它们的“一带一路”计划融资。该银行还为几家参与“一带一路”项目的全球500强企业提供现金管理和外汇对冲服务。渣打银行公布2018年度财报时凸显其对“一带一路”业务的坚定立场，因为这是它计划实现必要的收入增长以完成令股东权益回报率达到10%以上的目标的关键一部分。但是，渣打银行大中华及北亚地区负责人洪丕正说：“投资者需要保持耐心。必须从10到20年的时间跨度去看待这个倡议，一两年内是看不到什么的”“人们过度关注是否需要项目融资，但事实上这里有许多业务，将来逐渐会有担保、外汇、第三方保管账户等业务，所有这些对于中国的参与者来说都非常重要。”

四、外汇储备支持对中亚的投资

对外投资项目的管理制度已经不再对企业构成障碍，在企业境外投资用汇方面也已经充分放松，中国对外投资主体的境外投资用汇方面的管制性障碍也已经基本消除。中国企业对外投资所面临的一个关键问题是如何以外汇储备支持境外投资。应当以外汇储备支持企业对外投资，使外汇储备成为企业对外直接投资的资金来源。在中国吸引外资不断转型的情况下，使外汇资源得到有效利用，也有助于中国外汇储备保持合理规模。

当然，外汇储备支持对中亚国家的投资，应把握好如下原则：一是外汇储备支持企业以对外直接投资为主、证券投资为辅；二是以外汇储备的支持，合理引导中国企业的境外投资；三是外汇资金的审批拨付，应做到规范化、高效化、便利化、信息化；四是应提高外汇储备资金的投资使用效率，使投资收益更好。

第四节　综合运用多种手段，促进中国对中亚投资、双方经济与技术合作的发展

为了更好地促进“一带一路”建设中中国与中亚国家投资、经济与技术合作的可持续发展，应诸多手段综合运用。

一、建立双方的战略保障支持体系

通过长期贸易协议和参股开发相结合，加强与中亚国家能源合作，建立

多元、稳定、可靠的境外能源资源供应渠道；通过建立双方的战略保障支持体系，推动中国与中亚国家签订投资保护、避免双重征税、司法协助、社会保险、检验检疫等政府间双边协定，充分发挥政策性保险机构作用，完善中国企业“走出去”的风险保障机制。[98]

二、推动贸易、投资和生产加工的有机结合

中国各级政府应通过对中亚地区的优惠、援助项目与商业项目互促，调整贸易结构，增加中亚国家的进口，推动贸易和投资的有机结合。[99]政府应争取在对中亚地区的优惠贷款和工程承包援助项目中，以投资带动机电、建材、食品等产品出口，以投资带动中亚地区油气资源、土地资源、森林资源等的开发，并通过出口来提升投资深度，实现资源开发与境内生产加工的有机结合。

三、加强技术输出，拉动中国—中亚投资发展

中亚各国加强与中国企业科技合作的愿望强烈，空间巨大。哈萨克斯坦经济实力较强，对中国技术需求远超资金需求，曾明确表态希望与中国企业以组建合资企业或联合开展技术研究的方式引进中国技术和资本；吉尔吉斯斯坦经济基础薄弱，对中国资金和技术都有较大的需求；塔吉克斯坦在农产品深加工技术方面，乌兹别克斯坦在种植业、养殖业、饲料加工业、农业机械制造业等方面以及土库曼斯坦在农业新品种引进、农业节水技术、太阳能技术等方面都表达过更多的合作兴趣与愿望。[100]

中国企业可利用中亚各国合作意愿，依托与中亚各国技术互补性，通过大力加强技术输出，拉动对中亚国家投资的发展。

四、加强中国与中亚国家在文化方面的交流

在充分利用国家相关政策的基础上，中国企业、科研院所、高等教育机构、相关机构等，应充分发挥科教文化资源优势，加强与中亚国家的文化教

育领域合作，吸引中亚学生来华留学，发展留学经济，并为长期的贸易投资发展培育和储备人才与人脉资源。与此同时，加强中国—中亚国家的文化交流，增强中华文化在中亚地区的影响力和文化亲和力，从而增强出口贸易和投资的竞争优势，同时避免对中亚国家贸易与投资的恶性竞争。

五、加强中国与中亚国家的交通物流合作

（一）强化交通基础设施建设合作

出于经济落后和历史原因，中亚国家的交通基础设施建设滞后，运输效率低下，这成为制约中国和中亚国家经贸合作的重要因素之一。而国际铁路等交通基础设施建设周期长，投资巨大，技术含量高，对于中亚国家来说难以承担。中国在公路、铁路、机场、通信等基础设施建设领域具有领先的技术和很强的竞争力，完全有能力参与中亚国家的基础设施建设，还可以带动中国制造业和工程企业赴中亚国家投资，将钢铁、水泥等国内过剩产能转移出去。此外，中国已发起成立亚洲基础设施投资银行、丝路基金，这为中国与中亚国家进行基础设施建设合作提供了资金支持。中亚国家可借此提升基础设施水平，从而为经济发展奠定基础，中国也可借此输出过剩产能，这对于中亚国家和中国将是一种双赢的合作。交通基础设施的改善也将为各国间经贸和人员往来提供便利。

（二）实现口岸通关便利化

努力加快中国和中亚国家边境口岸现代化建设步伐，实现口岸通关便利化。首先，通过加快海关信息化建设来提高通关效率。加强信息技术投入，加快电子口岸建设，综合质检、物流、通关等信息，建设跨部门综合信息共享数据库，提高通关效率，建立多口岸合一的电子口岸平台，提升贸易便利化水平。同时，加强同中亚国家海关的沟通和协调，建立同沿线国家海关、检验检疫、交通等信息共享机制，从而提升沿线国家整体信息一体化层次与水平。其次，中国海关应加强与中亚国家海关在“统一单证”“互认查验结果”“边境联合作业”等方面的合作，大力推广霍尔果斯海关的无纸化通关

作业方式和都拉塔口岸的联合监管作业方式，从而提高通关效率。[101]最后，同中亚国家海关进行政策协商，在货物通关上减少不必要的烦琐程序，尽量规范和统一通关流程，减少通关时间。

（三）加快现代物流业发展

在“丝绸之路经济带”建设大背景下，作为“第一利润源”的物流业的重要性日益突出，因此，应积极推动中国和中亚国家在物流领域的国际合作。我国新疆处于“丝绸之路经济带”的枢纽位置和核心区域，其物流发展状况直接影响中国和中亚国家的商贸物流，因此，应大力发展和合理规划新疆物流节点和物流园区，提升新疆物流企业综合服务能力和信息化水平。在物流节点和物流园区建设方面，各物流节点应与交通干线相协调，而物流园区的建设也应依托重要交通枢纽和各地重要产业集聚区，根据当地实际情况进行合理规划，充分发挥物流园区在中亚物流产业链中的节点作用。针对目前我国西北地区物流园区数量不足、建设滞后的问题，政府应加大对西部地区物流基础设施的投资，利用市场机制，吸引有能力的企业投入到物流基础设施建设和运营中来。此外，还应大力提升物流企业的综合服务能力和信息化水平。目前，新疆不少物流企业不仅在运输、包装、分拣、配送等业务能力方面较差，服务理念也有待提升，应从基本的为客户个体服务向为客户供应链服务转变，从最初的降低成本向提升服务附加值转变。物流企业信息化水平关系到企业的生存，因此，应大力提升新疆物流企业信息化水平。新疆物流企业应借鉴国内外先进经验，紧跟物流信息技术发展趋势，以信息技术、电子技术、网络技术为基础，加强同各方信息共享和交流，从而有效降低企业物流成本，提高物流运作效率。[102]

参考文献

［1］张辉，易天，唐毓璇.“一带一路”背景下的新型全球化格局［J］.政治经济学评论，2018，9（3）：201-217.

［2］王玉卓，陈梦云，孙浩蕊.“一带一路”倡议背景下互联网金融的发展走向［J］.时代金融，2017（3）：25+27.

［3］习近平.携手推进“一带一路”建设——在“一带一路”国际合作高峰论坛开幕式上的演讲［J］.中国经济周刊，2017（Z2）：54-57.

［4］卫玲.弘扬唐商精神，开启“一带一路”建设新时代［J］.西北大学学报（哲学社会科学版），2017，47（6）：104-110.

［5］张鑫.“一带一路”构建国际合作新模式［N］.中国社会科学报，2015-08-27（1）.

［6］霍建国.“一路一带”战略构想意义深远［J］.人民论坛，2014（15）：33-35.

［7］叶静.分散性权威与政策跨国扩散——自由贸易区在中国的设立［J］.世界经济与政治，2014（7）：139-155+160.

［8］盛伟，赵素君，张祥建.“一带一路”背景下人民币国际化发展路径探析［J］.经济师，2017（9）：14-15+19.

［9］林毅夫.“一带一路”与自贸区：中国新的对外开放倡议与举措［J］.北京大学学报（哲学社会科学版），2017，54（1）：11-13.

［10］朱荃，张天华.生产率异质性、东道国市场条件与中国企业对外直接投资［J］.国际商务（对外经济贸易大学学报），2017（3）：61-73.

［11］商务部，国家统计局，国家外汇管理局.关于印发《对外直接投资

统计制度》的通知［N］. 国际商报，2013-01-25（B03）.

［12］陈福添. 中国企业境外投资理论研究前沿［M］. 厦门：厦门大学出版社，2013.

［13］袁胜育，汪伟民. 丝绸之路经济带与中国的中亚政策［J］. 中国社会科学院国际研究学部集刊，2017，10（001）：194-217.

［14］谢晓光. 丝绸之路经济带与欧亚经济联盟对接面临的挑战及应对［A］//中国新兴经济体研究会，中国国际文化交流中心，广东工业大学. 新兴经济体发展：创新、活力、联动、包容——中国新兴经济体研究会 2016 年会暨 2016 新兴经济体论坛（国际学术会议）论文集（上）［C］. 中国新兴经济体研究会，中国国际文化交流中心，广东工业大学，广东省新兴经济体研究会，2016：9.

［15］李文涛."21 世纪海上丝绸之路"通道建设的税收政策协同研究［J］. 经济研究参考，2016（23）：7-10.

［16］王春晖. 互联网治理四项原则基于国际法理应成全球准则——"领网权"是国家主权在网络空间的继承与延伸［J］. 南京邮电大学学报（自然科学版），2016，36（1）：8-15.

［17］王婷. 共享发展的历史探索与现实逻辑［J］. 社会科学家，2016（10）：43-47.

［18］李远芳. 以"一带一路"建设为重点形成全面开放新格局［N］. 经济日报，2017-12-22（014）.

［19］习近平出席"一带一路"国际合作高峰论坛开幕式并发表主旨演讲［J］. 中国纪检监察，2017（10）：2.

［20］王义桅."一带一路"的三重使命［N］. 人民日报（海外版），2015-03-28（001）.

［21］牛文元. 中国可持续发展的理论与实践［J］. 中国科学院院刊，2012，27（3）：280-289.

［22］金立群，林毅夫，等."一带一路"引领中国［M］. 北京：中国文史出版社，2016.

[23] 商务部. 哈萨克斯坦就业情况统计 [R]. 商务部, 2016.

[24] 中华人民共和国驻哈萨克斯坦使馆经商参处. 2016-01-06.

[25] 商务部. 吉尔吉斯斯坦人口统计 [DB/OL]. 世界人口网, http: //www. renkou. org. cn/countries/jierjisisitan/, 2020-06-20.

[26] 阿曼古丽·吐尔洪. 吉尔吉斯斯坦的贫困问题 [J]. 现代经济信息, 2013 (6).

[27] 中华人民共和国商务部. 中国国际工程咨询协会. 丝路 65 国国别市场指引——乌兹别克斯坦 [EB/OL]. http: //www. caiec. org/article/jingmaoluntan/201611/201611017180 31. shtml.

[28] 吴宏伟. 中亚地区发展与国际合作机制 [M]. 北京: 社会科学文献出版社, 2011: 82.

[29] 杨建宏. 乌兹别克斯坦优势和特色产业发展现状 [J]. 经济视角, 2012, 3 (10): 68-70.

[30] 全球宏观经济数据 [DB/OL]. 世界银行网站, http: //finan-ce. sina. com. cn/worldmac/nation_ TM. shtml.

[31] 何德旭. 2015 年我国对外投资的发展策略 [J]. 中国发展观察, 2015 (3).

[32] 李霞, 邵建春. 基于 VAR 模型的我国双向 FDI 产业结构升级效应比较研究 [J]. 科技与经济, 2016 (4).

[33] 杜悦英. 中国开启资本净输出时代 [J]. 中国发展观察, 2016 (10).

[34] 梁达. 我国对外投资将保持高速增长 [J]. 宏观经济管理, 2015 (4).

[35] 付春辉. 我国对外直接投资对产业结构优化升级的影响机制研究及对策建议 [J]. 对外经贸, 2015 (3).

[36] 高洋. 基于经济文化视角分析哈萨克斯坦经济的快速发展 [J]. 当代经济, 2018 (7).

[37] 钟磊. 建设"丝绸之路经济带"背景下投资乌兹别克斯坦的机遇与

风险［J］. 对外经贸实务，2015（2）.

［38］赵欢，王丽艳. 土库曼斯坦油气资源投资法律环境分析［J］. 资源与产业，2015（2）.

［39］张建军，李扬. 新丝绸之路经济带中国与中亚产业合作的实证分析［J］. 统计与决策，2017（7）.

［40］刘文翠，杨锦平. 中国对哈萨克斯坦直接投资现状与问题解析［J］. 欧亚经济，2014（1）.

［41］钱晓萍. 中国与中亚国家双边投资条约准入规则研究——以中国的立场为出发点［J］. 现代经济探讨，2014（6）.

［42］西陆. 哈萨克斯坦在中亚国家中最具投资吸引力［J］. 大陆视野桥，2014（1）.

［43］韩璐. 丝绸之路经济带在中亚的推进：成就与前景［J］. 国际问题研究，2017（3）.

［44］张栋，张怡. 后危机时代中亚国家贸易和外商直接投资发展：回顾、比较和展望［J］. 金融发展评论，2017（8）.

［45］张继洲. 中亚国家体系结构对构建“一带一路”的影响［J］. 全国流通经济，2017（23）：56-58.

［46］国家发展改革委，外交部，商务部. 推动共建丝绸之路经济带和21世纪海上丝绸之路的愿景与行动［J］. 中国勘察设计，2015（5）：20-26.

［47］倪丽竹. 浅析国际投资在金融市场中的发展趋势［J］. 现代经济信息，2011（24）：194.

［48］刘金质，梁守德，杨淮生. 国际政治大辞典［M］. 北京：中国社会科学出版社，1994.

［49］卢周来，刘珺. 丝路经济带中亚投资环境及市场风险［J］. 开放导报，2015（4）：24-29.

［50］陈鸿鹏. 建设丝绸之路经济带背景下中资企业对中亚投资的思考［J］. 对外经贸，2015（8）：54-56.

［51］赵青松. 中国与乌兹别克斯坦经贸关系：历史、现状与前景［J］.

新疆财经，2014（4）：67-74.

[52] 李宏超. 中国对中亚国家直接投资现状分析 [J]. 现代商业，2016（26）：48-49.

[53] 钱晓萍. 中国与中亚国家双边投资条约准入规则研究——以中国的立场为出发点 [J]. 现代经济探讨，2014（6）：60-63.

[54] 何文胜. PPP 模式在城市基础设施建设中的应用研究 [J]. 山西农经，2015（2）：92-93.

[55] 孙宝珠."一带一路"倡议下企业"走出去"的机遇与路径选择 [J]. 煤炭经济研究，2018，38（2）：53-57.

[56] 张祥建，何骏. 基于战略性视角重塑"一带一路"发展新思路 [J]. 当代经济管理，2017，39（4）：1-8.

[57] 林蕾，李佩妍."一带一路"倡议国际金融合作体系构建思路 [J]. 南方企业家，2018.

[58] 张岚嵘，郝然. 推进国际合作实现互利共赢 [J]. 中国对外贸易，2014（7）：009.

[59] 国际债务危机 [DB/OL]. 百度百科，https：//baike. baidu. com/item/%E5%9B%BD%E9%99%85%E5%80%BA%E5%8A%A1%E5%8D%B1%E6%9C%BA/6849069？fr=aladdin.

[60] 李文沛."一带一路"倡议下境外劳动者权益保护的法律系统建构 [J]. 工会博览，2017（23）.

[61] 国际劳务合作 [DB/OL]. 百度百科，https：//baike. baidu. com/item/%E5%9B%BD%E9%99%85%E5%8A%B3%E5%8A%A1%E5%90%88%E4%BD%9C/5595599？fr=aladdin.

[62] 张倩雯. 国际贸易法与国际投资法国民待遇互动关系比较研究 [J]. 武大国际法评论，2017（41）.

[63] 国际投资 [DB/OL]. 百度百科，https：//baike. baidu. com/item/%E5%9B%BD%E9%99%85%E6%8A%95%E8%B5%84/3144509？fr=Aladdin.

［64］张文德，刘力．哈萨克斯坦中国新移民探析［J］．淮阴师范学院学报（哲学社会科学版），2016（7）．

［65］王宁．加强“丝绸之路经济带”的开放与合作［J］．决策咨询，2014（2）：32-89．

［66］江秋丽．上海合作组织框架下中国与中亚合作探析［J］．西伯利亚研究，2014，41（1）：47-50．

［67］刘二虎，陈瑛．丝绸之路经济带背景下中亚国家投资环境比较研究［J］．世界地理研究，2018，27（4）：100-107．

［68］季成鹏．中国对外承包工程与 FDI 流出［J］．上海经济，2013（12）：68-69．

［69］苏玲．丝绸之路经济带战略与中国中亚经贸关系研究［D］．湘潭：湘潭大学，2015．

［70］孙翔，徐洁香．“一带一路”背景下中亚国家贸易研究［J］．赤峰学院学报（汉文哲学社会科学版），2018，39（8）：95-98．

［71］胡丽彬．中国对“一带一路”沿线国家对外承包工程的国别差异和影响因素研究［D］．南昌：南昌大学，2017．

［72］中国人民银行博州中支课题组，张毅．中国与中亚国家贸易互补性分析及金融支持对策研究［J］．金融发展评论，2017（12）．

［73］霍建国．领会愿景初衷　把握行动指南［J］．中国勘察设计，2015（5）．

［74］陆兵．“一带一路”视野下的中国和中亚国家经贸合作、风险与优化择业投资［J］．大陆桥视野，2018（3）．

［75］钟磊．建设“丝绸之路经济带”背景下投资乌兹别克斯坦的机遇与风险［J］．对外经贸实务，2015（2）．

［76］杨义生．投资哈萨克斯坦：中国企业面临的机遇与挑战［J］．国际经济合作，2017（11）．

［77］顾丽华．新疆对外承包工程企业国际市场开拓浅析［J］．对外经贸，2014．

[78] 卢朋."一带一路"倡议下中国对外劳务合作研究[J].开发研究,2017(5).

[79] 陈清兰.我国对外劳务输出市场分析与对策研究[J].金融经济,2008(22):31-32.

[80] 周中林.我国对外劳务合作存在的问题及对策[J].商业时代,2006(34):40-41.

[81] 钱兵,祝金甫.在上海合作组织框架下拓展中国与中亚经贸合作[J].国际经济合作,2004(6):47-49.

[82] 文俊,王海军.拓宽江苏对外经贸合作路径[J].唯实,2016(6):61-63.

[83] 李艳飞,王亮.政府投资工程项目管理模式探讨[J].工程技术研究,2017(12):172-173.

[84] 范纯增.中国企业非贸易对外直接投资的区域战略研究[J].财经研究,2001(5):18-23.

[85] 许涛,孙静.多边金融合作框架下中国外汇储备投资研究[J].经济研究参考,2015(8):94-102.

[86] 郭晴,钟华明,陈伟光.全球经济治理下的人民币区域化问题研究——基于"一带一路"沿线国家的分析[J].宏观经济研究,2018(4):54-67.

[87] 金泽西."一带一路"背景下中国与中亚地区油气能源合作研究[D].北京:对外经济贸易大学,2017.

[88] 郎一环,王礼茂,李红强.世界能源地缘政治格局与中国面临的挑战[J].中国能源,2012,34(6):17-21.

[89] 姚雪,尚明瑞."一带一路"背景下河南省经济发展的SWOT分析[J].北方经贸,2016(11):65-69.

[90] 王义桅.绸缪"一带一路"风险[J].中国投资,2015(2):8+51-54.

[91] 张艳璐.欧亚联盟与新丝绸之路经济带的复合型共生关系分析

[J]. 国际展望，2015，7（2）：97-110+149.

[92] 韩璐. 丝绸之路经济带在中亚的推进：成就与前景 [J]. 国际问题研究，2017（3）：108-124.

[93] 袁祖社. 面向人类共同福祉的国家伦理反思："文化软实力"研究之忧思 [J]. 求是学刊，2012，39（1）：16-20.

[94] 王博. 中国软实力的提升与政治文化传播 [J]. 湖北社会学，2010（8）：32-35.

[95] 李梅. 宏大与细小——谈新媒介环境下国家形象片叙事方式转变 [J]. 中国出版，2015（4）：30-32.

[96] 邹盼. 窥《管子》以求中国提升"软实力"之道 [A] //安徽省管子研究会. 2014 第九届全国管子学术研讨会交流论文集 [C]. 安徽省管子研究会，2014：5.

[97] 盛睿."一带一路"倡议下中国和中亚国家合作中的机遇与挑战 [J]. 山东青年政治学院学报，2017，33（3）：28-32.

[98] 霍芳霞，汪玉峰. 新时代传承革命文化的理论遵循——十九大报告中革命文化思想解读 [J]. 天水师范学院学报，2018，38（1）：19-21.

[99] 李占和. 文化自信与全球视野 [J]. 内蒙古统战理论研究，2018（3）：53-56.

[100] 高麟睿，王霞. 人民币中亚化的基础条件与对策分析 [J]. 时代金融，2015（20）：277-279.

[101] 陈琴. 沿边开放背景下新疆边境贸易发展研究 [J]. 合作经济与科技，2015（7）：130-131.

[102] 孙林霞，王俊杰. 丝路战略背景下陕西与中亚国家贸易互补性分析 [J]. 商业经济研究，2017（13）：115-117.

[103] 李悦，杨殿中. 中国对中亚国家直接投资的现状、存在的问题及对策建议 [J]. 经济研究参考，2014（21）：62-75.

[104] 任华. 我国新疆面向中亚物流发展存在的障碍与对策 [J]. 对外经贸实务，2015（5）：90-92.

［105］张异. 物流园区促进区域经济发展的对策探讨［J］. 商业经济研究，2017（4）：89-90.

［106］孙力，吴宏伟. 中亚国家发展报告（2014）［M］. 北京：社会科学文献出版社，2014.

［107］孙力，吴宏伟. 中亚国家发展报告（2015）［M］. 北京：社会科学文献出版社，2015.

［108］孙力，吴宏伟. 中亚国家发展报告（2016）［M］. 北京：社会科学文献出版社，2016.

［109］孙力，吴宏伟. 中亚国家发展报告（2017）［M］. 北京：社会科学文献出版社，2017.

［110］孙力，吴宏伟. 中亚国家发展报告（2018）［M］. 北京：社会科学文献出版社，2018.

术语索引

W

Y

Z

后　记

两千多年前古丝绸之路让远隔万水千山的中欧文明相映生辉。今天，“一带一路”倡议又让我们绵延千年的友好交往焕发了新的活力。中国与中亚国家友谊源远流长，中国与中亚五国（哈萨克斯坦、吉尔吉斯斯坦、塔吉克斯坦、乌兹别克斯坦、土库曼斯坦）人民曾是古老丝绸之路上不同民族、不同地域之间交流的主角之一，始终相互尊重、彼此欣赏。面对当今世界日益错综复杂的形势，我们应该深刻认识相互依存的价值，推动高质量的交流，携手应对未来的挑战。为此，深入研究中国—中亚五国投资、经济技术合作问题，具有较强的理论意义和现实意义。

本书是我们承担的中国（西安）丝绸之路研究院重点研究项目“中国与中亚五国经济与技术合作模式与路径研究”（2016SZ02）的研究成果，是课题组深入分析中国—中亚五国经济、社会、资源、环境等现状以及双方进行技术合作等现实问题的成果结集。研究过程中，课题组成员进行了大量的文献资料收集、整理和解读，开展了广泛的调研。研究历时四年多，课题组在多次讨论、广泛听取专家意见的基础上形成了研究成果。课题由西安财经大学薛小荣教授作为负责人，负责课题研究框架和研究思路的总体设计。绪论由薛小荣、向寿生完成；第一章由贾彧、王娇娇（西安财经大学行知学院）完成；第二章由刘杉、悦雨（郑州财经学院）完成；第三章、第四章由张维群完成；第五章由刘洁玲（陕西能源职业技术学院）完成；第六章由向寿生完成；第七章由薛小荣、徐胜利（中国石油天然气股份有限公司陕西销售公司）完成。

课题研究和本书写作中，大量参考了国内外专家、学者的研究成果，对此已在注释中进行了标注，但也可能存在疏漏之处，敬请谅解。受课题组理论水平和研究资料的限制，研究内容难免存在不足，希望专家、学者、读者们多提批评意见。

课题研究得到了中国（西安）丝绸之路研究院专家团队的悉心指导和宝贵支持，西安财经大学丝绸之路研究院办公室及科研处、中国经济出版社对项目研究工作和本书的出版给予了积极支持，在此谨致谢意。

课题研究工作与成果出版均受中国（西安）丝绸之路研究院研究项目经费资助。

作者
2020 年 3 月于西安